本书为2016年度教育部人文社会科学重点研究基地重大项目『高考制度改革研究』（16JJD880029）之成果

美国高校招生考试制度研究

唐滢／著

高考改革研究丛书

刘海峰／主编

華中师范大学出版社

国家出版基金项目
NATIONAL PUBLICATION FOUNDATION

新出图证（鄂）字10号

图书在版编目（CIP）数据

美国高校招生考试制度研究/唐滢著. —武汉：华中师范大学出版社，2016.12

（高考改革研究丛书/刘海峰主编）

ISBN 978-7-5622-7617-3

Ⅰ.①美… Ⅱ.①唐… Ⅲ.①高等学校—招生—考试制度—研究—美国 Ⅳ.①G649.712.2

中国版本图书馆CIP数据核字（2016）第315302号

美国高校招生考试制度研究

©唐 滢 著

责任编辑：庞 丹

责任校对：刘 峥

编辑室：学术出版中心

电话：027－67863220

出版发行：华中师范大学出版社

社址：湖北省武汉市洪山区珞喻路152号

电话：027－67863426/3280（发行部）

027－67861321（邮购）

传真：027－67863291

邮编：430079

网址：http：//press.ccnu.edu.cn

电子信箱：press@mail.ccnu.edu.cn

印刷：湖北新华印务有限公司

督印：王兴平

封面设计：甘 英

封面制作：胡 灿

开本：710mm×1000mm 1/16

印张：17

版次：2016年12月第1版

印次：2016年12月第1次印刷

字数：287千字

定价：43.00元

欢迎上网查询、购书

总　序

高考是我国各类考试中最重要、影响最大的考试。高考改革不仅关系到国家创新人才的培养、学生的健康成长，而且关系到社会公平的维护、高等教育资源的分配，还涉及宏大的社会利益再分配问题，关系到维护我国改革发展稳定的大局，是一项“牵一发而动全身”的社会系统工程，具有综合性、系统性。高考改革事关教育全局，不仅已成为重大的民生议题，而且是教育领域中最复杂、最敏感的问题，受到民众和国家教育主管部门的高度关注。

2010 年 7 月正式颁布的《国家教育中长期改革和发展规划纲要(2010—2020 年)》列有关于招生考试的专门一章，即第十二章“考试招生制度改革”。在中国历次教育改革文件中，这是第一次将招生考试单独列出一章，足见此问题在现阶段的重要性。2012 年 7 月，国家教育考试指导委员会在北京成立，研究制定考试改革方案，指导考试改革试点。国家专门成立一个国家级决策咨询机构来指导高考改革实践，说明考试招生改革意义非常重大。2013 年 11 月，十八届三中全会通过了《中共中央关于全面深化改革若干重大问题的决定》，其中教育方面最主要的就是考试招生改革的内容。2014 年 9 月公布的《国务院关于深化考试招生制度改革的实施意见》，是恢复高考以来最全面、最系统的改革文件。以往也有各种各样的高考改革政策出台，但多数都是单项的或者某一个侧面的改革，而这次改革涉及考试招生的方方面面，是一个顶层设计的系统改革，标志着高考改革进入一个新阶段。

由于高考是一个至为复杂的大规模选拔性考试，是一项“横看成岭侧成峰，远近高低各不同”的制度，从某一特定的角度去观察，站在某一种特定的立场去评说，可能所见都是事实，所言也都有一定道理，但也可能会出现盲人摸象、各说各话的情况。因此，在评价高考时，重要的是全面和客观。

而要理性地、全面地评价高考，提出切实可行的改进意见，就应该对高考进行全面深入的研究。

中国是考试制度的发源地，不仅是一个考试古国，而且是一个考试大国。有些西方国家的大学入学考试只是一种测量手段，只是在小范围内引起关注，只是一个部分人关心的话题。然而，受传统和现实的制约，中国人却将高考变成了文化，变成了经济，变成了政治，变成了盛大的仪式，变成了一种备受关注的社会活动，变成了一种惯例式的全民动员。在有五千年悠久文化传统和千余年科举考试影响的中国，在一个幅员辽阔、人口众多、地域和城乡文化教育水平差异很大的中国，在民众高度重视甚至是过度重视教育的中国，高考既与世界各国的大学入学考试有相同的规律，也有不少独有的现象和问题。

长期以来，高考作为一项影响重大、关注度甚高的重要制度，总体而言是“三多三少”，即新闻报道多，理论研究相对较少；一般议论多，深入分析相对较少；零星探讨多，系统研究相对较少。近年来，情况有了一些改观，特别是2012年前后讨论异地高考政策问题，2014年《国务院关于深化考试招生制度改革的实施意见》出台以后，出现了研究高考改革的热潮，许多相关论文见诸报刊。但是，对于整个高考制度还缺少系统的研究，尤其缺少真正有分量的高考改革研究著作。

高考改革是一个谁都能说得上两句的话题，但又是一个专业性很强的问题。要谈谈自己关于高考改革的观点，发表一两篇文章不难，而要深入阐述自己的观点，发表不重复的系列论文或出版专著却很难。为了将高考研究推向深入，并为现实高考提供决策参考和理论依据，在深入研究的基础上，特组织一套“高考改革研究丛书”。

作为中国高考研究的重镇，厦门大学考试研究中心一直将高考改革作为重点研究方向之一，推出了一系列研究论文和专著，研究成果为全国性的和部分省市的高考改革提供重要的理论支持。本丛书是中国第一套较全面、深入研究高考改革的丛书，对高考从理论、制度、政策、法治、内容、形式，到招生考试的区域公平、民族政策、效度和评价等各方面进行全面的研究，同时对美国、英国、法国、俄罗斯、加拿大、澳大利亚、日本和我国台湾地区的高校招生考试制度等进行了探讨；既有对高考制度的理论剖析，又有对高考改革的一些热点问题的专题论述；是从理论到实践、从宏观到微观、从国内到域外，对高考制度及其改革进行的全面而深入的研究。

“高考改革研究丛书”是对高考的基础性、系统性研究。2015年，该丛书获得国家出版基金资助，出版社与丛书主编将原来已出版的十多本著作加以修订，并扩充至22本，使之成为一个更全面、成气候的书系。本丛书基本上由我自己的著作和历年指导通过答辩的高考研究博士论文、博士后出站报告为基础构成。在我历年指导的众多博士论文或博士后出站报告中，以高考研究为选题的占大多数。要想真正为高考改革提供参考，我们的研究应力求建立在对招生考试历史与现实充分了解的基础之上。为了使这些论文的写作不至于陷入空谈，我总是要求博士生和博士后多了解高考实际。多年来，以高考为选题的博士生和博士后一般都要到部分省市教育招生考试院等考试机构实习，真正深入招生考试第一线，多与考试管理工作者接触交流，这样他们才不会太书生气，所写论文才能脚踏实地。凡是研究别国高校招生考试制度的博士生和博士后，都通晓所在国的语言文字，并尽可能到研究对象国去搜集资料和实地调研，多位博士生和博士后都在研究对象国留学多年或做访问研究一年以上。

丛书中每本著作各有专攻，希望都能切中肯綮，真正做到既有学术价值，也有现实意义；对高考改革的顶层设计，对高考改革的顺利推行，进而对维护教育公平和社会稳定起到一定的作用。恢复高考40周年即将到来，相信本丛书的出版能够为高考改革提供理论支撑，为完善中国的考试招生制度贡献绵薄之力，作为一名上世纪的77级大学生，我深感欣慰。

刘海峰

2016年10月6日

目 录

绪　论

一、问题的缘起

美国高等教育的历史不长，从 1636 年哈佛学院创立至今也不过三百多年，而美国南北战争的爆发引发了美国高等教育史上第一次重大改革，美国现代高等教育制度就是在这次改革中建立起来的，迄今有一百余年的历史。美国现代高等教育制度是在国家实现现代化的进程中、在追求理想社会的构建中形成和发展起来的。它曾通过照搬英国高等教育模式和模仿德国大学模式，形成了精英高等教育，后又通过建立和发展文理学院和社区学院，实现了高等教育大众化。不过，美国的高等教育并不是一味地模仿别人，而是有所创新，走出了自己的路子。而今，美国已成为世界公认的高等教育最发达的国家之一，美国高校的招生考试制度为美国高等教育选拔了大批优秀人才，为美国高等教育的发展做出了巨大贡献。那么，美国高校招生考试制度究竟是什么样的？它有哪些优点？存在哪些问题？形成这种制度的动因是什么？它与美国教育的关系如何？对中国有何借鉴意义？这些问题值得深入研究。

近年来，世界范围内正在进行大规模的高校招生考试制度改革，中国也不例外。作为中国基本教育制度的高考制度，为国家选拔了大批优秀人才，但也存在诸多弊端，尤其在考试理论、评价技术、统计分析、制度建设等方面，我国还落后于世界先进水平。随着我国政治、经济、文化的发展以及高等教育大众化时代的到来，高等教育将面临新的挑战，作为高等教育起点的高考，也将同样面临新的改革。

考试作为一门科学，是全人类智慧的结晶，不应该受限于某个国家和民族。马克思指出，科学是社会发展的共同产品、人类共有的精神财富。在考试改革处于急剧变革的今天，我们在研究考试理论，揭示人类社会考试活动的规律时，必须放眼世界，扩大我们对世界发达国家高考制度的了解，从外国的考试文化中吸收先进的考试理论、思想和经验，特别是那些已经被实践证明了的符合考试规律的新理论。

美国拥有世界上最先进的考试理论、考试技术和考试管理方法，为提高我国高考的科学化、现代化水平，对其进行理论研究和实践探索是必要的。虽然中美两国有着不同的教育制度、不一样的高校招生考试制度，考试的内容和形式也不尽相同，但也存在许多相通之处和必须共同遵守的客观规律以及可资借鉴的经验。然而，目前国内学者对美国高校招生考试制度的研究只是或多或少地涉及其中的一些问题，还没有把它作为一个整体来进行系统和全面的研究与考察。实际上，这种从整体角度进行的系统研究是非常必要的。首先，对美国高校招生考试制度的研究可以丰富和发展我国的考试理论。其次，通过研究和分析美国高校招生考试制度，会找到一些可资借鉴的经验，构建起一个参照系，来重新审视和进一步分析我国高考与政府、与教育的关系。再次，研究和分析美国高校招生考试制度，可以帮助我们从另外一个维度来审视美国高等教育，使我们对美国高等教育有更全面的认识。

二、关键词说明

（一）美国高校

美国的高等教育系统十分庞大，现有高校 4 706 所。高校从层次上分为高、中、低三个层次，从类型上分为博士学位授予大学、研究型大学、综合性大学和学院、文理学院、两年制院校、专业院校等，从办学的性质上分为公立、私立、教会、企业所办的大学等。根据不同的分类法划分的结果也有很大的差异，高校的名称也是五花八门，仅根据名称很难判断高校的层次、类型和性质。我们在研究美国高等教育的结构时，通常主要看高校所能提供的课程和授予的学位。以人才培养目标为依据对高校进行划分的方法是传统的方法，比较简洁、明了，即将美国的高等教育机构划分为三类：两年制学院、四年制学院或大学以及综合性大学。两年制学院包括社区学院、初级学院。这类学院一般提供大学头两年的教育、成人教育、继续教育和社区服务，可以授予副学士学位或专业学士学位，在高等教育结构中处于最低一级。四年制学院或大学主要包括州立四年制学院和大学、私立文理学院和私立大学。此类高校通常提供四年普通本科生教育（文理），部分高校也提供研究生教育和专业教育，可以授予学士学位。综合性大学既提供本科生和研究生教育，也提供专业学位。本书的研究对象恰好与此分类法划分的范围相同，故在研究中采纳此划分标准。本研究中的高校指以上三类大学和学院。最后需要说明的是，本研究中的高校招生考试制度是指以上三类大学和学院针对本国大学生的招生考试制度，不包括国外留学生和研究生层次的招生考试制度。

（二）招生考试制度

招生考试是指对申请人原有的基础知识和能力进行测验，利用多种信息、资料对申请人进行专业性的评价和判断，并根据计划招生人数进行选拔的过程。“制度”一词在《辞海》中的定义为：“在一定的历史条件下形成的政治、经济、文化等方面的体系。”招生考试制度是招生的目的、方针和实施办法的总称，是国家教育制度的重要组成部分，受国家政体、政治、经济和文化等因素的影响。招生考试制度包括招生考试制度的历史、招生政策、选拔形式、招生考试、录取方式、招生机构及实践等。国内外学界以往对招生考试制度的研究也限定在此范围内。然而，我们在研究中发现，美国高校的收费政策及学生财政资助政策与高校的招生和学生的入学有非常密切的关系。大量实证研究的结果证明，收费政策及学生财政资助政策对其招生和入学产生直接影响，并进而影响到高等教育机会的公平，影响到社会的稳定，经常成为社会关注的焦点。因此，我们认为可以将其看作高校招生考试制度的一个保障体系。此外，美国高校的收费政策、学生财政资助政策及其丰富的实践内容中肯定不乏有益的经验和做法。目前，中国高校在收费和学生资助方面存在不少困惑和困境，美国的一些做法有可资借鉴之处。因此，在研究美国高校的招生考试制度时，应该研究其收费政策和学生财政资助政策，所以本书将其纳入了研究范围。

三、国内外研究综述

（一）中国学界对美国高校招生考试制度的研究

目前国内研究美国高校招生考试制度的文献不少，其中不乏有创见、有价值的成果。研究成果主要集中在以下四个方面：

1. 对美国高校招生考试制度历史及现状的研究

目前国内还没有全面、系统研究美国高校招生考试制度历史和现状的成果，只是在外国教育史和一些中外考试制度的比较研究中零星地涉及这方面的内容。目前，国内涉及美国高校招生考试制度历史和现状的论著主要有贾非的《各国大学入学制度比较研究》，陆震的《中外学校教育考试制度探讨》，康乃美、蔡炽昌的《中外考试制度比较研究》，于钦波的《中外大学入学考试制度比较与中国高考制度改革》；资料汇编有国家教育委员会考试中心的《美、日、法人才选拔与考试方法》，韩家勋、孙玲主编的《中等教育考试制度比较研究》等。这些专著和资料汇编中都有部分章节专门介绍美国的高校招生考试制度，内容主要包括美国大学招生考试的历史、招生形式、入学资格、招生考试、招生机构和发展趋势等。此外，滕大春的《美国教育史》、陈学飞的《美国高等教育发展史》、黄福涛的《外国高等教育史》等专著中有零星内容涉及美国高校的招生考试制度。这方面的论文有胡晓路的《美国大学本科招生制度初步研究》，牛道生的《简析美国高校的升学考试制度》，汪亚利、黄志成的《英、美、韩三国高校招生考试制度比较》，唐滢的《中美两国大学招考制度比较思考》和《美国大学招生考试制度之嬗变》，袁祖望、李联明的《发达国家高考制度特点的比较分析》，刘玉峡的《中美中学毕业会考之特色比较》，李立峰的《美国与日本大学招生制度比较》，张晓鹏的《自主招生　综合评价：美国名牌大学录取工作现状》，王晓阳的《美国大学的综合选拔招生制度》，欧阳敬孝、张晨的《美国名校招生程序》，乐毅的《美国本科招生模式及录取标准、启示、借鉴与本土实践》等。这些文章大多在对美国大学的招生考试制度进行简要介绍的基础上将其与其他国家的招生考试制度进行了比较和分析。学者们普遍认为，美国地方分权的教育行政体系决定了美国的招生考试制度具有分权、自主、灵活、多样的特点，这也是美国一直没有由国家统一举行高校招生考试的直接原因；美国的大学入学考试与中学教学的关系比较松散，这是由于其中等教育没有统一的教学大纲和教材，因此在大学入学考试中只能考一些共性的东西。一些学者认为这种松散的关系可以避免应试教育的倾向，但美国政府认为这种关系导致美国中等教育质量的低下，倡导建立全国统一课程标准。

2. 对美国考试理论与方法的研究

学业性向测验（SAT）和美国大学入学考试（ACT）是美国两种主要的大学入学考试，这两种考试都属于标准化考试。标准化考试是近年来研究界关注的焦点之一，这方面的文章很多。对标准化考试持肯定或否定态度以及介于两者之间者均有之。

王玉蘅在《美国标准化测验的问题与质疑》一文中介绍标准化考试的产

生和发展的历史时认为："标准化测验是具有规范的标准，各个环节按照系统的科学程序组织，对误差做了严格控制的测验，是一个系统化、科学化、规范化的施测过程。""标准化测验具有以下几个优势：(1) 具有测验所需的统一的标准；(2) 内容覆盖全面；(3) 质量可严格操控；(4) 适用范围广；(5) 有独立实施的主体。"[①] 金永奖的《论标准化考试》一文认为："标准化考试可以减少无关因素的影响，教师和学生不易猜题，试题具有较强的保密性，评分比较客观，减少了评分过程中的主观随意性，考试信度高；可以使不同考试分数具有可比性；由于题库容量大……因而试题取样范围大，题量多，覆盖面宽，考试信度和效度均好；标准化考试可以成为正确测量教学效果的尺度，能够客观地反映应考者掌握知识的实际水平。"[②]

学术界也有不少人对标准化考试持批评态度。张家勇等人在《美国标准化考试改革》[③] 中认为，标准化考试的大多数试题是多项选择题，它无法评价学生组织答题的能力，并且商业性考试或州举办的考试可能并没有测试学校实际的教学内容。王玉蘅的《美国标准化测验的问题与质疑》认为，标准化测验主要有四方面的问题：一是测验和教学脱节。美国各州采用的教材、教学内容和教学目标不尽相同，这就要求全国性的标准化测验的内容与各州所采用的课程内容标准相协调，但这种协调实际上是很困难的，因为标准化测验的编制者都希望将教师所强调的全部内容包括在试卷中，但由于答题时间和试卷长度的限制，这实际上是做不到的。二是试题有偏离重点知识的倾向。学生在某一领域中所学的知识很多，而标准化考试经常只考其中一小部分知识，测验经常只能覆盖该领域的 40%～50%，有时会更少。基于出题难度的要求，通常试题编制者在出题时会避免出那些绝大多数学生或只有少数学生能答对的题。这样一来，那些学生都掌握了的内容在标准化测验中往往不会出现，而这些内容恰恰是非常重要的。三是标准化测验的成绩不应该用来衡量学生的能力并预测学生的命运。作为诊断工具的标准化测验起着分流学生的作用，测验的成绩经常被教师和学校视为对学生采取不同指导的相

① 王玉蘅：《美国标准化测验的问题与质疑》，《比较教育研究》2002 年第 9 期，第 18 页。

② 金永奖：《论标准化考试》，《池州师专学报》2000 年第 11 期，第 107 页。

③ 张家勇、张家智、张跃庭：《美国标准化考试改革》，《比较教育研究》2003 年第 2 期，第 81 页。

对客观的依据。而测验分数事实上只不过是成绩的一个指数而已，将它看得比成绩本身还重要是不明智的，但人们恰恰经常将测验的分数当作“真正的成绩”来决定学生的命运。四是标准化测验会导致教学中的应试倾向。美国各州从 20 世纪 80 年代开始，将标准化测验的成绩作为衡量学生学习情况以及学校和教师教学质量的标准，测验成绩的好坏不仅关系到学生本人的升学、就业，也关系到教师的晋升以及学校获得经费的多少。如果不能通过测验，学生可能有留级的危险，或被迫去上暑期班，甚至会得不到毕业证；而教师则可能被解雇，学校甚至可能会被州政府接管。因此，几乎所有的学校都在尽可能地提高学生的测验成绩，却忽视了学生身心的健康发展。片面强调学生要掌握应试的技能，并不能够真正地提高教学质量。韩雪在《标准化测验是一把错误的标尺》一文中认为，“标准化测验的技术性阻隔了学校教育与儿童内在冲动与兴趣的联系，最终使课程成为儿童生活的替换物或附加物”。另外，该文认为，标准化测验无助于少数民族学生和弱势群体学生，有害于教育的公正与公平……因为，标准化考试的题目是从主流文化的角度来制定的，忽视了个人与文化在知识、价值观、经济地位、学习方式以及学术资源的获取等方面的差异。社会学的研究表明，标准化测验的分数与社会经济地位高度相关。在许多学校，尤其是以贫困家庭的学生和少数民族学生为主体的学校中，由于教师用商业化的测验准备材料代替常规的课程，教学质量下降，教学内容缩减，造成少数民族学生、弱势群体学生与其他学生之间学业成绩差距的扩大。这种周而复始的恶性循环终将导致种族与阶级隔离状态的加剧。实际上，许多学者认为标准化测验是对人权的侵犯①。

唐滢的《美国标准化考试反思》一文则认为，标准化考试在测验学生的知识认知能力方面确有优势，有其存在的合理性，但在设计试题，使用考试成绩以及评价学校、学生和教师时，标准化测验成绩在评价指标中所占的权重要合理，对标准化测验成绩的使用要慎重②。

除对考试方法的研究外，国内对美国的考试理论也有较多研究。张厚粲主编的《心理与教育测量》论文集总结和汇集了 1995 年前后海峡两岸学者在心理和教育测量理论研究方面的大量成果。漆书清的专著《现代教育与心

① 韩雪：《标准化测验是一把错误的标尺》，《比较教育研究》2001 年第 6 期，第 63～64 页。

② 唐滢：《美国标准化考试反思》，《湖北招生考试》2005 年第 5 期，第 17～21 页。

理测量学原理》和论文《略论心理和教育测量理论的发展历程》，胡中锋、李方的论著《教育测量与评价》，王琰春、张元、尹志丽的论文《西方教育评价观的演进及对我国的启示》、《认识论视野下教育评价的发展》、《西方教育评价理论发展及对我国的启示》等，从历史的视角研究了美国心理与教育测量发展的历史和主要的理论及其流派，以及这些理论对考试的指导作用和对我国的启示。

3. 招生考试制度与教育公平

美国素来标榜平等自由，在大学招生制度方面，联邦政府、各州政府、社会中介组织、高校都采取了诸多措施，力求实现公平，但由于各种因素的制约，这种公平甚为有限，成为颇具争议的敏感问题。中国国内的研究也注意到了这个问题，以下是几个具有代表性的观点：

观点一，2003 年，中国驻纽约总领事馆教育处的王定华先生在《美国大学招生制度与公平性问题》一文中认为，联邦政府和各州政府采取积极措施，尽量满足人们接受高等教育的愿望，是美国大学实现招生制度公平性的前提，这些措施包括扩大高等教育规模、用立法手段保证机会均等、用行政手段促进入学公平和用经济手段支持贫困学生等。实现招生制度公平性的依托是社会中介组织和考试机构的公平运作，而公平性的实现则是借助于比较全面客观的大学录取标准、录取过程的集体操作和谨慎行事。但作者同时认为，美国招生过程中的不公平现象依然存在，比如暗箱操作、透明度低、缺乏监督等；SAT 等标准化测验存在负面影响；未能摆脱考生父母受教育程度的影响等，招生制度的公平性存在局限性①。

观点二，北京师范大学的刘宝存博士在 2001 年发表了两篇论文《美国少数民族高等教育——进展·问题·前瞻》、《美国少数民族高等教育——政策的历史演变和未来走向》，从历史学的视角分析了美国少数民族接受高等教育的公平性问题。文章探讨了美国不同时期的少数民族高等教育政策和少数民族高等教育面临的问题，特别是“肯定性行动计划”（Affirmative Action）对少数民族接受高等教育的影响。文章认为，少数民族高等教育问题是美国一个十分严重的社会问题。几十年来，美国少数民族高等教育取得了不小的进展，但仍困难重重，前景不容乐观。在谈到美国少数民族高等教育的问题

① 王定华：《美国大学招生制度与公平性问题》，《中国高等教育》2003 年第 9 期，第 44～46 页。

时，作者引用了美国学者梅里狄斯·威尔逊的《少数民族高等教育的使命》中的一段话："没有任何材料能够恰如其分地描述少数民族在美国到底面临多少问题。我们的痼疾根深蒂固，而且难以用数据来描述。自《独立宣言》发表以来，我们一直在背离我们的理想，现在我们正在为我们的模棱两可——或者更确切地说是我们的虚伪付出沉重的代价。我们通过法律保护少数民族的权利，增加他们的机会，但我们太满足于做表面文章。"① 美国在20世纪50年代至70年代通过了一系列的法令和政策来扩大少数民族的教育机会，但在执行这些法规和政策时并不坚决。自70年代中期起，美国政府紧缩了高等教育经费，减少了对少数民族贫困生的财政资助，使少数民族高等教育又陷入困境。少数民族高等教育虽然取得了一定的进展，但仍面临着许多问题甚至危机。

观点三，2003年中央民族大学博士研究生胡玉萍在《文化视野中的美国少数民族教育问题与对策》一文中认为，美国白人和少数民族学生之间在学业成绩方面存在着很大的差异。从20世纪60年代起，美国针对低学业成绩的少数民族学生曾实施优先教育、补偿性教育、双语教育等措施，少数民族学生的学业成绩和受教育率有了一些提高。但是，这些少数民族学生入大学前与入大学后的学习成绩和受教育率仍然落后于白人和亚裔美国人。作者进而从文化剥夺理论、文化中断理论、社会阶层理论和文化模式理论的角度分析、解释了少数民族学生学业成绩落后的原因，并提出了解决问题的对策②。

观点四，2007年和2008年，郑若玲针对这一论题发表了数篇论文。在《多元招生考核体系是否可行》中，她对美国高校招生制度的最显著特点——灵活多元进行了较为详尽的阐述，认为"灵活主要指招生计划'因校制宜'，灵活多样"，"多元则是指录取指标综合多元，包括中学成绩、标准化考试分数、课外活动、才艺与能力、个性品质、面试表现等；其中，中学成绩和标准化考试分数是美国大学入学最重要的两条标准"，并提出美国的多元综合评价是我国高考多样化改革的目标，但同时认为任何国家招生制度

---

① 刘宝存：《美国少数民族高等教育——进展·问题·前瞻》，《比较教育研究》2001年第7期，第24～25页。

② 胡玉萍：《文化视野中的美国少数民族教育问题与对策》，《比较教育研究》2003年第8期，第16～20页。

的形成与运作，与该国的历史、文化、经济、政治和教育等因素关联甚密，我们可以从别国的经验和做法中受到启发，甚至可以借鉴这些经验、做法，但生搬硬套却绝不可行[①]。在《追求公平：美国高校招生政策的争议与改革》中，她对美国高校招生制度的变革进行了梳理，认为“入学机会公平一直是美国高校招生改革的热点”[②]。

4. 关于美国高校的收费和财政资助问题

1994 年，柳海民在《美国大学的学费及其特点》一文中介绍了美国不同类型大学的学费情况，并归纳出以下特点：① 公立大学收费低，私立大学收费高；② 州内学生收费低，州外学生收费高；③ 学校声望高收费就高，反之则收费低；④ 学位课程和非学位课程收费不一样，前者比后者高[③]。1995 年，洪成文、刘积余在《美国大学生学习贷款借款违约者特点透析》中简要回顾了美国学生贷款制度发展的历史，分析了担保学生学习贷款借贷者和还贷拖欠者的特点，联邦政府对贷款违约的处理等问题[④]。1996 年，赵中建在《高等学校收费问题的比较研究》一文中分析了美国高校的学费、杂费和培养成本，高等教育收费的理论依据，与高等教育收费有关的几个因素，最后提出了对中国的借鉴意义[⑤]。2001 年，李志德、沈红在《美国高校收费对学生就学的影响》中认为，高校收费对学生就学有很大影响，且影响的过程比较复杂。文章还介绍了美国高校财政资助政策对学生就学的推动作用[⑥]。李庆毫、沈红在《中美学生贷款方案的比较分析》中介绍了 1998 年美国国会对其学生资助政策进行新一轮修订的情况，其主要表现在

---

① 郑若玲：《多元招生考核体系是否可行》，《湖北招生考试》2007 年第 8 期，第 15～17 页。

② 郑若玲：《追求公平：美国高校招生政策的争议与改革》，《教育发展研究》2008 年第 13～14 期，第 96～99 页。

③ 柳海民：《美国大学的学费及其特点》，《辽宁高等教育研究》1994 年第 3 期，第 75 页。

④ 洪成文、刘积余：《美国大学生学习贷款借款违约者特点透析》，《比较教育研究》1995 年第 3 期，第 15～19 页。

⑤ 赵中建：《高等学校收费问题的比较研究》，《外国教育研究》1996 年第 5 期，第 1～10 页。

⑥ 李志德、沈红：《美国高校收费对学生就学的影响》，《现代大学教育》2001 年第 4 期，第 107～111 页。

三个方面：贷款利率与贷款金额、还贷推迟与贷款减免、还贷保证机制①。2001 年，李红桃在《美国国家担保学生贷款的经验及其启示》中介绍了自 20 世纪 60 年代以来，美国国家担保学生贷款的政策，并总结其主要经验有：政府为学生贷款提供担保、灵活多样的学生贷款项目、利用市场经济手段促进银行参与、有效的运行机制以及采取多种措施保障贷款回收等②。2002 年，刘忠学在《美国高校学生资助体系的目标分析》中认为，美国有一半以上的大学生都接受过不同类型的学生资助，每年用于学生资助的经费高达数百亿美元。其资助范围之广、数额之大是世界上独一无二的③。美国高校的这种“多目标”学生资助体系是经过数十年的不断演化才逐渐形成的。作者对美国高校学生资助体系“目标”的发展进程、现状和发展趋势进行了考察和分析。

总之，目前国内对美国高校招生考试制度的方方面面都有一些研究，有的研究有较高的学术价值。但遗憾的是，多数研究尚停留在对国外资料的翻译、编译和介绍等层面上，属于对历史的陈述和实际运作的评介，对美国高校入学招生考试制度的研究较为零散且不够深入，尤其缺乏对影响美国高校入学招生考试制度的深层次因素的理论研究。由于资料缺乏且受语言限制，目前国内尚无全面、系统研究美国高校招生考试制度的学术成果。本书使用了大量第一手的英文资料进行研究，具有特别的学术价值。

（二）美国对其高校招生考试制度的研究

美国对自己的高校招生考试制度有较全面的研究，内容涉及招生考试史、招生考试政策与实务、入学考试、考试理论和个案研究等。

1. 高校招生考试制度的历史研究

已有的研究探讨了美国高校招生考试制度的历史渊源和变迁、美国大学考试入学委员会的历史、标准化入学考试百年回顾等。爱德温 · 克奈利尔斯 · 布鲁姆博士于 1903 年完成了题为《美国大学入学要求的历史及评论》

---

① 李庆毫、沈红：《中美学生贷款方案的比较分析》，《建材高教理论与实践》2001 年第 6 期，第 121～123 页。

② 李红桃：《美国国家担保学生贷款的经验及其启示》，《高教探索》2002 年第 3 期，第 62～65 页。

③ 刘忠学：《美国高校学生资助体系的目标分析》，《比较教育研究》2002 年第 10 期，第 35～39 页。

(A Historical and Critical Discussion of College Admission Requirements)的论文，该论文描述了自哈佛学院起至1903年美国大学入学标准方面的发展变化并提出了三条建议：① 入学的要求要体现一定程度的灵活性，这样学生可以合理地选择入学考试科目。② 中学采用统一的教育标准，大学制定统一的入学要求。③ 大学入学考试由一个全国都承认的部门组织，考试应全面、公平、统一。布鲁姆博士的论文被认为在研究美国高校招生考试制度的历史方面具有里程碑意义。安德鲁·比尔在《大学入学要求的历史：文献选集》(History of College Admission Requirements：A Selected Bibliography) 中，叙述了从1642年哈佛学院入学的要求至1973年美国大学申请入学条件变化、发展的历程。萨姆·麦卡得利斯在《大学入学考试委员会考试项目的历史背景与现状简述》(A Brief Description of Historical Background and Current Status of the Testing Programs of the College Entrance Examination Board) 中，回顾了美国大学入学考试委员会自建立至1966年期间所进行的理论研究和考试实践工作。罗伯特·林的《美国标准化测验一百年：争论与反复》和菲利普·哈林顿的《评标准化入学测试：历史的视角》(Criticisms of Standardized Admissions Testing：A Historical Perspective) 总结了自19世纪40年代以来，美国标准化考试的基本情况、存在的问题以及对标准化考试的争论。杰隆·卡纳贝尔 (Jerome Karabel) 的专著《选拔：哈佛、耶鲁和普林斯顿三所大学不为人知的录取淘汰历史》(The Chosen：The Hidden History of Admission and Exclusion at Harvard, Yale, and Princeton) 对哈佛、耶鲁、普林斯顿这三所美国著名私立大学的招生制度进行了历史分析。

2. 现行招生考试政策与实务

以美国现行高校招生考试政策及实践为研究对象，分析其特点、形成的原因、影响因素及发展趋势、案例研究等方面的主要著作和论文有：马克·伊克斯坦、夏洛·诺亚的《迈向大学之路——各国的考试政策与实务》(Secondary School Examinations：International Perspectives on Policies and Practices)，亨特·布莱兰德的《大学入学面临挑战：关于大学生入学政策、实践和方法的调查报告》(Challenges in College Admissions：A Report of a Survey of Undergraduate Admissions Policies, Practices, and Procedures)，卡门仁·芬奇尔的《美国学院与大学的入学政策与实务》(Admission Policies and Practices in U. S. Colleges and Universities)，本·威廉姆斯的《纽约城市大学的开放式入学》(Open Admissions at the City University of New York)，罗伯特·利尔乐、阿尔系·纳盖的《普遍的优势：关于全国大学入学中的种族和少数民族歧视》(Pervasive Preferences：Racial and Ethnic Discrimination in Undergraduate Admissions across the Nation)，菲利普·哈林顿的《评标准化入学测试：历史的视角》(Criticisms of Standardized Admissions Testing：A Historical Perspective)，贝内特、兰迪·艾略特、拉格斯特、玛乔里的《入学测试与残疾人研究背景》(A Research Context for Studying Admissions Tests and Handicapped Populations)，苏姗·布朗、赫克托·范斯克斯的《多元文化理论：少数民族的入学模式》(Pluralism in the Legal Profession：Models for Minority Access)和吉恩·费特的《问题与入学：斯坦福大学10万个录取决定的回顾》(Questions and Admissions：Reflections on 100 000 Admissions Decisions at Stanford)等。

3. 标准化考试、考试技术理论、考试理论

关于标准化考试的命题、考试内容和形式、成绩的使用以及对入学的影响、对标准化考试的描述、评价和质疑等方面的主要成果有：玛格丽特·克拉克和阿诺德·肖的《测试的作用和大学入学的差异性》(The Roles of Testing and Diversity in College Admissions)，戴维·威尔毛斯的《SAT应该成为影响大学入学的因素吗?》(Should the SAT Be a Factor in College Admissions?)，丽贝卡·泽韦克的《取消大学入学标准化测试：新肯定行动吗?》(Eliminating Standardized Tests in College Admissions：The New Affirmative Action?)，理查德·弗格森的《美国大学选拔中的学生评价》(The Use of Assessment in the Selection of College Students in the United States)等。

四、研究思路与方法

(一) 研究的基本思路与内容

本研究的核心内容是美国高校的招生考试制度。围绕这一核心内容，除绪论和结语外，本研究主要从下面六个方面展开论述。

第一章研究美国的高等教育制度和政策法规。高校招考制度是教育制度的重要组成部分，除政治、经济、文化等因素外，对美国高校招生考试制度影响最大的是高等教育制度。本章就美国高等教育制度、高校的分类、高等教育政策与法规等问题进行了探讨，分析了这些因素与美国高校招生考试制度的渊源及对其产生的影响。美国地方分权的教育管理制度，是其高校招考制度分权、自主、灵活、多样等特点形成的决定因素。美国高校招生考试制度与高等教育制度是相适应的，其存在形式具有合理性。

第二章研究美国高校招生考试制度的历史。本章对美国高校招考制度的历史渊源和变迁进行了梳理，讨论了美国高校招考制度历史时期的划分、重大历史事件对现行招生考试制度的影响、主要招生考试机构的兴起及其发展、对招生考试产生直接影响的主要考试理论及流派的创立及其发展。本章在研究已有历史文献的基础上，依据美国高校招考制度发展的特点，提出了新的历史阶段的划分方法：第一阶段，殖民地时期的招生考试制度；第二阶段，南北战争以后至 19 世纪末 20 世纪初的招生考试制度；第三阶段，20 世纪以来的招生考试制度。通过研究可以看到，美国高校招生考试制度的演变是渐进的、复杂的，但总的来说，是与整个教育体制的变化，与社会、经济的发展和民众的需求息息相关的。

第三章是对美国现行高校招生考试制度及其实践进行全面研究。本章着重对美国高校的招生理念及政策、高校招生机构及其运作、招生及注册情况、收费、财政资助政策及其实践、入学考试机构、主要的大规模入学考试等问题进行全方位的探讨。数理分析是本章的突出特点，也是整个研究的现实依据。在进行大量统计分析的基础上，归纳出美国现行高校招生考试制度的四个基本特征：灵活多样的招生制度、综合性录取标准与特殊录取标准的结合、高额收费和配套的财政资助体系以及重视考试科学研究。

第四章是对美国高校招生考试制度的个案研究。为充分论述美国高校招生考试制度，本章选择了哈佛大学、达特茅茨学院、密歇根大学、加州大学、Scottsdale 社区学院和 Bellevue 社区学院六所高校进行个案分析，分别阐述了三种不同的招生政策及其实践——高选拔性政策、一般选拔性政策和开放式政策。个案分析主要从申请条件、录取标准、招生和注册情况、收费和财政资助情况等方面入手，把全国的整体情况与各校的具体情况结合起来考察，进一步验证第三章的研究结果，从而使整个研究更加丰满。

第五章是关于美国高校招生考试制度的理论分析。本章利用多学科的研究方法，对美国高校招生考试制度进行了理论分析，从教育学、政治学、社会学、经济学和文化学的视角，对美国高校招生考试制度的影响因素进行了分析，得出的总体评价为：自主招生、学生资助——大学办学自主权与政府关系的折射，入学考试（SAT 和 ACT）——国家和大学意志的体现，特殊招生政策——对高等教育公平性原则的回应，考试科学研究——考试发展的助推器。

第六章对中美两国高校招生考试制度进行了比较思考。中国目前正在进行高考改革，面临许多困惑和困境，美国高校招生考试制度中不乏有益的经验和做法，有可资借鉴之处。为中国高考制度的改革提供参考是本研究的出发点和归宿。本章首先从招生考试制度的统一性与多样性、高校招生的自主权、招生考试制度与学校教育的关系、入学考试中关于知识与能力的测试、招生评价体系和录取方式、收费政策和资助政策等方面入手，对中美两国的招生考试制度进行了比较和分析。在此基础上，提出了中国高考改革的对策建议：第一，建立统一高考与多元评价、多元录取相结合的综合选拔录取制度；第二，建立多元化的评价体系，采取多样化的录取方式；第三，建立专业性考试机构，实行考招分离；第四，制定合理的收费标准，完善财政资助制度；第五，加强考试科学研究，提高招生考试管理水平。

（二）研究方法

1. 文献资料法

文献资料法是本研究采用的主要方法。本研究所选择的历史资料大多为世界及美国高等教育领域的重要著作、论文、报告、杂志、新闻等。如美国高等教育史上的重要文献：1862 年和 1890 年的《莫雷尔法案》、1819 年的《达特茅斯法案》、1964 年的《公民权利法》、1965 年的《高等教育法》、1972 年的《高等教育法修正案》以及相关的高等教育法律法规等；联合国教科文组织、卡内基教育促进会的一系列报告书；美国大学注册主任及招生官员协会（Association of Collegiate Registrars and Admissions Officers）、美国高校测试中心（American College Testing）、大学委员会（The College Board）、教育考试服务中心（Educational Testing Service）和国家大学入学顾问联盟（National Association for College Admission Counseling）等组织的大量研究成果和资料；ERIC 教育信息数据库中的大量论文；美国高等教育百科全书、美国高等教育年鉴、联邦政府及州政府的相关文件等。另外，本研究还利用因特网搜集了大量新信息和资料。

此外，本研究还参阅了大量国内外有关美国高等教育研究的成果及资料。由莱斯特·古德切尔德和哈罗德·威克斯乐主编的《高等教育的历史》(The History of Higher Education)，阿瑟·科恩撰写的《美国高等教育的形成——当代制度的形成与发展》（The Shaping of American Higher Education: Emergence and Growth of the Contemporary System)，菲利普·库姆斯的

《世界教育危机》(The World Crisis in Education)，布鲁斯·约翰逊的《高等教育财政——问题与出路》(Economics and Financing of Higher Education)，滕大春的《美国教育史》，王英杰的《美国高等教育发展与改革》，陈学飞的《美国高等教育发展史》，沈红的《美国研究型大学形成与发展》，张维平的《美国教育法研究》，郝维谦、李连宁的《各国教育法制比较研究》、黄福涛的《外国高等教育史》以及相关的几百篇论文。我们站在前辈和同行的肩膀上，既开阔了视野，吸收了养分，又增强了信心。在学习了史料和最新政策、实践的基础上，研究美国高校的招生考试制度，增强了本研究的可信度和说服力。

2. 实证研究

整理和分析美国不同时期高校招生考试的信息资料，统计分析数据、报告等，以数理分析的方法研究美国高校招生考试制度，以事实说话，增强研究的客观性和科学性，这是本研究的重点内容，也是其现实依据，是本研究的特点之一。

3. 案例研究

为了充分论述美国高校招生考试制度，本书选择哈佛大学、达特茅茨学院、密歇根大学、加州大学、Scottsdale 社区学院和 Bellevue 社区学院作为个案，分别阐述了三种不同的招生政策及其运作——高选拔性政策、一般选拔性政策和开放式政策。个案分析主要从申请条件、录取标准、招生和注册情况、收费和财政资助情况等方面入手，把全国的整体情况与各校的具体情况结合起来，使整个研究显得有理有据。

4. 比较分析法

纵向比较、分析中美两国招生考试制度产生的背景、发展演变的历程、变化的动因等；横向比较、分析中美两国现行招生考试制度中关于招生考试管理体制、考试结构功能、考试内容方法、招生考试发展改革等方面的困境，探寻符合中国实际的经验，着眼于解决中国高考改革实践中存在的问题。这是本研究的终极目标。

5. 理论分析

深入探讨美国高校招生考试制度的特点、存在的问题和面临的挑战，总结其形成和发展过程中的规律，应该用理论分析的方法。理论分析需应用教育学、考试学、管理学、文化学、政治学等学科的理论，并利用多学科的研究方法，这是本研究的重点，也是难点。

第一章　美国的高等教育制度及政策法规

高校招生考试制度是高等教育制度的重要组成部分。除政治、经济、文化等因素外，高等教育制度对美国高校招生考试制度的影响是最大的，对其形成与发展都产生了直接或间接的影响。要全面考察美国高校招生考试制度，必须分析对其产生影响的因素，作为最重要的影响因素之一的高等教育制度当然是本研究首先要考察的。本章拟就美国的高等教育制度、高校分类、高等教育政策与法规等问题进行探讨，分析上述诸因素对美国高校招生考试政策、考试制度的影响。

第一节　高等教育制度

一、高等教育管理体制

美国的高等教育系统异常庞大和复杂，独具特色的管理体制是它能够有序而高效地运行的原因所在。美国的高等教育管理从纵向上可以分为联邦、州和地方对高等教育的管理；从横向上可以分为官方和非官方对高等教育的管理。而官方又包括行政、司法和立法三方面的力量，非官方又有内部集团和外部集团之分。这些管理主体来自社会各个阶层、各个领域，从各自的切身利益出发，它们都力图运用各种独特的手段，通过各种途径，从不同的角度来控制或影响高等教育，既相互依存又相互制约，形成一个纵横交错的管理网。这种管理体制稳定有序、反馈机制健全、富于灵活性，并能将高等教育融入社会，是美国高等教育管理最具特色之处①。

---

① 刘勤勇：《论美国立体式高等教育管理体制》，《高等教育研究》2002 年第 2 期，第 107～110 页。

(一) 官方对高等教育的管理

1. 联邦政府和教育部对高等教育的管理

1776 年美国颁布的《独立宣言》以及 1787 年通过的美国宪法等重要法令都没有阐述教育问题。1791 年美国国会批准的《人权法案》(即宪法修正案) 第 10 条规定:“宪法未曾给予联邦或未曾禁止各州行使的权利,都保留给各州或人民。”这句话虽然未提“教育”一词,但教育恰恰属于两个“未曾”的范围,这意味着美国联邦政府无权直接干预教育,教育的权利属于各州和人民,联邦政府只能通过制定政策法规、行政拨款、质量评估等手段间接影响教育,从而形成了以州为主体的,州、地方、联邦共同负责的体制。其中,州负有主要责任,地方承担具体责任,联邦政府则在各方面具有广泛的影响。

美国于 1867 年开始在联邦政府内设置教育行政机构,而且它始终是某部下属的一个机构。1979 年 10 月,国会通过了设置联邦教育部的法案,把教育总署升格为内阁级的教育部。虽然联邦教育部的职能较前有所扩大,但仍以不削弱传统的地方分权制为限,这是国会通过的教育部设置法案特别强调的。联邦教育部通过制定和贯彻全国性教育法,与地方开展合作项目,向地方教育拨款等措施,把联邦政府的教育政策和科技政策渗透到各州,以加强对各州教育的实际控制。

基于以上原因,联邦政府对高等教育不实行中央集权控制,但几所联邦大学、军事学院和 29 所部落大学除外。州政府对州内的教育负主要责任,它对公立大学的管理权限很大,但对私立大学的管理却很有限。教育部对教育管理方面的权力也十分有限,主要包括五个方面:① 负责联邦基金的使用,这些基金是联邦政府通过合同或赠予协议形式提供给学校及学生的;② 监督立法的实施,如《公民权利法》中涉及高等教育的条款;③ 设计特殊课程开发项目,如外国语言培训和地区研究项目;④ 设计特殊项目,如为残疾人创造接受高等教育的机会;⑤ 管理联邦研究基金。这些基金主要面向健康、科学、国际研究、太空和环境等领域。

2. 州政府对高等教育的管理

州政府管理教育的权力来自州宪法和州立法机关及法院。大部分州有关教育的法律、规章和司法意见都有明文规定,它涉及财政责任、职责范围、学校设施、组织机构、行政管理、选举规程、教育税收、教师的鉴定与雇佣以及学校活动等诸方面。州教育部门有教育委员会和教育厅。州教育委员会是州教育决策机关，它负责确定州的教育政策，对全州公立学校进行监督，指派教育专员和批准教育预算等。州教育厅的主要职能有：制定和督导各项规章制度的实施，掌握教育业务和财务，制定教育发展规划，研究和开展评价等活动。大部分州把实际管理权委托给地方教育行政当局即学区来行使。因而，现有的1.6万个学区是美国教育的基本教育行政单位，其职责是确立办学方针，为学校征税，雇请人员，制订教育计划，选派学区督学等①。

州内的公立大学一般都是由州政府建立的，要建立私立大学需从州政府获得办学许可，州政府拥有批准和规范高校办学的权力。州内管理高等教育机构的责任由州教育行政部门、州高等教育委员会、州立大学或专门委员会共同承担。私立大学有自己的董事会，但要受到涉及管理非营利和营利组织的州法律的制约。

3. 地方政府对高等教育的管理

地方政府主要是针对社区学院进行管理。社区学院大多从原来的中学演变而来，属于地方管辖，一般由社区委员会实施管理。

（二）非官方组织对高等教育的管理

非官方组织对高等教育的管理，指半官方的、民间的团体组织对高等教育实施的监督、控制或影响。根据这些团体组织的性质和它们对高等教育施加影响的方式，可将其分为外部集团和内部集团。外部集团又可分为资助集团和政治集团。资助集团主要是垄断财团，它们往往建立教育基金会作为其教育利益的代言人，并采用资助的方式实现对政府决策和高校发展的影响。其资助范围主要有：新课程计划、教学资料、调查、报告、建议等。通过巨额资助，它们对全国性的教育思潮、方针政策、科技发展方向等产生重大影响。政治集团主要有工会、新闻出版社、商会、宗教团体、政党以及由家长或纳税人组织的地方团体等等。这些集团在法律允许的范围内，采取宣传、集会、游行、起诉、罢工等方式，监督高校履行职责，影响官方的决策。它们还通过参与各种政治活动和社会活动，诸如支持总统、州长和议员的竞选，间接影响教育行政与立法。

内部集团主要指六个地区性的高校质量评估机构和美国教师联合会、全

---

① 薛留增：《美国高等教育发展现状综述（上）》，《天津市教科院学报》2003年第2期，第35～40页。

国教育协会、美国教育理事会等几十个全国性的教育和专业协会。高校质量评估机构对高等教育的评估是权威性的，其影响力甚至超过政府评估。在美国，一所高校即使得到州政府的设置许可，但如果不参加质量评估或评估不合格，那么它作为大学是不能被承认的。美国教师联合会和全国教育协会是团结、领导全国教师的重要组织，它们通过集体谈判的方式对地方教育决策起重要作用。美国教育理事会由各高校中全面负责的行政人员组成，包括校长、院长和各高教协会的负责人。它的主要职责是对众多高教协会的活动进行协调，制定出与整个高教界利益有关的策略与规章，在全国范围内谋求对高等教育的支持，并为其成员提供多种服务，包括谋求政府支持、法律咨询、图书情报、组织专题讨论等①。

二、高校的层次与类型

根据人才培养目标，美国的高等教育机构可以划分为两年制学院、四年制学院或大学以及综合性大学。两年制学院包括社区学院、初级学院和技术学院。这类学院一般提供大学头两年的教育和高级职业技术课程，设有成人教育、继续教育和社区服务项目。职业技术学院属于成人教育机构，提供2年～3年的高级职业技术培训，但绝大多数不授予学位。这类学校在高等教育结构中处于最低一级。四年制学院或大学主要包括州立四年制学院和大学、私立文理学院和私立大学。此类高校通常提供四年普通本科生教育（文理），其中不少也提供研究生教育和专业教育。本科生修满规定的学分，即可获得学士学位。综合性大学既提供本科生和研究生教育，也提供专业学位②。然而，由于各州不同的规定和传统，美国高校的类型较为复杂，仅从名称上看很难判断出学校的层次和类型。例如，许多高校被称为“university”，但却不能提供硕士以上的学位，有些甚至不能提供学士以上的学位。有些高校被称为“college”，却能提供博士学位。有少数著名高校一直保持历史上的称谓“institute”，如加利福尼亚理工学院（California Institute of Technology）、麻省理工学院（Massachusetts Institute of Technology）。此外，还有一些被称

---

① 刘勤勇：《论美国立体式高等教育管理体制》，《高等教育研究》2000年第2期，第107～110页。

② 陈学飞：《美国初中后到大学本科教育结构述评》，《比较教育研究》1992年第2期，第1～6页。

为学院或大学的高校，虽然没有经过评估，但也能授予学位和证书。因此，在研究美国高等教育的结构时，主要应看高校所能提供的课程和授予的学位。

（一）两年制学院或社区学院、技术学院、初级学院

两年制学院或社区学院、技术学院、初级学院在称谓上一般使用“community”，“technical”或“junior”。美国大约有 1 700 多所社区学院，其中 900 多所是公立学校。美国社区学院长期以来形成了自己鲜明的办学特色，并能安于本位，由于其课程适应了社区需要、经济生产需要和职业需要，因而受到人才市场的欢迎。社区学院主要是培养生产第一线或基层工作岗位的应用性专业技术人员和熟练的劳动人员，是美国培养中级技术人才不可缺少的教育机构。社区学院的创建使美国高等教育的结构更趋完善，形成了现代美国教育制度培养高级、中级和初级人才的宝塔形教育结构，顺应了国家建设发展的要求。社区学院在美国实现高等教育大众化和普及化的进程中做出了巨大的贡献。

美国的第一所初级学院是 1896 年正式命名的，它源于美国芝加哥大学的基础学院。美国社区学院建立之初的目的，一是分流不合格的学生，同时将优秀学生输送到大学高年级，以便提高高级学院（大学三、四年级）的教育质量；二是为更多的中学毕业生提供受教育的机会。20 世纪 40 年代以前，其办学目标主要是升学性教育，之后转为升学性教育、职业技术教育或终结性教育、成人教育或继续教育、补偿性教育等多重目标，社区学院的称谓逐渐取代了初级学院。但至今部分以转学为主要宗旨的私立学院仍保留着初级学院的称谓。美国社区学院具有与传统的四年制学院或大学不同的职能，这些不同的职能恰好满足了以追求高深学问为己任的传统大学无法满足社会的那部分需求。社区学院主要提供五种不同类型的服务，其中与招生考试制度直接相关的是升学性教育。19 世纪末初级学院创办时，其目的主要是为没有机会进入四年制大学的中学毕业生提供大学一、二年级的教育，以便将来升入大学三、四年级，所以升学是初级学院创办之初的主要目标。初级学院和社区学院提供的课程以人文学科为主，以便与四年制学院课程接轨，由于当时四年制学院多为文理学院，这一情况一直持续到 20 世纪 60 年代。70 年代以来，职业教育迅速发展，加之其他各种社会原因，主修人文学科的学生人数锐减，即转学系科的学生人数大为减少，获得社区学院和初级学院副学士学位的毕业生转学到四年制学院或大学的人数明显减少。但是，由于升学性教育所需费用比职业教育和补偿教育少，以及人们对升学教

育的传统观念有利于升学教育的发展等原因，加之从 70 年代中期起，有些职业系科的毕业生开始转学到四年制学院或大学的相应系科，扩大了大学转学教育的内容，这对发展转学教育职能非常有利。因此，大学转学教育这一职能一直保持到今天①。

（二）四年制学院或大学

四年制学院或大学在美国所有高等教育发展过程中起着核心作用。学生入学后不分系或专业，在学完一年至两年的公共课程后再选择他们的主修专业。一、二年级的课程有人类学、社会学、物理学、生物学。三、四年级的学生主要集中学习他们所选择的主修专业。

（三）综合性大学

综合性大学由若干个学院组成，通常包括几个本科生学院（如文科和理科或专业教育如工程或商学）、研究生院（有时也与本科教育项目合一）和职业学院。本科生课程通常包括两年文理科的学习和两年主修专业的学习。有些专业，如农业、工商管理、工程、护理及教育（师范）在本科生和研究生阶段都会开设。其他专业，如医学、牙医、法律只在研究生阶段开设（预科课程在本科生中提供）。除学士学位外，综合性大学也授予硕士学位，但更多的是授予博士学位。研究性大学主要是提供研究生和博士生教育②。

第二节　高校的分类

美国高校的类型及其分类的标准和方法多种多样，主要依据学术水平、办学层次和学位授予情况而定，而且分类标准和方法深刻体现着不同的教育价值观念，并随时代的变迁而有所变化。

一、美国高校分类方法的理论基础

美国高校传统分类方法的理论基础是基于对大学意义和功能的认识。美

① 唐滢、丁红卫：《美国社区学院职能的演进及启示》，《大学教育科学》2005 年第 4 期，第 67～69 页。

② 薛留增：《美国高等教育发展现状综述（上）》，《天津市教科院学报》2003 年第 2 期，第 35～40 页。

国历史上主要有两种对大学分类影响深刻的思想，一种观点出自纽曼的《大学的理想》（The Idea of the University），它非常强调大学的学术价值。另一种观点出自克拉克·科尔的《大学的功用》（Uses of University），它强调大学的实用价值。但许多学者认为这两种观点都过于极端，因此有关高校分类的观点多数介于这两者之间，其中较具有代表性的当数罗伯特·保罗·沃尔夫，他对大学意义和功能的认识较为客观和全面。他在《大学的理想》一书中谈到大学的功能是集学术研究、职业培训、人的社会化和社会服务为一身，要避免单纯突出大学某一功能的偏向。然而实际上难以依据他的这一观点进行明确的大学分类①。克拉克·科尔在 1994 年出版的《高等教育不能回避历史——21 世纪的问题》一书中再次论述了这个问题，他提出了高度选择型的高等教育、选择型的高等教育和非选择型的高等教育的概念，并对这些概念进行了阐释。“我想选择性原则是主要的。高度选择型的高等教育是这样一种高等教育，承担为那些以高层次高智力训练为基础的专业招收和培养人才，进行与这种训练有关的科研工作，并使用经过这种训练的人才。选择型的高等教育是这样一种高等教育，承担为依靠或者至少能利用美国术语所谓‘本科生教育’所传授的高级知识和技能的现代社会为数众多的职业培养人才。非选择型的后中等教育，按定义向在以前受过教育、就业达到一定年龄或有工作经历的所有人员开放。”“这三种模式不仅在它们对学生的入学资格方面，而且在其他许多方面都能够彼此区别。”②

二、美国高校主要的传统分类方法

（一）卡内基高校分类法

现代美国高等教育界较为认可的或占主导地位的大学分类，是由卡内基教学促进基金会提出的。1970 年，卡内基高等教育委员会（the Carnegie Commission on Higher Education）在传统分类的基础上提出了高校基本分类（the Basic Classification）。1973 年，卡内基高校基本分类得以公布及使用。1976 年、1987 年、1994 年、2000 年、2005 年和 2010 年卡内基教育促进基金会又相继公布更新的分类方法。2005 年的版本有较大的变化，对社

---

① 乔玉全：《21 世纪美国高等教育》，高等教育出版社，2000 年，第 55 页。

② 克拉克·科尔：《高等教育不能回避历史——21 世纪的问题》，王承绪译，浙江教育出版社，2001 年，第 84～85 页。

区学院以及研究型大学进行了更为细致的划分。2010 年的分类方法与 2005 年的版本类似。目前，这一分类方法已经成为美国高等教育界较为认可的或占主导地位的大学分类方法①。

在过去 40 年时间里，卡内基分类法已经拥有广泛而众多的使用者，包括研究人员、教育工作者、政策制定者、基金组织、公共服务机构的职员、新闻杂志等。现在，卡内基分类法已成为美国高等教育界普遍接受并广泛采用的方法。例如，美国新闻和世界报道（U.S. News & World Report）使用卡内基分类法来进行其极具权威性的大学排名。一些政府部门将卡内基分类作为经费的划拨依据。大学校长们非常关注卡内基分类的结果，以此来评估自己大学（学院）的学术位置。可见，卡内基分类法已经具有广泛的影响。大学和教育机构也已习惯于利用卡内基分类法进行简明的自我描述。卡内基分类法的分类依据的主要指标有：大学（学院）每年授予学位的数量、水平及学科领域的范围（数量），从联邦政府获得的财政资助以及学科的特殊性等。2000 年之后，从联邦政府获得的财政资助不再作为分类依据。依据 2000 年卡内基分类法，美国大学的分类如下②：

1. 授予博士学位的研究型大学（Doctorate-granting Universities）

这类大学指授予至少 20 个研究博士学位的研究型大学，不包含特殊教育机构及部落大学。此类大学依据研究活动的频度分为三个子类，分别是研究活动非常频繁的研究型大学［RU/VH，Research Universities（very high research activity）］，研究活动高度频繁的研究型大学［RU/H，Research Universities（high research activity）］，博士/研究型大学（DRU，Doctoral/Research Universities）。

2. 授予硕士学位的大学（Master's Colleges and Universities）

一般情况下，这类大学或学院授予少于 20 个博士学位，且颁发至少 40 个硕士学位（不包含特殊教育机构及部落大学）。这类大学依据授予硕士学位数量的多寡又分为三种类型，分别是较大项目硕士学院或大学（至少授予 200 个硕士学位），中等项目硕士学院或大学（授予 100 个～199 个硕士学位），较小项目硕士学院或大学（授予 50 个～99 个硕士学位，授予 50 个以下硕士学位的大学在学生注册类型方面需要满足一定条件才能被归为此类大学）。

① http：//carnegieclassifications.iu.edu/descriptions/basic.php：2015-10-25.

② http：//www.carnegiefoundation.org/classification：2003-09-11.

3. 本科大学/学院（Baccalaureate Colleges）

这类教育机构至少有10%的本科学位是学士学位，且硕士学位少于50个或博士学位少于20个（不包含特殊教育机构及部落大学）。

在那些至少一半本科学位是学士学位的高校中，如果有至少一半的学士学位是艺术和科学领域的学士学位，这类机构被归为文理组（the "Arts & Sciences" Group），其他高校归入多元领域组（the "Diverse Fields" Group）。

那些本科学位至少有10%且少于一半是学士学位的机构被归为本科/副学士学院（the Baccalaureate/Associate's）。

4. 两年课程证书/大专文凭（Associate's Colleges）

这类大学主要包括授予学业证书和两年制大专学历的社区学院及技术学院，可授予的学士学位少于10%。

5. 特殊教育机构（Specialized Institutions）

此类学校提供从学士到博士的课程，75%以上课程属于一些单一的学科领域，例如医学院、工学院、商学院、法学院和音乐学院等。

6. 部落大学/学院（Tribal Colleges and Universities）

这些大学一般位于保留地，由部落和宗族所控制。它们是美国印第安高等教育共同体的成员。

根据美国国家教育统计中心（National Center for Educational Statistics）提供的2008学年至2009学年的数据，研究活动非常频繁的研究型大学（RU/VH）有108所，研究活动高度频繁的研究型大学（RU/H）有99所，博士研究型大学（DRU）有90所。较大项目硕士学院或大学有413所，中等项目硕士学院或大学有185所，较小项目硕士学院或大学有126所。文理本科大学有271所，多元领域本科大学有392所，本科/副学士学院有147所①。

（二）根据大学办学的公私立性质和办学规模的分类

在美国得到较为广泛认可的第二种分类方法是根据大学办学的公私立性质和办学规模进行的分类。公私立大学中又有营利性院校和非营利性院校之分。据美国联邦政府教育部1996年度至1997年度的统计，公立高校，包括州政府所属和地方政府所属以及联邦政府支持的军事院校等高校，共计

① http：//carnegieclassifications. iu. edu/descriptions/basic. php:2015-10-28.

1 701 所。其中本科以上院校 613 所，两年制院校 1 088 所。同期的私立大学共计 2 308 所，其中非营利性的本科院校 1 510 所，营利性的本科院校 144 所，非营利性的两年制院校 184 所，营利性的两年制院校 470 所。公立和私立高校共计 4 009 所，其中本科院校 2 267 所，两年制院校 1 742 所。据美国联邦教育部 1997 年度至 1998 年度的统计，高校数又有所增加：公立本科院校 615 所，两年制院校 1 092 所。私立非营利性本科院校 1 536 所，营利性本科院校 169 所。私立非营利性两年制院校 184 所，营利性两年制院校 500 所。高校总数为 4 096 所①。到 20 世纪 90 年代末，高校特别是企业参与主办的非营利性高校数量有明显增加。根据美国国家教育统计中心（NCES）公布的数据，2011 至 2012 学年，被纳入联邦政府学生财政援助计划的高等教育机构（即Ⅳ高校）有 7 234 所，非学位授予机构有 2 528 所，学位授予机构有 4 706 所。在 4 706 所具有颁发学位资格的机构中，两年制学院有 1 738 所（公立 967 所，私立 771 所），四年制学院有 2 968 所（公立 682 所，私立 2 286 所）②。

（三）综合分类法

第三类较为公众接受的高校分类方法，主要是依据大学的办学规模以及其他相关因素进行的综合分类。该分类方法依据不同的用途和标准可以有多种分法。比如，将高校分为小规模院校、中等规模院校和大规模院校三种，其目的在于分清各类高校在办学宗旨和任务、学校的文化氛围等方面的不同。小规模院校一般任务比较单一，以教学为主，只设置本科以下学位课程，教师要教授多门甚至跨专业的课程。学校大多位于中小城镇，学校与社区之间的联系以及师生关系都较为密切。因为学科门类少，图书资料和硬件设施较差，师资队伍不强，因此科学研究水平不高。中等规模院校一般以本科教学为主，设有少量研究生课程，一般在学校中设有二级或专业学院，学科门类较多，个别专业或院系有一定的办学规模和影响。学校在办学、科学研究等方面具有较大的发展机会和潜力。大规模院校学科门类较为齐全，设

① 乔玉全：《21 世纪美国高等教育》，高等教育出版社，2000 年，第 57 页。

② National Center for Educational Statistics（NCES），Publications & Products，Annual Reports，Digest of Education Statistics，Advance Release of Selected 2013 Digest Tables，Chapter 1，Table 105.50：Number of educational institutions，by level and control of institution：Selected years，1980-81 through 2011-12，http://nces.ed.gov/programs/digest/2013menu_tables.asp：2014-09-27.

有从学士学位到博士学位的课程，重视科研，并具有较强的科研实力，注重科研经费、学术成果及学术论文或专著的发表。教员中形成了明显的等级梯队。应该说，这种分类方法不够精确①。

在第三种分类方法中，大学在校生人数也是一个重要指标。虽然美国高校很多，但大多数学生集中在大规模院校。据 1991 年统计，38%的大学校区的在校生少于 1 000 人，而且这些校区学生数只占全美在校生的 4.5%。在校生超过 10 000 人的校区只占高校总数的 12%，然而，它们的在校生人数却占整个在校生人数的 53%。此外，美国高等教育没有普通院校与成人院校之分。1997 年高校在校生 1 543 万人，其中年龄在 18 岁到 29 岁的在校生占 73.7%，17 岁以下的在校生占 1.1%，55 岁以上的在校生占 1.3%②。

上述是美国高校几种主要的传统分类方法。然而，随着社会和经济的发展，高校办学的内外部环境都在发生剧烈的变化，高校与经济社会发展需求之间的关系也在发生变化。大学服务社会的功能得到前所未有的强化，高等教育以外的机构兴办高等教育的势头强劲。以计算机网络技术为核心的信息技术在高等教育中的广泛应用，使得高等教育的办学思想观念、方法方式、途径和手段、办学模式等正面临巨大变革。网上大学等新型大学的涌现，各类传统高校办学取向的调整和相互之间的跨界、渗透等现象，是传统的大学分类法无法解释的。因此，人们对传统的大学分类提出了质疑和挑战，并尝试提出和建立新的分类标准。

第三节　高等教育政策与法规

在研究美国大学入学招生考试制度的过程中，我们发现，美国历史上一些重要的教育政策和法规对其大学入学招生制度、考试方法等产生过直接或间接影响。本节着重介述这些教育政策和法规。

一、相关法规研究

（一）《莫里尔法案》

美国独立以后，联邦政府曾陆续向一些州赠予公用土地以建立公立高

① 乔玉全：《21 世纪美国高等教育》，高等教育出版社，2000 年，第 57 页。

② 乔玉全：《21 世纪美国高等教育》，高等教育出版社，2000 年，第 58 页。

校。1862 年生效的《莫里尔法案》在美国高等教育发展史上具有划时代的意义。该法案于 1861 年由美国国会通过，次年，由林肯总统正式签署。法案规定：① 联邦政府在每州至少资助一所学院从事农业和技术教育；② 按照 1860 年规定分配的名额，每州凡有国会议员一人可以获得 3 万英亩的公用土地或相等的土地期票；③ 出售公用土地获得的资金，除 10%可以用于购买校址用地外，其余将设立为捐赠基金，其利息不得低于 5%；④ 这笔资金如果在五年之内未能用完，全部退还给联邦政府。1890 年，《第二莫里尔法案》通过，该法案规定联邦政府每年向赠地学院拨款。联邦政府提供的大笔资金极大地刺激了公立和实科高等教育的发展。许多州都依靠赠地、出售土地所得或联邦政府的拨款建立了新的农工学院，或者在原有学院里设立了与农业、机械相关的系科。由《莫里尔法案》推动的“赠地学院运动”适应了美国工农业迅速发展和人口激增对高等教育的新需求，使得美国现代公立大学体系开始形成。由于学院数量的增加，办学规模的扩大，学生人数的激增，美国传统的大学招生考试制度已经不能适应形势的发展。在此情况下，许多大学为了招揽更多的学生，取消了入学考试，采取了证书录取制，即获得由大学认可的中学颁发的毕业证书的学生即可进入大学就读，这是美国大学招生制度的一次重大变革①。

（二）《退伍军人权利法案》

第二次世界大战结束后，美国成为世界上经济实力最强大的“霸权国家”。战争及空间领域的军备竞赛一度引起了人们对教育和科学技术的广泛关注。教育被看作有助于加强国防，促进经济发展、科技进步的有力工具。在此背景下，高等教育获得了迅速发展。这一时期被称作美国高等教育的“黄金时代”。在这一时期颁布的《退伍军人权利法案》对高等教育产生了重大影响，促进了美国高等教育从精英教育向大众化教育的转变。

1944 年 5 月，美国国会通过《退伍军人权利法案》。该法案通过之初，国内并没有人预料到退伍军人会像潮水一样涌入高校。根据军事部门 1943 年、1944 年、1945 年所做的抽样调查显示，预计进入高校的人数约为 70 万人，这与当时教育专家的意见基本一致。但实际情况是，自 1945 年到 1956 年，

① 王廷芳：《美国高等教育史》，福建教育出版社，1995 年，第 132 页。

进入高校的退伍军人是预计数量的三倍，总共达到了223万人。仅1947年这一年，在高校注册学习的退伍军人总数就达115万人，占当年美国高校在校学生总数（233万人）的49%。自1946年到1948年，连续三年高校的男学生中，大多数是退伍军人①。

美国著名学者戴维·亨利对由于这一事件而引起的高等教育的重要变化作了如下归纳：① 在联邦政府的决策者看来，高等教育已经明显成为实现国家目标的工具，这为联邦政府大规模地介入、资助高等教育奠定了基础；② 平民青年意识到，进入高校能够大大提高他们未来职业选择的灵活性，因而把接受高等教育作为他们优先选择的目标；③ 联邦政府的资助和大批退伍军人进入高校的先例，使那些关心教育机会平等的人们，尤其是那些来自弱势群体的青年人看到了希望；④ 联邦政府以资助学生的方式介入高等教育，这是一种高校可以接受的也较为适当的干预方式；⑤ 一些高校为适应退伍军人学生的需要而在招生方式、教学方法、聘用教师、高校与社会的联系等方面进行的改革成为永久的制度而一直沿用至今②。

由于20世纪60年代随婴儿潮出生的孩子都到了大学入学年龄，大规模的"民权运动"使得高等教育民主化的要求空前高涨，因此人们对高等教育的需求急剧增加，加之有退伍军人大批进入高校的先例，1970年，纽约市立大学率先实行开放性招生政策，随后其他大学也纷纷效仿。而今，开放性招生政策已经成为美国高校三类主要的招生政策之一，全国有大约三分之一的高校实行这种政策。

（三）《国防教育法》

20世纪50年代初，由于冷战的加剧和退伍军人的陆续离校，美国高校在校生人数出现了连年下降的趋势。1947年，美国总统高等教育委员会发表了著名的《为美国民主社会的高等教育》报告，这是美国历史上第一个由政府任命的委员会系统提出和阐述的关于大众高等教育原则和美国高等教育未来发展前景的报告。该报告指出：至少有30%的人具有完成高级的文理教育或专业教育的能力，并预计从1948年至1960年，美国高校的在校生将翻一番。这一报告成为美国后来高等教育大发展的理论依据。但是，1957年

① 黄福涛：《外国高等教育史》，上海教育出版社，2003年，第327页。

② David D. Henry, Challenges Past, Challenges Present: An Analysis of American Higher Education Since 1930, Jossey-Bass Publishers, 1975, pp. 66-68.

10 月苏联的第一颗人造地球卫星成功发射，在一夜之间打破了美国人在经济和科技发展方面的优越感，美国朝野一片恐慌。各方论争的结果将原因归咎于美国教育的落后，主张要加强教育和科学研究。仅在 1957 年至 1958 年，美国国会就至少通过了 80 项涉及教育的法案，其中最重要的是 1958 年 9 月 2 日通过的《国防教育法》。为了取得科技竞争的领先地位，美国把教育改革提到“巩固国防”的高度。《国防教育法》提出：为了国家的安全，必须选拔大量的天才儿童，并努力对他们进行天才教育；由联邦政府增拨大量教育经费，加强科学技术教育，培养一流的科技人才，以增强国防能力。1964 年和 1983 年美国国会又两次通过修正案，延长该法案的有效期，扩大其影响。这个法案基本上确定了美国教育改革的大方向。根据《国防教育法》的有关条款，1959 年著名教育家柯南特提出对高智商的学生进行特殊培养的观点。为选拔和培养天才儿童，美国采取了加速教育的方法，即可以提前上学、跳级、提前毕业、提前上大学等。美国入学考试中的跳级考试和早期决定录取资格、早期招生等招考制度就是由此产生的①。此外，《国防教育法》对 ACT 考试的产生和考试内容也有一定影响。由于《国防教育法》强调要重视基础教育，20 世纪 70 年代中期美国盛行恢复基础运动，提倡重视基础知识和基本技能的教学。为此，许多州制定了“最低限度能力标准”，规定了高中学生升级和毕业时至少应达到的目标。《国家在危险中：教育改革势在必行》这一报告建议，大学可以采用标准化考试，提高录取标准。然而，当时唯一的大学入学考试 SAT 却过分强调测试学生的潜在学习能力，考试内容与高中的课程和教材脱节，不利于引导学生学习基础知识。为改变这一状况，在林奎斯特教授的领导下，美国创立了 ACT 考试。不仅如此，《国防教育法》还在无形中影响着 SAT 和 ACT 考试的命题思想和考试内容。

（四）《高等教育法》

美国于 1965 年由约翰逊总统签署了世界上第一部《高等教育法》，其宗旨是保护经济贫困学生接受高等教育的权利，促进社会的公平与进步。《高等教育法》是联邦政府关于高等教育政策的总纲领，内容包括八章：第一章是大学社区服务及继续教育；第二章是关于对高校图书馆的资助；第三章是

① 瞿葆奎：《美国教育改革》，人民教育出版社，1990 年，第 117～121 页。

加强发展中的学院的建设；第四章是关于学生资助；第五章是关于教师培训；第六章是关于提高本科教育质量；第七章是关于修订《高等教育设施法》；第八章是总纲。制定《高等教育法》的目的主要有四个：① 加强对学院的建设，特别是传统的黑人学院的建设；② 给贫困学生提供助学金和平等地接受高等教育的机会，满足人们日益增长的对高等教育的需求；③ 鼓励高等教育机构研究城市及市郊问题和出路；④ 资助高校图书馆的建设，改善图书馆服务。《高等教育法》的核心是学生资助。自此，联邦政府每年拨款 6.5 亿美元资助高校和贫困学生，促进高等教育机会的公平。根据此法，美国建立了两个联邦资助项目，即教育机会助学金（Educational Opportunity Grants，简称 EOG）和担保学生贷款（Guaranteed Student Loan，简称 GSL）。《高等教育法》的颁布使学生资助走上了法制化的道路，还推进了高等教育大众化。20 世纪 60 年代以前，接受高等教育基本上被视为有钱人的特权，接受高等教育的人以 18 岁～22 岁的男性白人为主。《高等教育法》颁布以后，联邦政府提供的低息贷款鼓励那些经济上并不富裕的学生踊跃求学，各高校也扩大了资助项目，这一切使得高等教育的入学人数和类型发生了明显的变化。高校的入学人数从 1965 年的 5 920 万人增长到 1967 年的 6 911 万人①。

二、政策研究

（一）高等教育财政拨款政策

从 20 世纪 60 年代起，美国高等教育的财政拨款政策随着政治、经济、人口和高等教育需求量等因素的变化而处于不断变化之中。60 年代是美国高等教育快速扩张的黄金时期。从 1920 年到 1960 年，接受高等教育的人口数量增加了 5 倍。从 60 年代到 70 年代，大学生人数剧增，大学学龄人口的入学率从 33%上升到 48%，高校的总收入从 57.9 亿美元上升到 215.2 亿美元②。美国 60 年代的高等教育出现三个主要转变：① 高等院校从相对规模较小、具有很强的私人性质的院校，转变为规模较大、需要更多投资的社会性的院校；② 高等教育财政从以私人资助为主转向以公共财政资助为

① 杨克瑞：《美国〈高等教育法〉探索》，《教育史研究》2004 年第 12 期，第 88～90 页。

② 乔玉全：《21 世纪美国高等教育》，高等教育出版社，2000 年，第 97 页。

主；③ 高等教育财政资助从当地政府资助转向联邦政府资助。70 年代高等教育拨款持续 10 年增长，其增长率超过同期全国的通货膨胀率。70 年代早期至中期，高等教育拨款持续增长的主要原因是：高等教育适龄人口的增加；妇女、低收入者和少数民族对高等教育需求的增加；非传统意义上的学生入学人数的增加；高新技术教育重要性的增强。卡内基教育促进委员会认为有三种力量推动了高等教育的膨胀：一是国家有义务开放高等教育；二是国家的安全依赖于高等教育这一理念的增强；三是国家服务职能增多，表现在农业、工业、服务行业、学生活动、社区文化以及成人教育和其他由此扩展的活动等领域。总之，美国 20 世纪 70 年代的高等教育财政拨款经历了由州或当地政府与联邦政府共同分担资助份额转向以州资助为主，其原因是州政府认为他们在高等教育政策上起主导作用。20 世纪 80 年代早期，大学和学院的运作成本明显增加。成本增长的影响因素包括：大学日常使用物品和服务价格的增长；能源消耗成本增加；全美范围内的经济衰退以及保守的国家管理机构。因此从全美范围来看，与 20 世纪 70 年代中期相比，高等教育拨款进入了适度增长阶段。可是，到 1981 财政年度—1982 财政年度，由于州资源大多用于其他公共服务设施的重新配置，加之经济衰退，联邦资助的削减等原因，有些州对高等教育的拨款有一定程度的下降。很多校长感到高等教育正处于丧失其州资助优先地位的危险之中。进入 20 世纪 90 年代，虽然州政府对高校的经费拨款总额在不断增加，但高校的学费收入却第一次超过了州政府的拨款，成为高校经费的最大来源。1990 年度—1991 年度，州政府的高等教育拨款总额为 395 亿美元，全美高等教育的学杂费总额为 374 亿美元。到 1993 年度—1994 年度，州政府拨款上升到 419 亿美元，而学杂费上升到 486 亿美元。就所占比例而言，1990 年—1993 年，州政府拨款从 27%下降到 23%，学费占总经费的比例从 25%上升到 27%①。就公立高校而言，2000 年度—2001 年度，教育经费来源从以州政府拨款为主转为以学费收入为主的变化趋势十分明显，但州政府拨款占高等教育总经费的比例为 35.6%，仍然远远高于学费 18.1%的比例（见表 1-1）。

① 王春：《美国州政府高等教育财政研究》，北京师范大学博士学位论文，2000 年，第 31 页。

表 1-1　2000 年—2001 年全美高校经费来源构成比例（%）

项目	公立院校	私立院校
学费	18.1	38.1
联邦政府	11.2	16.3
州政府	35.6	1.4
地方政府	4.0	0.6
私人捐赠	5.1	19.3
捐助	0.8	
销售及服务	21.7	
教育活动	2.8	4.2
校办产业	9.3	10.6
医院	9.5	8.7
投资回报	—	−4.4
其他	3.7	5.1

资料来源：NCES，Digest of Education Statistics，2003，table 34，table 35，http：//nces. ed. gov/pubsearch/pubsinfo. asp? pubid＝2005025：2005-08-12。

据美国教育部 1996 年教育统计摘要，私人捐赠和合同款项占公立高等教育总经费的比例变化最大，但其也仅占 1993 年度—1994 年度总经费的 4%，2000 年度—2001 年度，这一比例为 5.1%（表 1-1）。学费在这一时期占总经费的比例从 13%大幅上升到 18%，增长率为 43%。州政府拨款的总量和比例都有大幅下降。州政府拨款占总经费的比例从 46%下降到 36%，下降幅度为 20%①。20 世纪 90 年代出现了 40 年来第一次州政府对高等教育投入的绝对数额下降的现象。90 年代以后，美国高等教育一直存在财政危机，各级政府对高等教育的拨款比例一直在下降，政府所承担的高等教育成本的份额也在不断减少，现有的高等教育财政状况已难以支撑高等教育的发展。高等教育既承受着社会需求不断增长的巨大压力，又面临着因经费大规模短缺而难以为继的巨大困难；既不能过高增加学费，又不能指望政府投入会有大的增长。这一状况产生了两个影响：第一，对公立和私立高校学生资助政策产生了很大影响。私立高校以学费折扣的形式来资助学生，这些折

① 王春：《美国州政府高等教育财政研究》，北京师范大学博士学位论文，2000 年，第 31 页。

扣实则来自学费本身，这种做法导致学费成本在不同消费者之间的重新分配。由于公立高校也采取了同样的措施，因此州政府资助私立高校学生的项目也同样适用于公立高校。这一由政府拨款的学生资助结构的变化，使私立高校只有提高其学费折扣额度才能保持其入学人数，导致这些学校不得不将约 1/3 的学费总收入循环用于学生资助。第二，由于公共财政支持力量的减弱，市场作用的逐渐增强，学费成为美国高等教育财政的主导因素。由于政府财力有限，高等教育经费来源中非政府渠道经费收入比例迅速上升，占大学经费来源的最大份额。社会的发展要求大学适应不断变化和竞争的环境，与社会和经济的发展相融合，以求得生存与发展。20 世纪 90 年代，新型的大学和传统的大学一同进入了这场竞争，并都在重新审视自己所提供的服务的核心内容和服务方式①。

（二）高等教育学费政策

狭义的美国大学的学费（tuition），仅指学校为学生提供教学服务所收取的款项和作为相关服务、仪器设备、图书资料等一切物品使用补偿而收取的费用。但实际上，学生除需缴纳上述费用外，还有许多其他必须支付的费用，如食宿费、注册费、健康服务费、学生活动费、学校日报费、停车费、停车标志更换费、成绩单费、学分课程考试费等。就狭义的学费而言，有如下特点：

一是公立大学收费低，私立大学收费高。公立大学有联邦政府和州政府较为稳定的经费投入，学校开支并不主要依靠学生缴纳的学费，故收费相对较低，一般每学年在 3 000 美元左右，至于具体的数额，均由各大学根据本身的社会声望和本州的经济状况自行决定，没有一个统一的标准。私立大学由于其学费是学校的一项重要经济来源，故学费十分高昂，通常是公立大学的五倍以上。如 1992 年，迈阿密大学、密歇根大学、缅茵大学等公立院校收取的学费分别是每年 3 764 美元、3 139 美元、3 085 美元，而哈佛大学、耶鲁大学、麻省理工学院等私立大学的学费每年分别高达 17 674 美元、16 300 美元、18 000 美元。据统计，1992 学年—1993 学年，美国高校的各级学费档次在全国高校中的分布及比例是：2 000 美元以下，占 37%；2 000 美元～

① 王春：《美国州政府高等教育财政研究》，北京师范大学博士学位论文，2000 年，第 31 页。

3 999 美元，占 8.3%；4 000 美元～5 999 美元，占 20.1%；6 000 美元～7 999 美元，占 17.1%；8 000 美元～9 999美元，占 8.7% ；10 000 美元～11 999 美元，占 11%；12 000 美元～13 999 美元，占 9.6%；14 000 美元以上，占 21%①。

二是州内学生收费低，州外学生收费高。公立大学对州内和州外学生的收费标准不一。如迈阿密、密歇根、缅茵等大学，对本州学生的收费分别是每年 3 764 美元、3 139 美元、3 085 美元，对州外学生则分别是每年 8 054 美元、8 359 美元、7 458 美元。公立大学的学费之所以有州内与州外的不同，其原因是州立大学的教育经费主要来源于本州成员缴纳的税款和所创造的经济收入，故只对本州成员子女优惠。州外学生来本州大学学习，通常要缴纳高于本州学生两至三倍以上的费用。

三是学校的社会声望越高，其学费通常也越高；声望越低，则学费也越低。美国经常根据各种既定的标准对全美大学进行质量评估和排名。能被列入全美前 50 名的高校被认为是最好的学校。通常，学校的社会声望越高，学生毕业后越容易找到工作，这类院校的收费也相应较高。世界著名的哈佛、耶鲁、普林斯顿、斯坦福等在全美排名始终位居前几名的学校，收费均十分高昂，每年学费均在 16 000 美元以上，食宿费 6 000 美元左右。而社区学院的收费十分低廉，一般为每年 1 500 美元左右，仅为著名大学的十分之一。如奥古斯塔学院，每年学费仅为 1 491 美元②。当然，这类学校的毕业生一般只能成为熟练工人，想谋得一份高薪工作是不大可能的。

四是美国大学的学费还有学历层次的区别。学历层次越低，收费相应越低。如康涅狄格大学，在 1992 学年—1993 学年，本州本科生注册 9 个学分，每年学费为 3 160 美元，而研究生则为 3 768 美元；外州本科生为 9 632 美元，外国留学生同外州学生一样，通常要缴纳较高的学费③。

五是学位课程与非学位课程收费不同。美国大学的研究生课程分为学位

---

① 柳海民：《美国大学的学费及其特点》，《辽宁高等教育研究》1994 年第 3 期，第 71、75 页。

② 柳海民：《美国大学的学费及其特点》，《辽宁高等教育研究》1994 年第 3 期，第 71、75 页。

③ 柳海民：《美国大学的学费及其特点》，《辽宁高等教育研究》1994 年第 3 期，第 71、75 页。

课程和非学位课程。学位课程的收费通常比非学位课程高出一倍以上。学习时的学费支出不同，毕业后亦会因文凭类别的不同而导致工作机会、起点薪金等有很大的区别，因此很多人宁愿在学习时付出一倍以上的费用选择学位课程，以便将来在寻找工作时机会更多，薪金更高。

六是美国大学的学费并不是恒定的，每年都有新的变化，总的趋势是年年增多。学费已成为高校特别是公立高校，以及全社会关注的焦点。高校是迫不得已才通过提高学费标准来缓解经费短缺的压力，它也是高教界对政界及全社会施加影响的手段。而政界主要是担心丢选票而对学费上涨持谨慎的态度，不过涨学费对政界和社会来说确实是相当敏感和棘手的难题。从 20 世纪 80 年代初期开始，由于美国政府削减了对高等教育的拨款，高校为了维持其生存与发展，开始将经济负担更多地转嫁给学生及其家庭，因此学费开始增长。与 1976 年相比，到 1994 年高校学费及费用已上涨 100%。如不采取措施，今后 20 年学费将再增加一倍，则每两个想上大学的美国人中将有一个因无法负担学费而被拒之门外。因此，主要靠增加学费来缓解高等教育经费严重短缺的问题是一个死胡同，最终不仅会使高校的路越走越窄，而且将把全社会带入严重的危机之中。从 20 世纪 90 年代以后，由于政治界和社会各界对学费增长的强烈反对，1993 年—1995 年，大多数州高等教育学费增长的态势有所控制①。

这一时期，美国高校学费增长的主要趋势为：

第一，高校支出的增大以及高等教育经费依赖学费收入这两个重要因素，使公立高校的学费增长。

第二，20 世纪 90 年代那些学费增长最快的州已经降低或停止了学费的增长。在 1990 年—1995 年间学费增长率最高的五个州是加州、麻省、纽约、俄勒冈和弗吉尼亚，到 1996 年度—1997 年度，其中有四个州降低或停止了学费的增长。

第三，州政府对学生的资助金额在增加，但是没能与学费增长持平。1990 年—1995 年，州政府对学生的总资助金额增长了 41%。例如，加州政府对学生资助的增长率为 33%（此数字包括对研究生和本科生的资助），但高校学费增长高达 100%～200%。而且，加州尽管在这五年内增加了学生

① 赵中建：《高等学校收费问题的比较研究》，《外国教育研究》1996 年第 5 期，第 1～10 页。

助学金，但是对大学生以财政需要为基础的资助在1991年—1992年间下降了230万美元。佛罗里达州情况亦相似。

第四，在20世纪90年代前半期，各类高校学费的增长率超过了消费者价格指数。

第五，大多数州学费作为高等教育总经费（这里总经费指政府拨款和学费收入之和）的一部分增长很快，它占了人均收入很大的一个比例，而且还在增加。1995年，学费收入占高等教育总经费比例的幅度，从加州的20%到密歇根的45%不等。从1980年到1995年，公立高校学费的增长约为中等家庭收入增长的三倍，使得这些中等家庭难以负担子女读大学的费用。总的来说，大多数州的学费占了人均收入相当大的一部分。例如，从1990年到1995年，加州学费占人均收入比例从3.2%增至5.6%，密歇根州从17.4%增至19.3%①。

第六，“学费折扣”在私立和公立院校都被用作为学生提供教育资助的手段。不少公立高校第一次动用学费来增加对学生的资助金额。例如，从1990年到1994年，加州公立高校提供的学生资助金额远远超过州政府提供的资助金额。据1996年一项对147所私立大学和学院的研究报告显示，在不同类型的私立高校中均存在大范围的学费折扣。1990年至1995年，美国私立大学的学费折扣增长率为28%。在一些州，由于高等教育财政结构发生变化，尽管私立大学的入学人数在增加或者与往年持平，但是学费折扣仍在不断增加，州政府对私立大学的资助在逐步减少。

第七，学生贷款总额和贷款人数呈上升趋势。从1990年到1996年，全美学生贷款的总量从158亿美元上升到285亿美元②。

三、学生财政资助政策

美国联邦政府主要负责学生资助的平等问题，州政府主要负责对院校的资助，州政府资助的5%用于学生资助项目。美国教育部是联邦政府的学生资助机构，州政府则是其下属机构，是学生资助的补充机构。这种学生资助

① 王春：《美国州政府高等教育财政研究》，北京师范大学博士学位论文，2000年，第33页。

② 王春：《美国州政府高等教育财政研究》，北京师范大学博士学位论文，2000年，第33页。

的机构是高度分散的，因为各州可以自行制定法规，决定资金的分配，不受联邦政府的控制。州政府对学生的资助始于1978年，与联邦政府对学生的资助相比，州政府对学生的资助数量不大，历史也比较短。1978年以前，学生的资助主要靠联邦政府。进入20世纪80年代以后，由于受政治的影响，联邦政府的学生资助政策发生了重大变化，其宗旨从促进高等教育的入学机会均等转向为学生提供选择高等教育的自由。里根政府主张削减教育支出，强调地方政府和州政府对教育的责任。因此，联邦政府减少了对学生的资助和贷款，州政府则被迫支付更多的资金以补充高等教育经费的短缺，但经费的增长缓慢。20世纪90年代，由于受经济紧缩的影响，虽然州政府对学生的资助数额呈上升趋势，但始终无法赶上学费的增长。

美国各州现有的教育财政政策主要有三种：州政府对各院校的资金分配、学生资助和学费政策。州政府对教育的拨款分为直接拨款和间接拨款，前者是指州政府对高校的拨款，后者则是指州政府对学生的资助，但各州的政策不完全一致。州政府直接资助学生至少有三个优点：第一，学生在支配资助的数量和方式上有更多的选择自由；第二，对学生直接资助强化了学校的责任意识，如果高校不能保证教育的质量和数量，就会失去学生；第三，它是州政府对高校的一种间接调控方式，但对高校内部事务的干扰却减少到了最低限度。

美国各州的学生资助体系具有多样性的特点，资助的来源和种类、学生获得资助的比例、资助的水平和条件均存在较大的差异。就资助的资金来源看，主要有联邦政府资金、州政府资金、高校资金以及慈善团体资金等。资助的方式主要有：① 面向全体学生无条件发放的助学金；② 面向学业优秀学生发放的奖学金；③ 面向经济困难学生发放的奖助学金（获此类奖学金的学生毕业后必须按照政府或未来雇主的要求，在一定的职业领域工作一段时间）。此外，还有工商企业的赞助金、低息或无息贷款、减免学生或其家长的税收等方式。从助学金的性质看，主要有助学金、奖学金、贷款和校园攻读计划等四类。以1996年度—1997年度为例，联邦政府对学生资助的总额为373.644亿美元，占总资助额的74%；州政府提供的助学金为30.21亿美元，占6%；大学和慈善机构提供的各种资助金为99.62亿美元，占20%。可见，联邦政府是学生最大的资助者。此外，各州都有各种形式的学生资助项目，其中的90%用于资助贫困学生。另外，一些州政府还设立了专项奖、贷款项目来帮助本州居民接受高等教育，有的资助仅限于在本州的高校内使用，不允许转出州外。而联邦政府的学生资助则是为了通过逐步增加对高等教育的经费投入来强化对高校的影响和促进教育公平；高校自己的奖学金与贷款项目则是用于鼓励学生报考本校以及吸引优秀学生。以加州学生资助为例，加州主要的学生资助项目包括加州资助 A 项目和加州资助 B 项目。加州资助 A 项目是为了帮助中低收入家庭的学生支付学杂费，加州资助 B 项目是面向贫困和残疾学生，帮助他们支付生活费，有时也支付学杂费。加州资助 B 项目对学生家庭的收入标准要求很严格，但对学生的成绩要求不高。此外，还有规模较小的加州资助 C 项目以及为学生的职业培训提供资助的项目①。

另一个值得关注的问题是州对学生的资助政策与学费政策的关系。这两者的关系和调整主要取决于经济水平和政治上的平衡。在总收入和个人收入水平基本稳定的情况下，高校收费与学生资助之间呈正向关系，即学费增加，学生资助也相应增加。在美国各州，学费与资助的搭配关系各异，大致有三种情况：低收费低资助、中等收费中等资助以及高收费高资助。低收费低资助，一般收取较低的学费，资助学生在校生活费支出与学生实际负担能力之间的差额。中等收费中等资助，一般收取适度的学费，资助学生的金额在所收学费的额度内。高学费高资助，是按高比率的教育成本收取学费，对学生进行高额资助，所受资助既用以支付学费，又用以支付部分生活费。反之，资助也会对学费产生影响。在州政府财政资源有限的条件下，资助学生的部分增加了，就会影响到州政府对院校的资助，这样为了弥补财政的短缺，院校势必提高学费。因此，收费与资助之间互为杠杆；州政府可以利用这种杠杆，对高等教育政策进行调整。在美国，政府对高校学生的实际资助情况如何呢？

自 1985 年以来，随着各州对学生资助需求的不断增长，州政府对学生资助的金额（以现值美元）也在不断增长。但是若以州财政资助的一些指标，如入学人数、州政府对公立高校的拨款、平均学费水平以及与资助相连的州学生的公众高等教育的支付能力，来衡量学生资助的平均水平，那么在全美范围内，州政府对学生的资助呈稳定或减少态势。

那么，在州学费和州政府资助政策之间是否存在重要的联系呢？一般的

---

① 王全林：《美国多元混合型大学生资助模式及其启示》，《皖西学院学报》2003 年第 6 期，第 114～117 页。

情况是州政府对公立院校的拨款越多，对学生资助的拨款也越多，两者呈正向关系。但是，有研究表明，除个别州强制采取两者相关的政策外，在许多州这两者之间并没有显著的联系，这会带来许多问题。许多州在公立高校提高学费的同时，学生资助却常保持稳定或减少，因此无法满足学生增加的需求和跟上学费的增长速度。在加州和纽约，立法委员发现如果提高学费就会引起公愤，但若减少对学生的资助，公众的反应则没有那么强烈，高学费与高资助并行的政策较为可行。在华盛顿州，学费与学生资助之间显著相关，立法委员发现如果削减对学生的资助，或者采取将学生资助更多地从助学金转移到学生贷款项目上，从政治上更能接受。在明尼苏达州，高学费和高资助的政策取得了一些成功，但该州学费的增长仍遭到了强烈的反对。这几个州对学费增长的反应都很强烈。

总之，在高等教育市场化程度很高的美国，首先，高学费对教育机会平等和择校自由是极为不利的，但学费一直是州政府和高校转嫁财政负担的首要措施。其次，各州政府在根据生均费用指标来制定学费时，各院校总想提高生均费用和限制入学率。20 世纪 90 年代的高等教育财政政策使各院校只能按照教育成本来获得资助，资助的主要原则是以入学人数和生均费用两者结合为基础。这样各院校在学生人数受到限制而资金总额不变的条件下，总想通过提高生均费用以获得最大的资助。因而依据州政府制定的费用分担的原则，学费标准也就相应提高了。这与州政府在提高入学率的同时限制学费的公共政策目标相悖。再次，在经济衰退时期，公立高校学费持续增长，而此时学生和家长却难以负担这一费用。州政府对高校的资助随着州财政的境况好坏而变得不稳定。经济状况好转时，州政府对高等教育的投入就大幅增长。而当经济紧缩时，州政府对高等教育的预算就变得紧张，州政府拨款的比重呈下降趋势。于是州政府对高校学生的资助也随之不稳定。这种不稳定，使高等教育机构难以作出相应的财政预算的规划，也易导致院校的财政发展受阻。最后，各州对院校的大部分资助用于院校运转，小部分资金用于促进教育公平，并期望用这小部分资金来承担促进教育机会平等的全部费用①。

另外，学费及费用的上涨必然加剧就学的困难。为了适应学费上涨过快

① 王春：《美国州政府高等教育财政研究》，北京师范大学博士学位论文，2000 年，第 110 页。

的新情况，增加就学机会，特别是低收入家庭子女接受高等教育的机会，许多州都在探讨和试验一些灵活的筹集基金的办法。有的州通过购买合同或免税债券等方式，允许家庭预付学费。印第安纳州 1997 年推出资助每学期进修两门课程以上的非全日制学生的项目和通过减税资助就学的项目。密苏里州议会同意通过收取赌场门票费设立一项奖学金项目。

另一种大规模筹集资金的方法是发行彩票。目前全美最有影响和成效的奖学金项目是佐治亚州创办的“希望奖学金”。该项目自 1993 年由佐治亚州发起以来，通过发行彩票的收入获奖学金 311 万美元以及实施扣税助学措施，共资助了 13 万名该州学生就读公立高校。“希望奖学金”为那些中学成绩最低为 B 并能在大学就读期间保持成绩良好的学生，提供接受大学一、二年级的教育的学费和其他费用。该奖学金资助面广。如佐治亚州的大学中 97％的本州新生享有此奖学金。结果表明，“希望奖学金”的确增加了上大学的机会，同时促进了学生学习成绩的提高，大学生源质量也得到了改善。“希望奖学金”目前已成为全美鼓励学生上大学和求上进的样板。克林顿总统借用佐治亚州的基本概念，提出扣税助学的额度 430 亿美元为期 6 年的“希望奖学金”计划，试图推广佐治亚州的经验。到 1999 年，已有 20 个州在学习和推广佐治亚州“希望奖学金”的经验。当然，“希望奖学金”也有不完善之处。“希望奖学金”与学习成绩硬挂钩，就受到不少批评。事实上，大多数获得“希望奖学金”的学生其家庭都能负担得起学费，而那些原本特别需要资助的困难家庭的学生，特别是黑人和西班牙裔学生，因为学习成绩不好而难以获得该奖学金①。

① 傅淑琼：《美国高校学生资助业》，《比较教育研究》2005 年第 2 期，第 50～54 页。

第二章　美国高校招生考试制度的历史

美国是世界上高等教育最发达的国家之一，但美国高等教育的历史并不长，从殖民地时期算起，迄今只有三百多年。美国现代大学招生考试制度的历史就更短，1861 年南北战争以后才萌芽，到 19 世纪末，工业的迅猛发展对高等教育提出了新的要求，为适应高等教育大发展的形势，大学入学考试制度随之迅速发展。美国现代高校招生考试制度虽确立较晚，但在其发展过程中却积累了丰富的经验，当然也留下了不少遗憾。另外，美国还拥有世界一流的考试理论和考试技术。前一章对美国教育制度的研究为我们展示了美国高校招生考试制度产生和发展的宏观背景，而现在我们走进历史，去追溯美国高校招生考试制度的过去，研究美国高校招生考试制度发展演变的脉络和规律，既可以解答和丰富原有的考试理论，又可以更好地研究现在。学习美国高校招生考试制度中科学、先进、合理的东西，对改革我国高考制度、调整高考与教育的关系等，都将起到积极的作用。

第一节　高校招生考试制度的历史沿革

一、美国高校招生考试制度历史时期的划分

关于美国高校招生考试制度历史时期的划分，学术界有不同意见，以下是几种有代表性的研究观点。

（一）根据美国历史上经历过的考试制度的形式划分[①]

在美国历史上，考试制度的形式有四种：个别甄选制、证书录取制、综

① 于钦波、杨晓：《中外大学入学考试制度比较与中国高考制度改革》，四川教育出版社，2000 年，第 104～110 页。

合选拔制、开放入学制。这是最具代表性的划分方法。

1. 个别甄选制

南北战争以前，美国的资本主义制度尚未完全确立，当时大学还处在初级发展阶段，具有地方性强、宗教性浓、规模小等特点。以达特茅茨学院为例，全院只有300余名学生，此学院当时在全美学校规模中仅次于哈佛大学，名列第二。当时大学入学考试的主要方式是口试，由各大学自己举行，口试科目有希腊语、拉丁语和数学，由校长决定录取与否。教派性学院还附设预备部，为准备报考大学的学生补课。后来随着工业的发展，科学知识的增加，大学规模的扩大，笔试代替了口试，现代语言和科学也取代了口试中的古典语言。这种考试方式，自1636年哈佛学院成立开始，一直到1861年的南北战争，持续了200多年。这在当时教育规模小、招生少的情况下是可行的。

2. 证书录取制

南北战争以后，直到19世纪末，工业的迅猛发展对高等教育提出了新的要求。1862年美国国会通过的《莫里尔法案》规定，联邦政府要大力资助地方兴办高等教育，此后各类学院如雨后春笋般涌现出来。由于学院数量增加、规模扩大，学生人数剧增，传统的考试制度已经不能适应形势的发展。在此情况下，许多大学为了吸引更多的学生，取消了入学考试，采取了证书录取制，即获得认可中学毕业证书的学生便可进入大学就读。

首先进行考试制度改革的是密歇根大学，其校长曾对德国大学进行考察，对德国大学不经考试就录取获得古典中学毕业证书的学生的入学制度很欣赏。他建议密歇根大学对本州的中学进行考察，并与教师水平、课程设置和学校设备等条件审查合格的学校建立"认可关系"。这类学校被称为"认可中学"。凡获得认可中学毕业证书的学生，可不参加入学考试，直接进入大学学习。这项大学入学制度于1870年开始正式实行。证书录取制度的实行，不仅扩大了大学入学人数，同时也加强了大学和中学间的联系，而且通过视察，还促进了中学教学质量的提高，从而在一定程度上也保证了大学新生的质量。

但是随着招生规模的扩大，对中学的认证工作量大，而且太麻烦，如果是跨州认证，则更不方便，于是出现了跨州的地区性专门"认可"组织，它们是中北部州大、中学校认可委员会与中部州和马里兰州大、中学校联合会等，"认可"的工作就由它们去完成。到19世纪90年代，证书录取制已在全国普及。

然而，这种招生办法也带来不少问题。一方面，中学感到失去了自治，中学所在的地方对学校的控制亦被削弱，于是中学开始要求自己决定开设什么课程，而家长和社会则要求中学开设职业课程以适应社会的需求，并且要求大学予以承认。另一方面，大学则认为中学授予的毕业证书太多，降低了学生的质量，从而影响了大学的生源质量。因此，20 世纪初，特别是第一次世界大战以后，统一入学考试制度逐渐占据主导地位，并最终取代了证书录取制。

3. 综合选拔制

20 世纪初期，美国的工农业总产值已跃居世界第一位，工业发展十分迅速，因而对教育也提出了更高的要求。同时，工农业的发展也为提供更多的教育发展资金创造了条件。1918 年美国各州相继颁布了义务教育法，义务教育年限从 10 年到 12 年不等，中小学教育得以迅速发展，而大学的发展远远落后于中学的增长速度。在此情况下，大学的入学考试制度必须进行新的改革，才能适应形势的发展。选拔考试制度就是新形势下的产物。

这次大学入学考试制度改革的发起者是哥伦比亚大学，它当时的校长尼古拉斯·巴特勒建议成立一个超越地区的考试机构。在此建议下，1899 年美国中部各州大、中学校联合会召开会议，决定成立大学入学考试委员会以统一大学入学考试。1900 年 11 月，大学入学考试委员会正式成立。1901 年，巴特勒担任该委员会主席。同年 6 月，该委员会举办了第一次跨州的大学入学考试。考试的科目有数学、物理、化学及英语、法语、意大利语、希腊语、拉丁语和历史。同过去比较，这次考试中明显地增加了现代学科的比例。这个考试称作“学业成就测验”（achievement test）。统一考试比较好地解决了扩大招生和选拔优秀生这两个问题。1904 年哈佛大学加入该委员会，1910 年耶鲁大学、普林斯顿大学相继加入，并且这 3 所大学于 1916 年都取消了各自的入学考试，要求考生参加大学入学考试委员会举办的统一考试。大学入学考试委员会不断发展，逐渐成为一个全国性的组织，目前全国已有 2 500 所学校加入，其中高校和中等学校各占一半。全美已有一半的高校加入了该委员会，这些高校均要求考生参加其组织的统一入学考试。

20 世纪初，一些教育测验专家对大学入学考试进行了研究。怀特曼对 4 000 余名学生进行了调查，研究了大学成绩与大学入学考试成绩间的关系、学生在大学的成绩与学生在中学的成绩间的关系以及大学成绩与智能测验成绩间的关系等。结果发现第三对关系最为密切，第二对关系次之，第一对关系再次之。根据这一研究结果，应社会各方面的要求，大学入学考试委员会于1926年改革了入学考试，首次举办了大学入学智能测验，即“学业性向测验”（Scholastic Aptitude Test，简称SAT）。这种测验可以改变旧的大学入学考试只注重测验机械记忆和书本知识的状况，致力于测验学生是否具备在大学学习的能力。这就是著名的“智能测验”，也叫桑代克“智商测验”。这种测验一直沿用至今，其成绩成为美国多数大学录取新生参考的主要依据之一。

在对测试的研究中人们还发现，一个学生的未来发展与很多因素相关，单纯的考试很难选拔最优秀的人才。根据这一研究发现，1919年哥伦比亚大学首次在招生时采取了综合考察学生的办法。其内容包括：

（1）学生的个人背景，包括出生地、宗教信仰、父亲出生地等个人和家庭情况。

（2）学生在中学时的表现，包括学业成绩，学生在体育、音乐、口才方面的情况，以及学生在公共活动、学生会和班级工作中的表现及其组织能力等。

（3）学生在社区活动中表现出来的领导能力，包括社区的爱国活动、宗教活动甚至在外打工时表现出的才华和领导能力等。

（4）学生课外的兴趣爱好，课外阅读量的大小、范围及知识面等。

（5）学生的学习动机和学习潜力。为达此目的，学生被要求写一篇作文，说明自己上大学的目的，选择哥伦比亚大学的动机以及个人的志向等。

（6）学生的桑代克智商测验或大学入学考试委员会所举办的大学入学考试的成绩。

此外，学生还必须填写申请表，呈交三封推荐信（其中一封必须是中学校长的推荐信），并递交中学学习成绩单、校长评语等。最后还要对学生进行面试。

哥伦比亚大学这种既注重中学成绩与表现，又注重大学入学成绩的综合选拔的办法，比以往的证书录取制度有了很大的改进，更能全面地反映学生的真实水平，开创了大学招生崭新的途径。综合选拔制逐渐取代了单纯的大学入学考试制度。

4. 开放入学制

第二次世界大战以后，美国一跃而成为全球科技、经济最发达的国家，需要大批高素质的科技和管理人才，同时也需要大量熟练的技术工人和服务行业的工作人员；此外，20 世纪六七十年代随婴儿潮出生的孩子也都到了大学入学年龄，加之少数民族为争取平等的教育权利进行的斗争，以及要求上大学的人数剧增，这些导致大学的普及问题已迫在眉睫。

当时在这个问题上，纽约市的矛盾尤其突出。1969 年，有色人种已经成为纽约市区的主要居民。到 1970 年，纽约市立大学决定实行开放入学制，录取了纽约市申请上大学的全部高中毕业生，随后其他大学也纷纷效仿，大学生人数迅速增加。1960 年全美大学生人数为 400 万人，到 1975 年已增加到 973 万人，美国高等教育向普及化过渡①。

从以上叙述可以看出，美国高校的入学考试制度并不是一成不变的，而是随着形势的变化而变化。总的来说，尽管美国有的州规定了州立高校入学考试的基本原则，但由于美国高校的入学考试制度由学校自己制定，并由学校自主进行考试，各校享有入学考试的自主权。因此，严格地说，美国并没有统一的高校入学考试制度，州与州之间、学校与学校之间招生考试方法不尽相同，这就导致今天美国高校入学考试制度的多样化。

（二）台湾学者张康玲的划分方法

台湾学者张康玲根据考试制度的性质和特点将美国高校入学制度的发展历程归纳为五个时期：殖民时期的古典语文能力、19 世纪初期的证书制度、19 世纪末期的学分制度、20 世纪初至今的标准化测验、20 世纪中期至今的大学招生事务处。张康玲认为这五个时期并无明确的分界线，也非所有大学都有此相同的发展历程，而是一些大学在面临不同时期的变化时，入学机制所发生的演变②。

1. 古典语文能力时期

殖民时期，美国的高等教育机构主要是培养教士和政府官员，以维持殖民地的秩序。当时美国的主要大学要求学生能够即兴地阅读古典拉丁作家的作品，独立吟诵拉丁诗歌与散文，并能了解希腊语的名词与动词的字尾变化等，满足这些条件便可进入大学学习。哈佛、耶鲁、威廉与玛丽、新泽西及国王等学院基本上采用以上的入学条件。17、18 世纪美洲的文法学校，教

① 吴中全：《当今美国教育概览》，河南教育出版社，1994 年，第 121～124 页。

② 张康玲：《美国大学入学条件变迁之研究》，暨南国际大学比较教育学系：《各国大学入学制度改革学术研讨会论文集》，2003 年，第 138～160 页。

师皆以拉丁文与希腊文教学，就是因为它们是大学入学的必考科目。

由于中等教育机构增多、毕业生求职需求发生变化以及基于学院经费的考虑，入学条件也随之发生了变化。许多学院新增加了算术、历史、地理和英文等考试科目。此外，学院为了提升自己的深度与广度，将学院的一些教学内容下放至中学。例如，1825 年耶鲁将阿基米德的几何学调整到大学一年级学习，30 年后又变成了入学考试的科目。其他科目亦有此趋势，例如 19 世纪中叶，代数也成为入学考试科目之一。根据美国教育协会（American Education Society）在 1829 年发表于《注册季刊》（Quarterly Register）的调查发现，入学考试科目的变化是由中学的演变造成的①。自 1870 年起，美国高校由小型的、宗教色彩浓厚的地方性学院向国家性的、科层体制式的现代性大学转型，因此无论是高校的规模、课程，还是学生入学的方式与条件，都发生了很大的变化。

2. 证书制度时期

证书制度（the certificate system）指在大学入学时，若学生能在大学所认可的中学获得毕业证书，就可以直接进入大学就读。这样，大学入学条件便更具弹性，此入学方案实质是将入学的资格给予了中学而非学生本身。这种制度使美国大学首次超越了中学生要进入大学必须在各个学院参加入学考试的做法，也是美国大学第一次对中等与高等教育之间的衔接问题予以一个较为制度性的回应，这表明大学正式采用了更广泛的可信赖资料作为入学的标准。但证书制度在全国的普及逐渐引发了教育是为了生活经验还是为了升学之争论。人们认为证书制度误导了中学的教育目的，便不再执行这种制度。

3. 学分制度

学分制度的形成，是由于大学入学率大幅增长，且大学需要更加可量化的入学方式来确保中学生的素质。自 1890 年起的 30 年间，人口增加，公立高中的入学率增长了 12 倍，同时期的大学入学率也提高了 4.7 倍。为适应社会和大众的要求，高中课程发生了很大的变化，包括科目增加、课时延长、周学时提高等，如此的改变在缺乏组织且未有明确目标的情况下，无法满足各大学不同的入学要求。为确保各个中学的学术水准，许多大学逐渐开

① 林玉体：《美国高等教育之发展》，高等教育文化事业有限公司（台北），2002 年，第 17～18 页。

始用学分来作为入学的标准。

学分制初期，各校对学分之定义不一，名称使用也不同，有点数(point)、学分（credit)、算点（count）等。虽然“十人委员会”（Committee of Ten）曾批评各学科标准若一律相同，将导致问题丛生，但许多大学仍采用此方法。纽约董事会（New York Regents）在 1895 年将算点定义为：中学一日上三门科目，每门每周上五天，连续上四周者为一个算点。北中协会(North Central Association) 则规定每一“单位”（unit）的计算方式为：一门科目上一学期，每学期不得少于三十五周，一天上四至五节，每节至少四十五分钟[①]。哈佛大学按学期计算，一个星期上五节课为一学分；密歇根大学则以一学年每周上四节课计一个学分；而斯坦福大学以一学年每周上五节课为一学分。当时各校对学分定义的差异由此可见一斑。这一时期，六所著名大学的入学学分要求如表 2-1 所示。

表 2-1　六所著名大学入学要求之学分数

大学	必选科目的学分数	自选科目的学分数
哈佛	9	4
哥伦比亚	6	9
密歇根	7	8
芝加哥	10.5	4.5
内布拉斯加	8.5	5.2
斯坦福	2	13

资料来源：Edwin Cornelius Broome，A Historical and Critical Discussion of College Admission Requirements，The Macmillan Co.，1903，p. 104。

后来逐渐建立起来的“卡内基单位”（the Carnegie Unit）被作为大学与高中测量课程的标准。“卡内基单位”最初是由大学与预备学校协会的全国学校会议委员会所创立的，卡内基公司于 1909 年末才正式采用自己的定义。卡内基学分制度之所以能够被创造并兴盛的原因是：首先，证书制度的认证在一州之内进行，无法覆盖全国范围，而且并非所有的州或州立大学都

① 林玉体：《美国高等教育之发展》，高等教育文化事业有限公司（台北），2002 年，第 422～423 页。

参与了这个制度。其次，在美国这种实行分权且多样化的教育体制中，学分制以一种更理性的方式来定义和组织高中的学习，使大学的入学进一步标准化。因此，学分制在当时入学标准相当混乱的情况下，的确起到了稳定、标准化与衔接（articulation）的作用。

4. 标准化测验

早期美国私立大学占多数，实行自主招生，各大学的入学条件各异，入学考试的题目与内容出入颇大。中学为应付各大学不同的入学考试，即使相同的一个科目也要开设各种不同的班级，以适应各大学不同的课程内容和考试方式，帮助有志升学的学生作准备，颇令中学困扰。19 世纪末，大学院校林立，在大学向全民开放的原则下，各大学的水准更是参差不齐，不但影响中学教育的发展，也降低了大学的学术水准。在此情形下，一些州成立了地区认可协会，以谋求大学入学标准之统一，并维持大学应有之素质①。纽约评议会的统一测验首开其例，后来又陆续出现了大学入学考试委员会、教育考试服务中心与美国高校测试中心等。这些机构陆续推出了各种统一考试和标准化测验，许多大学都选择其中的某种或几种考试作为本校的入学考试。

5. 大学招生事务处

一般而言，各大学都设有入学事务处管理入学申请事务，主要负责收发入学申请资料、初步筛选申请者资格、寄发录取通知、协助新生办理入学手续、奖助学金的发放、入学者的追踪辅导、出版大学指南与院系的宣传目录等②。在学院规模尚小的时代，入学事务处可以完成以上事务。但到了 19 世纪末 20 世纪初，由于大学招生和课程设置的数量与复杂性的增加，需要成立专门的注册机构。尤其是第二次世界大战后，退伍军人法案的通过与战后婴儿潮的到来，使得全美大学登记入学人数，自 1945 年到 1947 年提高了 86%。在此情况下，设置专门的大学招生事务处成为时势所趋。根据研究显示，一些私立的、选拔型大学的招生事务处的设立时间较早，如达特茅茨学院于 1925 年，威廉学院于 1931 年，哈佛大学于 1936 年设立了招生事务处。多数大学招生事务处的设置出现在第二次世界大战之后，而且是大学在科层体制的结构下学生入学人数扩张、招生实行理性原则与标准化的结果。

---

① 吕爱珍：《各国大学入学制度之研究》，教育资料馆（台北），1981 年，第 2 页。

② 王立行：《美国大学入学制度的现状与省思》，大考中心（台北）：《大学入学考试中心第二次研讨会——各国入学制度参考资料》，1990 年，第 74 页。

（三）本书的划分方法

我们在查阅有关美国高校招生考试制度的研究文献后，依据其发展的特点，将其发展演变过程划分为以下三个阶段：

1. 殖民地时期至南北战争时期的大学考试制度

要研究美国大学入学考试制度的历史，尤其是殖民地时期的历史，有必要回顾哈佛大学的发展史。这是因为：首先，哈佛是在大西洋西海岸建立的第一所大学，它是将知识从旧世界向新世界传播的枢纽。其次，哈佛是美国独立前唯一的一所历史超过半个世纪的大学，它与殖民地早期发展关联最为紧密。再次，哈佛被视为美国大学之母，其影响力之大，足以决定后来兴建的大学之特点和发展方向。哈佛大学的历史本身就是一部美国大学的发展史，其入学考试制度的发展历程，是美国大学入学考试制度的缩影。

18 世纪以前，全美只有哈佛一所大学。虽然威廉与玛丽学院的建立可以追溯到 1693 年，但当时其发展还仅仅限于大学预科层次。从哈佛建校到 1642 年第一届学生毕业，其入学要求只与申请入学者的成绩有关，没有任何有关大学管理的规章制度。后来在邓斯特校长的指导下，学校起草了一部完整的校规，收录在《学校录》第一部中，其中有关入学的规定如下："任何一个学者，只要能够读图利或者其他古典拉丁语作家的作品，能够讲地道的拉丁语，能够独立创作地道的拉丁语诗歌和散文，能够熟练掌握希腊语名词和动词的词形变化，那么他就可以被该大学录取；在获得这些资格之前，是不会被录取的。"以上文字由拉丁文翻译为英文，并用手抄录。当时学生在入学时，要求抄写一份学校的规章制度作为个人行为的准则。保存在哈佛大学图书馆档案室的一份手抄稿表明，"合乎语法地解释普通的希腊作品"也是入学的必要条件。这一说法与校史中有关哈佛大学当时的入学规定稍有出入。这说明，有可能手抄稿记录的是具体操作中的规定，具体的做法上的变化往往比规章制度的修订要快。以上是哈佛大学 1642 年的入学制度。据保存至今的官方文件记录，该制度在 17 世纪没有发生过任何实质性的变化。

这一时期，其他大学与哈佛学院的要求几乎完全一致。比如，威廉与玛丽学院 1693 年制定的学校章程规定：男孩，15 岁，已在大学附属的文法学校修完拉丁语和希腊语的课程，并经校长和教师面试合格，即可入学。显然，其入学要求与哈佛一样。1701 年，耶鲁学院建立。1720 年，该学院校规中关于入学的规定如下：申请入学者"应该参加考试，以便检测他们是否精通拉丁语和希腊语语法，是否擅长解释并合乎文法地分析拉丁语和希腊作家的作品，是否掌握用地道的拉丁文创作的技能”。可见，耶鲁的入学要求与哈佛基本一致。

到了18世纪中期，哈佛大学的入学要求增加了许多内容。1734年，哈佛大学修订了校规，其入学要求也作了微调：“无论是谁，都必须在校长和至少两名教师面前接受测试，只要发现他能够阅读、解释和分析图利、吉尔或其他一些普通古典拉丁语作家的作品；能够撰写地道的拉丁语散文，创作拉丁语诗歌，或者至少掌握诗体学规则；能够阅读理解和分析普通希腊作品……掌握希腊语名词和动词的词形变化……那么就认为他具备哈佛大学的入学资格。”在18世纪后期，哈佛大学的入学要求基本保持不变，只是在1800年增加了基础算术。这是继1745年耶鲁大学在入学要求中首次增加基础算术之后哈佛大学所进行的改革。

18世纪70年代是美国大学入学考试制度史上发生重大转变的年代。这一时期，美国古老的殖民大学一改中世纪的传统、单一的学位和相同面孔的课程，迅速转变为现代大学。选修制已经在大学落地生根，这是过去50年中美国高等教育史上最大、最重要的变化。英语、现代语言和科学等开始成为大学入学考试科目。

此外，入学考试的方式也发生了重大变化，入学考试正在变成能力测试，它要求学生不仅要掌握知识，而且要运用知识。比如，语言考试中强调即席翻译，英语作文要求更高；创造性地解决几何问题和独立地完成科学实验受到广泛重视。

总的来讲，19世纪以前，美国大学入学考试只有口试，几乎没有书面考试，而且入学规定的执行情况普遍不严格，考试不正规，弹性很大。

19世纪以后，大学入学考试发生了质的变化。1820年，哈佛大学的入学要求有了较大改进。首先，在阅读的内容和量上，有了明确的规定。其次，在入学考试科目中，增加了地理、数学，还增加了代数部分的内容。到了19世纪40年代以后，又增加了几何、历史、化学、物理等科目。除哈佛大学外，其他许多大学也逐渐增加了以上考试科目。

2. 南北战争以后至19世纪末20世纪初的考试制度

南北战争以后，各类高校特别是农工学院获得了长足的发展。到19世纪末，新成立的高校已经增至200多所。

与此相适应，美国大学实行了“证书录取制度”。大学取消入学考试，经考察合格，与本地中学建立“认可关系”。从被大学认可的中学获得毕业证书的学生，可以不经考试直接进入大学。

证书录取制度从 1870 年由密歇根大学开始实行。密歇根大学采用此入学制度是有其社会背景的。由于当时有许多小型的、私立的、宗派的学院兴起，这些学院附设有预备系（preparatory departments）以协助学生进入该学院。内战之后，这些学院迅速发展。持无神论的州立大学为了更具竞争力以求生存，便为学生提供另一种入学的通道（证书制度），以增加入学人数。此制度虽因滥用而遭废止，但却使密歇根大学对中学教育的发展产生了重大影响，也使得大学与外界环境之间产生了互相制约的关系，并可以维持有志的学生与大学之间的稳定联系。

19 世纪 90 年代，当愈来愈多的大学采用此方案时，证书制度便成为美国大学入学的普遍方式。然而这种入学的方式也有不完善之处。第一，大学在审查“认可中学”时要耗费许多时间。第二，由于各个大学入学要求的科目不同，中学为了协助学生进入各大学，必须为高年级学生开设不同的课程。第三，当中学要获得几所大学的认可时，每一年都需接受多所大学的检查。第四，最为严重的是，中学从此受到大学的控制，证书制度使大学得以决定其所认可中学的课程与教学内容。随着这项入学制度影响的扩大，出现了教育是为了日常生活经验还是升学准备的争论，而支持前者的中学便不再执行此制度了。

但此制度也有不容否认的优点。第一，在大学对中学进行认可的过程中，两者间形成互惠的关系，大学会给予高中一些专业性建议，高中便更致力于教学，学生也因此会选择就读提供服务的大学。这样高中与大学间逐渐结合为紧密的教育体系。第二，很多人认为这是一种更为公平的入学方式，因为这是经过长期的审慎评估所作出的决定，比仅凭一两次测验来决定录取与否的方式更为公平。第三，证书制度可以使中学教师不必再为协助学生升学而致力于考试技术的传授，如此，中学的教学更能兼顾教育。第四，调查显示，以此种方式入学的学生，在大学的学业成绩较好。

证书录取制度是美国第一次尝试在大学入学条件上向标准一致化方向发展。由于证书制的实施，认可中学希望各大学有一致性的学科要求，英文与历史两科便于此时首次成为美国大学入学统一考试科目；再加上大学间彼此承认各自认可的中学，美国大学入学政策中的证书制度在 19 世纪 90 年代成为全国性的制度，1915 年时，美国多数的大学或学院都接受了证书制度。

3. 20 世纪以来美国大学入学考试制度的演变

早期美国大学多为私立大学且实行自主招生，各校入学条件各异，因而各校入学考试的题目与内容千差万别。中学为应付各大学的入学考试，不得不开设各种不同的班级，以适应各大学的课程要求和考试方式，为有志升学的学生作准备，颇令中学困扰。19 世纪末，大学院校林立，但水准参差不齐，这种状况影响了中学教育的发展，也降低了大学的学术水平。为了改变中学无所适从的混乱局面，一些州成立了地区认可协会，以谋求大学入学标准的一致，并维持大学应有之素质。美国东部的一些高校于 1900 年成立了大学入学考试委员会（CEEB），试图建立一种全国性的高校入学考试，统一考试科目和考试时间，提高高校入学考试的效率。1901 年举行了第一次高校统一入学考试，属学业成就测验（AT）。考试科目为英语、法语、德语、拉丁语、希腊语、历史、数学、化学和物理。次年又增加了西班牙语、解剖学和地理。

第一次世界大战以后，智力测验在美国盛行起来，大学入学考试委员会于 1926 年推出了一种新的学业性向测验（SAT）作为高校入学考试的形式。这是一种测量一般学习潜能的测验，既可回避美国中学课程不一、质量参差不齐的问题，又能为大学选拔新生提供一种不受学科专业限制的、统一可比的尺度。因而，SAT 逐渐替代 AT 成为高校入学考试的主要形式。1947 年美国教育理事会（ACE）、卡内基促进教学基金会与大学入学考试委员会在普林斯顿创建了教育考试服务中心（ETS）。从此，ETS 承担 SAT 与 AT 的编制与实施工作。

由于大学入学考试委员会主办的入学考试主要是为美国东部一些选拔性很强的私立高校服务的，因而无法满足美国其他地区众多的公立学校的要求。在这种形势下，1959 年林奎斯特与他人合作创立了美国高校测试中心（ACT），以一种能提供多方面信息的、测量学生能力的、与中学教学的主要领域有关的成绩测验作为高校入学考试。从此，美国的大学入学考试就形成了 ETS 和 ACT 两大体系。

许多高校在要求学生参加全国统一入学考试的同时，还采取了综合录取的标准，以便全面衡量学生，弥补仅以考试成绩评价学生的片面性。

二、爱德温·科奈利尔斯·布鲁姆博士对美国早期高校入学考试制度的研究

在研究美国高校招生考试制度尤其是早期制度时，爱德温·科奈利尔斯·布鲁姆博士是我们必须提到的人物。他于 1905 年发表的博士学位论文

《美国大学入学制度的历史及评论》是研究美国早期高校入学考试制度方面具有里程碑意义的成果，美国大学入学委员会于 1963 年重印了他的这一论文。

布鲁姆博士于 1903 年完成了《美国大学入学制度的历史及评论》这一论文。在导论中，布鲁姆博士着重强调了两个与美国高等教育的独特历史密切相关的事实。第一，哈佛大学模仿英国剑桥大学的一个下级学院——伊曼纽尔，并在可能的情况下尽量沿袭它的传统和习俗；第二，宗教热情是哈佛大学早期的主导精神。

17 世纪美国大学入学制度的历史其实就是哈佛大学入学条件的沿革史。哈佛大学的入学制度在 17 世纪一直保持不变，这种情况一直延续到 18 世纪中叶。课程设置在很大程度上受到人文主义的影响。17 世纪的文法学校旨在为大学培养学生，大学的目的则是培养有知识的教士。整个殖民时期或者 18 世纪中叶以前，殖民地的高等教育发展极其缓慢。总之，殖民大学的目标狭隘，由此导致课程设置的范围狭小，没有多少创新的余地。

18 世纪下半叶，美国的宗教环境、社会环境以及政治环境都发生了翻天覆地的变化。宗教方面自由主义的发展趋势明显，教会随后切断了与世俗政府的关系；随着政治上获得独立，美国的民主政治也得以发展，社会上出现了相当普遍的阶级融合，自然地也就产生了新的教育要求。人们呼唤高等教育能够提供具有实用价值的科目，即能够带来“面包和黄油”的课程。1870 年前后标志着大学入学制度演变史上的一个自然转变。这时，古老的殖民地大学带着中世纪的传统，以类似的课程设置，迅速转变成现代大学。1870 年还标志着哈佛大学一个全新的、进步的招生制度的开始，这个制度极大地推动了美国高等教育的发展，成为许多最有影响力的教育观点产生的源泉。19 世纪最后三十年，入学制度最为显著的发展趋势是，对入学科目的要求越来越多，内容也越来越多，规定越来越明确，选择的自由度越来越大——拥有更多选择的自由。正是因为加入了可以称作“现代科学”的科目——地理、英语、高等数学、历史、自然科学以及一直以来备受钟爱的古典文学，大学入学制度这个问题在过去的二十多年中变得复杂而令人头痛。为了回应 19 世纪的要求，伴随教育的发展而新增加的科目有：高等数学、科学（辩论与实验）、历史、英语（语法、作文和文学）以及现代语言（法语、德语和西班牙语）。总的来说，高等教育的迅猛发展，知识领域的不断拓展，是美国大学入学制度不断变化的重要原因，但是对入学制度影响最大的还是美国的大学逐渐向综合性大学转变这一因素。入学考试正在变成能力的测试，语言考试中强调即席翻译，英语作文变得越来越重要，创造性地解决几何问题和独立地完成科学实验越来越受到重视。

19 世纪 20 年代至 70 年代，大学生的人数逐渐下降，而专科学校和一种新型的教育机构——公立高中却欣欣向荣，原因是它们适应了时代的需要。公立高中的发展是 19 世纪美国教育发展中的一个显著特点。

一个公立的教育系统在其发展的每一个阶段，都应该有一个明确的目标和职责，而不应该只是通向某一高处的垫脚石。应用到中学教育领域，这个观点的意思显然是，中学的教育目标不只是为大学培养学生。值得注意的是，在四分之一个世纪的时间里，大学入学制度的历史实际上就是一系列的向中学妥协的历史。造成中学与大学之间存在裂缝的真正原因是入学考试科目范围的狭窄和对现有入学考试科目要求的不断提高。简言之，入学考试科目应该包罗万象，考生应该无所不精。我们认为，中等教育的作用应该主要是为年青一代提供综合性的文化知识，为将来的专业选择打好基础。所以，中学教育的特点不是专业化的，而是多科的、综合性的。美国的中等教育之所以存在着混乱的局面，就是因为没有明确地界定大学和中学的范畴。

1870 年，密歇根大学率先采用毕业证书录取制。到 1903 年，西部地区的州立大学已普遍采纳这种招生制度。

各高校入学要求存在的差异使中学倍感困惑，中学和大学联合会努力促使大学制定统一的入学要求。在大学入学制度中，最重要的问题就是如何使中学与大学之间的联系更加紧密。对此，大学已拓宽了入学考试科目的范围，制定了更加自由的入学要求。许多大学实行证书录取制，也是希望借此弥补大学与中学之间存在的裂缝。通过中学和大学联合会的努力，大学入学要求朝着统一目标的方向迈进了一大步。教育理念和教育实践正在经历一场变革。有关手工和机械的学科及其科目，曾经被嗤之以鼻，现在渐渐在中学占有一席之地，获得了应得的尊重。如戴维博士所说，我们现在正在开始“研究社会生活所需要的典型知识，研究个体在自己独特的需要和能力范围内具有的本质”。教育的目的自始至终都是使个体适应生活——最完全意义上的生活，所有能够实现这一目的的学科均具有同等的价值和地位。当中学和大学的目标符合这条原则时，当它们根据这条原则修改课程设置时，教育的目的就一致，教育系统中从幼儿园到大学的连续教育就不会中断，中学体系中几个层次的连接就会更加紧密。就课程设置而言，大学和中学之间的联系将不再是个重要的问题。

需要具备三个条件才能保证中学和大学之间的默契：① 中学的课程设置和大学的入学要求均需有相当程度的灵活性；② 中学拥有一定程度上统一的标准，大学拥有一定程度上统一的入学要求；③ 学生要在文化、道德和健康方面接受适当而公平的测试后才能进入大学学习。

还有个重要问题是由谁来组织大学的入学考试。组织考试的可以是下列三个机构：① 各大学；② 各类中学；③ 一个普通的考试部门，该部门由来自大学和中学的代表组成。

综上所述，鉴于大学入学制度的历史和发展现状，有三项措施或三条原则似乎最能保证大学入学制度得以顺利实施。它们是：① 入学要求体现出一定程度的灵活性，这样学生可以合理地选择入学科目；② 中学采用统一的教育标准，大学制定统一的入学要求；③ 大学入学考试由一个全国都承认的部门组织，考试应全面、公平、统一。

应该说，布鲁姆博士早在一百多年前提出的建议具有相当的前瞻性，这些建议有的已经实现，有的正在酝酿中。因此，我们认为布鲁姆博士的研究具有里程碑意义是毫不夸张的。

第二节　高校招生考试机构的创立及发展

美国 20 世纪初开始实行统一入学考试制度，1900 年就建立了统一的“大学入学考试委员会”。但真正成为美国中等教育考试专业管理机构的是 1947 年成立的“教育考试服务中心”和 1959 年成立的“美国高校测试中心”。以下简要介绍这三个机构创立及发展的历史。

1. 大学入学考试委员会

大学入学考试委员会是第一个全国性的校外考试机构，其目的是要在中学与大学之间扮演中介的角色，以一套法规与程序来解决大学入学的无政府状态。

1899 年，大西洋中部各州和马里兰州大学与中学协会举行会议，决定成立大学入学考试委员会，旨在鉴定中学为准备升学的学生所提供的教育质量。1900 年，大学入学考试委员会成为一个独立的机构，为全美各地及外国学生举办高校入学考试，这对美国中等教育和高等教育的衔接与过渡以及中学教育质量的提高都起了促进作用。大学入学考试委员会总部设在纽约市，在全美各地都有办事处，1957 年该委员会获得纽约市大学管理委员会的特许状，如今已成为为美国中学七年级到大学二年级学生提供测验、入学指导的非官方、非营利的全国性组织，有四千两百余个成员，包括中学、学院、大学与其他教育机构。董事会由二十五名成员组成，经费来自会费、测验费和基金会、州与联邦的拨款①。

2. 教育考试服务中心

教育考试服务中心成立于 1947 年，鉴于当时对 SAT 测验、GRE 测验（美国研究生入学考试）与各种不同的成就测验需求的增加，有必要成立一个更大的专门组织来负责各种测验。因此，在 1947 年 12 月，经美国教育协会、卡内基促进教学基金会与大学入学考试委员会三者的多次协商，将大学入学考试委员会的测验规划转型，并用其一部分的资产与人员来组建全美唯一致力于教育测验与研究的教育考试服务中心。

教育考试服务中心是目前全球最大的私人教育测验、评价与教育研究的组织，为全世界将近两百个国家的个人、教育机构或是政府部门提供服务。过去，教育考试服务中心的主要任务是提供有关测验方面的服务，如今已将触角延伸到全世界的教育与训练方面②。

3. 美国高校测试中心

在 1959 年之前，美国只有学业性向测验（SAT）。而此种考试的目的在于鉴别最有学术能力的学生，使其进入全国选拔型的大学。至于其他的学生则参加各州或学院举办的考试，按成绩来入学，也有学生以家族关系入学。到了 19 世纪 50 年代末期，由于大量适龄学生想进大学，加上奖助学金增加以及大学本身也希望提高入学人数，SAT 考试已不能满足社会需求。在此情况下，美国高校测试中心诞生了。它是一个独立的、非营利性的机构，总部设在俄亥俄州的俄亥俄市，目前有十一个分部。它举办各种性向与成就测验，称为 ACT 考试，为美国高中生申请进入大学的条件之一③。

---

① 罗伯特·林：《美国标准化测验一百年：争论和反复》，《中国考试·考试研究与信息》2002 年第 4 期，第 23～26 页。

② 韩家勋、孙玲：《中等教育考试制度比较研究》，人民教育出版社，1998 年，第 64 页。

③ 韩家勋、孙玲：《中等教育考试制度比较研究》，人民教育出版社，1998 年，第 65 页。

第三节　教育测验的历史

美国高校的各种入学考试都属于教育考试的范畴，因此我们有必要回顾美国教育测验的历史。在1900年之前，美国的教育测验主要采用的是“SA”测验，这是一种开放式的、由学生回答问题的考试方式。在1920年以后则开始采用客观测验，其特点是采用多项选择的方法。在第一次世界大战后，受心理学家比纳的智力测验结果的影响，美国心理学会发现很有必要对军事官员进行选择性测验，以便全面地对军官进行选择，并由此发展了团体测验，其中包括团体测验和团体p测验。也就是在这个时候，美国东部许多大学认为有必要采用共同的测验体系，因为在1926年之前，美国的每一所大学都有自己的考试系统，但大都效率不高。因此，编制一个共同的测验系统成为各个大学的迫切需求，这就促成了SAT测验的产生。

SAT测验的主要特点是客观性强。这表现在它采取多项选择题的形式，而且与具体的课程之间没有关系。1929年后又分成了语言和数学部分，这种做法一直沿用至今。1930年至1940年期间，美国在客观性测验领域获得了巨大发展，这就提出了有关测验组的新思想。所谓测验组即包括数个子测验，例如，性向测验组包括语言测验、数字测验、空间测验和动觉协调测验，成就测验下设阅读、数学、科学、历史和英语等子测验。测验组的重要特征是向同一批学生施以不同测验，并收集各个测验的分数，制成剖面图，通过剖面图可以了解学生的强项和弱项所在，并以此为职业选择、教学等方面提供指导①。

1940年之后，尤其是在第二次世界大战结束后，大批没有念完中学的士兵退伍转业，为了检查这批人的知识水平是否达到高中毕业程度，国家便设计了中学等值学历测验（这个测验在今天仍然被人们采用），以帮助那些中途辍学者取得中学文凭，其中也有许多三四十岁的美国人参加了这个测验并取得了中学毕业证书。在五六十年代，尤其是在50年代初，依阿华大学研制出了一种电子阅卷机，使得人们能够快速地处理大批的答卷。这种电子阅卷机不仅可以迅速评分，而且能够与计算机连接起来，打印各种报告单，反馈给学生、学生家长和学校。也正是在此期间，美国第二个主要的大学入

① 国家教育委员会考试中心：《美、英、法人才选拔与考试方法》，人民邮电出版社，1994年，第2页。

学测验 ACT 诞生了。ACT 测验的设计者认为 SAT 测验与中学的具体科目毫无关系是不妥当的，试图将中学课程与大学入学测验联系起来。因此，ACT 测验不同于包括语言测验和数学测验的 SAT 测验，它由语言测验、科学测验、社会研究测验、数学测验组成。同样在这个时期，由于美国各学区是根据学生的需要来确定学校课程，没有统一设置的课程，因而成就测验组和性向测验组在美国被广泛使用。如在依阿华州就有一个一般性的程序来决定学校课程的设置，但各州做法不一。如果地方学区想评估学生的学习成绩，就会选择一个成就测验组，在固定的时间对学生施测，根据这些测验成绩来比较本学区学生和其他地区学生的学习水平。这个测验组的目的是评估学生的成绩，并查找其强项及弱项所在。可以说，该测验组有两个作用：一是评估作用，二是教学指导作用。七八十年代，由于越南战争，美国社会动荡不安。这些社会问题的出现，使标准化测验遭到许多抨击，人们指责它带有偏见，针对性不强。与此同时，从测验结果中人们也发现学生的测验成绩在下降。于是，人们认为仅有 SAT、ACT 还不够。进入 90 年代以后，美国在测验方面开始进行改革。设计全国性统一测验是举措之一，其中尤其值得提及的是“国家教育发展评价测验”(NAEP)，该测验在全国以抽样的方式进行，目的是评价美国中学生的学习水平。与此同时，由于美国政府很关心与其他国家的学生相比美国中学生的能力究竟如何，美国还开展了国际教育成就评价工作，这是一项耗资巨大的国际性评估测验①。

第四节　考试理论的发展历程

美国的考试理论中对教育考试的发展、演变影响最为深远的是心理与教育测量理论和教育评价理论以及由此派生出的经典测量理论、项目反应理论、概化理论、试题库理论等。这些理论与流派的出现，引起了美国教育考试革命性的变革。

一、心理与教育测量理论的产生与发展

美国心理测验的发展大致分为两个时期：先验期（也称前科学期）和科学期。先验期有着漫长的历史，其主要特点是：测验工作只注重实际，缺乏

① 国家教育委员会考试中心：《美、英、法人才选拔与考试方法》，人民邮电出版社，1994 年，第 2 页。

理论指导，试题的编制、分数的使用等均建立在主观评定的基础上。19 世纪末至 20 世纪中期，由于西方教育普及运动、两次世界大战中大规模的军队扩充和战后工业化大生产等因素的推动，测验的发展开始进入一个全新的时期——科学期，即美国心理测量学的诞生。这一时期的主要特点有：测验理论逐步形成，并对测验实践起着重要的指导作用；测验工作已经形成一个系列过程，包括从测验理论的基本研究到试题的编制、使用，理论的验证，以及新理论及方法的尝试等①。这个时期大致又可以分为四个阶段。

第一个阶段是开拓期（1904 年—1915 年）。这一时期是教育测验方法的探索与初步发展时期。1904 年，桑代克在美国心理学家卡特尔研究的基础上出版了《精神与社会测验学导论》一书，这是一本在测验学史上划时代的巨著，它标志着教育测验运动的开始。桑代克在书中宣称："凡是存在的东西都有数量；凡是有数量的东西都可测量。"桑代克一生致力于心理测验的研究，创立了成绩测验和成绩测验量表。他在 1903 年的著作《教育心理学》和 1904 年的著作《心理的与社会的测量》（Mental and Social Measurement）中都阐述了编制成绩测验的基本原理，此后成绩测验迅速发展。桑代克又在其后的著作《教育之根本原理》（Elementary Principle of Education）（1930 年出版，与其弟子阿瑟盖兹合写）中，从理论上阐述了关于成绩测验的原则问题。他提出，进行成绩测量要具备两个主要条件：① 编制具有严格规定的"标准化测验"（standardized test），测验题目的内容及说明、答题时限、测验的环境及成绩评定等都要有统一标准，掌握这一标准，可在任何时间、地点举行同类测验，并能获得不带任何局限的客观成绩；② 要应用统一的"量表"（measuring scale），以便用来表示从零度（微量）能力以至高度能力分配、排列的情况。量表是任何个人或集体被测成绩可与之比较的固定标准。桑代克还提出，根据分数量表的平均数，可编制年龄或年级"常模"，从中可以了解每一年龄阶段的儿童或每一年级学生的成绩比较情况，以分别采取相应的教学改进措施。在此基础上，他又提出如何把成绩测验与智力测验相结合，便可以收到更好的教与学的效果。

第二个阶段是兴盛期（1915 年—1930 年）。这一时期桑代克的理论被运用到实践中，考试技术不断提高并从理论上得到证实。这一时期发展了三种

① 张厚粲、丁艺兵：《心理测验理论及其发展》，《教育研究》1988 年第 3 期，第 67～71 页。

测验：学力测验、智力测验和人格测验。

第三个阶段是教育测验的批判期（1930 年—1940 年）。随着教育测验运动的发展，人们逐渐认识到，教育测验尽管能使考试客观化、标准化，能量化人的能力，但它不可能对人进行全面测评。尤其是人格测验，如对社会的态度、个人兴趣、情绪、情感、鉴赏力等的测验，靠单纯的测验是无法完成的。然而，这又是教育的重要方面。1931 年，塞蒙兹发表了《人格与行动的诊断》一书，提出用评定法、问卷法、交谈法、轶事记录法等进行人格测量，从根本上否定了单纯的人格测量法。20 世纪 40 年代开始至今，是教育测量深入发展并向教育评价过渡的阶段。

第四个阶段是教育测量的深入发展时期，亦称现代教育测量时期（1940 年至今）。自 20 世纪 30 年代起，美国的一些进步主义学者认为，教育测量固然可以使学生学业的考查客观化、标准化，但却不可能全面测量学生的学力，对学生的学习态度、兴趣、鉴赏能力、品德、性格、情操等方面，都无法作出全面测量。因此，现代教育测量从以下方面作了进一步改革：第一，开始重视学生智力和思想品德的测量，旨在改变过去注重测量学生的知识，忽视测量其他方面内容的状况。第二，现代教育测量量表的编制突破了过去单一答案的求同式思维题，发展了包括多种答案的求异式思维题和论文式试题。第三，教育测量的范围由过去偏重于学生学习成绩的测量，发展到涉及课程设置、教材、教育改革方案等效益方面的测量，测量广泛运用于教育工作的各个方面。第四，现代教育测量由过去单一的常模参照性测验模式发展到常模参照性测验与目标参照性测验相结合的模式。第五，教育测量本身的理论研究与技术开发更加深入与完善。如关于测验等值、项目反应理论、测验信度、评分误差控制的研究等都有了较大的发展。此外，电脑、光学扫描仪等现代化测量工具也广泛应用于教育测量中①。

20 世纪 50 年代以前，是经典测量理论大行其道的时期，被称为经典测验理论阶段。进入 20 世纪 50 年代，除了经典测验理论外，还有项目反应理论、概化理论等，这是多种理论并存的阶段。

二、现代教育评价理论的产生与发展

现代教育评价是 20 世纪 30 年代在批判教育测量运动中，在美国进步主

---

① 胡中锋、李方：《教育测量与评价》，广东高等教育出版社，1999 年，第 20～24 页。

义教育联盟的新教育课程的改革实验“八年研究”中正式诞生的，至今大致经历了三个发展阶段。

（一）开创时期（1930年—1958年）

“八年研究”是美国进步主义教育联盟的一些教育家，以新教育理论为指导，以人的全面发展为目标，提出的一套新教育课程实验研究。泰勒教授设计了教育实验的评价方案，并结合实验进行评价研究。实验结果证明，“八年研究”是成功的，教育评价的实施也是有效的。这项研究的《史密斯-泰勒报告》系统地总结了教育评价思想体系，第一次提出了教育评价的科学概念，阐明了教育评价的指导思想、目的和原理，明确提出实施教育评价前首先必须明确教育目标，然后才能根据目标评价教育效果，运用教育评价促进教育目标的实现。

“八年研究”的基本原则是：第一，应当帮助学生学习什么。即在教育计划中，应当帮助学生发展哪些思维、感觉和行动的方式。第二，为了帮助学生达到教育目标，应当提供什么学习经验。即怎样帮助学生学习预期的东西。第三，怎样组织学习经验，以使这些经验的累积效果最大。即怎样的学习顺序和学习经验的整体计划会有助于学生内化他们所学之物，并将其应用于适当的环境。第四，怎样评价方案效果。即随后采取什么步骤，以不断检查期望的学习活动所发生的变化。上述四条原则，是“八年研究”中进行课程编制和教学的基本理论依据①。

“八年研究”的成果标志着现代教育评价的正式诞生，它取代了教育测量，成为考察教育效果、促进教育改革的重要理论和手段。应该说，教育评价源于考试测量，但又高于考试测量，因为考试测量只是教育评价获取信息的重要手段，只是教育评价的一部分。

泰勒的教育评价观，是他从事多年教育测量工作的总结，又在“八年研究”大规模的教育改革实验研究中得到了验证和完善。他认为，测验应以一定的教育目标为指导，根据课程内容用行为表述课程目标，再根据目标编制测试工具。他第一次将测验目的与课程目标和教学计划联系起来，并且认为测验目的不只是揭示个人差异，而且要努力寻找造成差异的原因。这就是教育评价思想最早的表述。

---

① 瞿葆奎：《美国教育改革》，人民教育出版社，1990年，第56～57页。

在此阶段，教育评价方法论的实证化特点非常明显。这一特点主要表现在目标导向评价模式之中。首先，泰勒认为开展评价要把所要评价的内容分成具体可见的、可操作的学生行为目标，在评价中要对这些行为目标进行观察和测定。其次，泰勒在评价模式中非常强调对学习和教育结果进行客观的测量、统计。他曾提出过三种评价手段：① 由评价专家组织测验，通过这些测验测得学生的行为变化情况；② 把学生置于特定情境之中，对学生的特定行为进行有目的的观察；③ 用提问的形式促使学生表达自己的观点，引导学生作出能体现其知识和能力的回答。泰勒在运用这些手段时，提出过三个重要准则：客观性、信度和效度。任何违背这三条准则的手段，都将是无效的。第二次世界大战以后，泰勒的学生布鲁姆进一步研究了教育目标，于 1954 年发表了《教育目标分类学》。教育评价领域在维持泰勒模式基本思想的同时，又在标准化测验和教育目标分类学两个方面对评价手段做了进一步的发展。前者通过避免人的因素对测验的干扰，使评价手段的客观化程度进一步加强；后者通过对行为目标的精细化研究，使评价手段的可操作性又向前迈进了一步，这些都强化了评价手段和方法的实证化倾向①。

基于"八年研究"，美国的教育评价思想与理论得到一定的发展。泰勒在"八年研究"中提出了评价活动原理和课程编制原理，前者于 1934 年以《成就测验的编制》为书名，叙述了他的教育测验观及利用教育测验等多种方法进行教育评价活动的原理与方法，后者于 1949 年以《课程与教学的基本原理》为书名，叙述了他的课程编制与教学原理。这些理论建树，形成泰勒的"行为目标评价模式"，泰勒因此被称为"当代教育评价之父"，这个时期的教育评价在美国教育史上称为"泰勒时期"。

（二）大发展时期（1958 年—1972 年）

在 20 世纪 50 年代以前相当长的一段时间里，美国人都认为美国的社会经济、科技与教育是世界上最先进的。1957 年苏联的人造卫星先于美国升空，美国朝野哗然，经过一番反思，政府和公众都把科技落后的原因归咎于教育的落后。1958 年美国联邦议会通过《国防教育法》，提出新的课程研制计划，政府和公众要求对教育工作实行科学的评价。1963 年美国政府正式

① 杨光富：《"八年研究"的贡献及其对我国教育改革的启示》，《外国教育研究》2003 年第 2 期，第 17～20 页。

提出要对教育的效能和质量进行评价，并拨出大量专款用于教育评价理论与技术、方法的研究和培养专门的教育评价工作人员。于是，教育评价很快从过去仅由学术机构和民间进行研究的状况转而被纳入各级政府和各地方教育当局的议事日程。在这种情况下，教育评价理论、技术和方法得到了大发展。

1963年，克龙巴赫发表了《通过评价改革课程》一文，指出评价的内容不应局限于课程、教学目标及其实现的程度，还应关注对教育决策及其所依据的准则的评价，而且为决策提供信息更应该是评价的中心。

1963年，格拉泽发表文章，批评了“相对评价”的缺陷，提出今后在学校教育中应着重进行“绝对评价”。他的观点很快为大家所接受，并被迅速付诸实践。

1967年，斯克里芬发表了《评价方法论》，指出过去的评价从理论到实践都很不全面和完善。他第一次对形成性评价与终结性评价、专业性评价与业余性评价、比较性评价与非比较性评价以及对目标达到程度的评价与对目标本身的价值评价作了明确的阐述和区分。他的评价理论提出后，经布鲁姆等人的丰富和发展已成为当今教育评价的重要内容，在教育评价史上具有深远的影响。

1969年，艾斯纳对泰勒的目标评价理论进行了抨击。他认为，对教育本质的不同理解，可以造成对目标的不同表述，泰勒的评价方法不一定适用于教育实际。因为它既没有提供评价目标本身的方法，也没有提出判断评价目标与结果之间差异的标准。从此，以目标为中心的评价模式不再是唯一的模式，其他评价模式相继出现，目标的价值结构受到挑战，人们对评价的功能有了更广泛更深刻的认识①。

这一时期，出现了四十多种评价模式，适用于不同的范围，教育评价呈现出蓬勃发展的态势。教育评价开始从专家学者的研究领域变成政府的工作范围。评价的内容和范畴也从学生学习、课程与教学效果发展到教育决策和教育规划。评价的理论与方法技术也有了迅速发展。在这个阶段中，教育评价方法论的主要特点是实证化倾向仍占主要地位，人文化倾向已开始萌芽。

在这一时期，由于社会条件的变化，对评价的需求迅速增加，在评价领域不断扩大的形势下，泰勒的目标导向评价模式已不能完全适应形势发展的

① 胡中锋、李方：《教育测量与评价》，广东高等教育出版社，1999年，第22～30页。

需要，许多人从不同的立场出发，提出了许多不同的评价模式。在这些评价模式中，有些是对泰勒目标模式的进一步发展，有些是对泰勒目标模式的改造，也有些是对泰勒模式的批判。其中实证化倾向最明显的是系统分析模式。这一模式的具体评价方法有两个重要特点：① 强调科学实证的方法，要求在评价分析过程中所使用的材料必须是能够得以证实的。②强调使用定量的资料和数学技术，如线性规划、回归分析、计算机技术等。此模式的提出者认为“明确性是系统分析的最小公分母，在分析中使用的假设和判断准则必须是具体的，对于不可比和不确定的资料要仔细地加以清除”①。

（三）专业发展时期（1973 年至今）

这一时期，教育评价方法论的人文化特点得到迅速发展，并有超过实证化倾向的势头。20 世纪 60 年代的社会动乱，迫使人们在研究教育问题时开始考虑人的需要和人与人之间交互作用对教育的影响，在方法论上逐渐向人文主义哲学靠拢。教育评价也顺应这种潮流，出现了一系列新的教育评价模式。这些模式的共同特点就是在评价中不只单纯从评价者的需要出发，而且考虑到所有参与人的需要；强调个体的经验、活动和主观认识的作用，不过分追求客观性，并试图摒弃数量特征，从人的角度出发，重视人文社会科学方法在评价中的运用。值得注意的是，在教育评价方法论的人文化倾向得到迅速发展的同时，实证化特征并没有消失，而是在新的形势下得到了进一步的发展②。

三、主要考试理论流派

一直以来，美国都非常重视对考试理论的研究，并运用考试理论来指导考试实践。美国是世界上考试理论和流派最多、影响最广、考试技术最发达的国家。对美国招生考试产生过直接影响，并指导当前招生考试实践的理论流派主要有：以真分数理论为代表的经典测量理论、项目反应理论、概化理论、标准参照测验理论、试题库理论等。

（一）经典测量理论

经典测量理论又称真分数理论，是心理和教育测量学发展历史中最早实

① 豪斯：《作为评价基础的假设》，瞿葆奎：《教育学文集（教育评价卷）》，人民教育出版社，1989 年，第 375 页。

② 胡中锋、李方：《教育测量与评价》，广东高等教育出版社，1999 年，第 22～30 页。

现数学形式化的测量理论，19 世纪末开始兴起，到 20 世纪 30 年代渐趋成熟。一般认为，20 世纪 50 年代格里克森的著作使经典测量理论具有完备的数学理论形式。1968 年，罗德和诺维克的《心理测验分数的统计理论》将经典测量理论推至顶峰，并实现了向现代测量理论的转变。经过近百年的发展，经典测量理论建立了一系列题目分析的公式，如表示难度的 p 值，表示区分度的题目与测试相关系数，估计分数真值的标准误差及由此推算出来的信度公式等。经典测量理论对建立试卷、考分转换与等值等均有一套较为完整的方法。当前，尽管概化理论和项目反应理论等现代测量理论实现了多方位的突破，开辟了测量理论发展的新阶段，但经典测量理论仍然在考试实践中保持着强有力的影响，发挥着重要的指导作用，依然是影响最为广泛的一种测量理论①。

（二）项目反应理论

20 世纪 50 年代以后，经典测量理论被广泛应用于大规模的国家级教育考试，其缺陷和不足也日渐明显。同时，由于测验等值、题库建立等实际问题的出现，人们开始对新理论、新方法进行探索。罗德等人于 20 世纪 60 年代提出并逐渐完善了一种新的测量学理论——项目反应理论，亦称潜在倾向理论。随着统计方法的完善和计算机的普及，项目反应理论很快被应用于各类大规模教育考试、证书考试以及标准化心理测验的编制等。有关的研究和应用在 20 世纪 80 年代末非常盛行，达到了它的鼎盛时期。

项目反应理论的建立与发展是一大批学者数十年共同努力的结果。测量学界一致公认，美国学者洛德和丹麦学者拉希是项目反应理论建立和发展的最大贡献者。洛德在前人的基础上于 1952 年和 1953 年提出连贯处理的双参数正态肩形曲线模型，这是第一个正式的项目反应模型，标志着项目反应理论的创立。

项目反应理论认为，通过考查考生对具有一定难度和区分度等特征的项目的反应，可以确定考生的潜能特征和倾向。项目反应理论把考生能力值和项目难度值以统一的计量单位（对数单位）统一了起来，置于同一个量表之中。它对人们可看得见的考生分数与看不见的考生能力或倾向之间的函数关

① 黄春霞：《概化理论及其在 HSK 测试中的应用》，《云南师范大学学报》（对外汉语教学理论研究）2004 年第 3 期，第 42～46 页。

系进行研究，如答对项目数相同的考生未必会具有相同的能力，这一点经典测量理论无法做到。项目反应理论对考生能力单维性和局部独立性的基本假定，使得人们对项目难度的估计可不受考生样本的限制，对考生能力的估计也不受测试项目的限制。

亨里于 1987 年指出，项目反应理论的优点主要在于：① 对项目难度的估计不受考生样本的限制；② 对考生能力的估计不受测试项目样本的限制；③ 可进行多重信度的估算；④ 可发现靠猜测作答或表现异常的考生；⑤ 节省题目且方便考试的组织与评估；⑥ 可把常模参考性考试和目标参考性考试协调起来；⑦ 具有平衡试题的功能；⑧ 可研究项目与测试的偏颇性，有利于题库建设；⑨ 具有测试的适应性功能，可用于计算机适应性测试；⑩ 可解释考生分数和能力的关系；⑪ 可减少评估中的边沿效应和评估误差[①]。

由于项目反应理论比传统测试理论有十分突出的优越性和实用性，所以 20 世纪 80 年代在美国和欧洲，几乎所有测试领域中传统经典测量理论的应用已让位于项目反应理论。

（三）概化理论

传统的经典测量理论又称为真分数理论，真分数指在测量中不存在测量误差时的真值或观察值。实际的观察值等于真分数加上误差，即：$X=T+E$，其中 X 为观察分数，T 为真分数，E 为误差。真分数理论的三个基本假设是：① 误差分数的平均数是零；② 误差分数和真分数相互独立，真分数反映的是不同被试者在测量对象上的水平，而误差是和测量目标无关的变量所引起的测量的不一致效应；③ 两次测量的误差分数之间的相关为零。误差是随机出现的，每次测量所产生的误差是独立的，两次测量之间没有必然的联系。

信度是测量可信程度或一致性的表示。在经典测量理论中信度是一组测验分数中真分数方差与观察分数方差的比率。由于误差本身无法直接测量，经典测量理论在实际运用中是依据信度操作定义和相关的方法来求解信度系数的，这种方法求解的信度系数往往随测量设计的不同而不同，误差难以控制，也不能有效地分离误差的来源。而事实上，误差变异并非单一的结构，

① 张厚粲、丁艺兵：《心理测验理论及其发展》，《教育研究》1988 年第 3 期，第 67～71 页。

经典测量理论对误差来源的笼统划分与控制成为它在实际应用中最为突出的缺陷。

经典测量理论的另一个突出的局限在于“严格平行测验”（strict parallel test）的理论假设，即要求子测验在内容、均数、变差、信效度方面完全相同。这在实际的测验情境中很难满足。

针对经典测量理论的上述两个缺点，克罗贝奇、格拉泽、南达、拉加特拉于 1972 年率先提出了概化理论的基本框架，运用 ANOVA（analysis of variance）或 MANOVA（multiple analysis of variance）对方差或协方差分量（variance and covariance component）分解的方法，将测验情境中的各类误差进行分解和控制，实现了对经典测量理论的扩展。

自 1972 年克罗贝奇、格拉泽、南达、拉加特拉率先提出概化理论之后，经布伦南等人的进一步完善，概化理论作为现代测量理论之一，被许多教育和心理测量工作者所采用。

概化理论为检查行为测量提供了灵活的、可行的理论框架。概化理论在测量多个误差来源维度上对经典测量理论进行了扩展，为准则参照决策（criterion-referenced decision）和常模参照决策（domain-referenced decision）提供了模型，在最大化信度（概化）系数和最小化误差的基础上，提出了测量的最优化方案。1972 年，克罗贝奇和他的同事们提出单变量概化理论的基本框架之后，单变量概化理论在行为测量领域的应用得到了广泛的认可，而随着研究的深入，单变量概化理论在误差分量估计上的局限性也越发突出，而多元概化理论越来越多地体现出了它的理论意义和实际应用价值①。

（四）标准参照测验理论

进入 20 世纪 70 年代后，因为资格考试和证书考试在社会上日益增多，与标准参照测验（criterion-referenced test）相关的理论和方法逐渐受到测量学界的广泛重视。心理与教育测量的目的已经不再是仅仅区分被试者的优劣，而且在于评价被试者对所规定的知识领域的掌握情况。由于这种测验与常模参照测验的目的明显不同，基于常模参照测验发展起来的经典测量理论和方法，包括题目分析的方法、测验信度的估计方法等，表现出了极大的局

① 张厚粲、丁艺兵：《心理测验理论及其发展》，《教育研究》1988 年第 3 期，第 17 页。

限性，这就需要测量学家根据标准测验的实际情况，创立和发展可用于这类评价活动的技术和方法。20 世纪 70 年代以来，格拉泽、波菲姆、伯克、哈姆布莱顿等人在标准参照测验领域中进行了一系列的研究工作。其中，伯克于 1984 年主编的《标准参照测验指南》总结了此前十余年的研究成果，对编制和使用标准参照测验的各个环节做了说明，如标准参照测验的概念界定、测验题目的编写和筛选、测验切割线的确定、测验的信度和效度的估计等。进入 20 世纪 80 年代以后，哈姆布莱顿等人又对项目反应理论在标准参照测验中的应用进行了深入的探讨和研究①。

（五）试题库理论

在考试系统中，题库建立是否得当直接关系到考试整体水平。考试系统中关于题库建立的指导理论主要有两种，一为经典测量理论，二为项目反应理论。两种理论都是基于真分数在测试所涉及范围内的不变性、误差率的随机性、真分数与误差分数之和与观察分数的等同性等假设，进而从理论上推导出确定测试项目参数的模式。但经典测量理论仍有不够完善的地方：考生分数和题目难度有着密切的关系，即题目难度是相对于考生而言的。项目反应理论可以使题目参数稳定，不受测量样本的影响，所以现在的考试系统制作中主要运用项目反应理论。同经典测量理论相比，项目反应理论具有以下优点：① 题目参数估计更为准确；② 全面解决考试等值问题；③ 定义了信息函数这一综合质量指标，作为更科学地挑选题目的标准；④ 更适合于自适应考试系统。

在传统考试中，对于每个考生而言，题目中只有一部分是符合自己真正能力的。由于项目反应理论具有参数不变性，它不受测验样本的影响，同时可以根据题目的信息量，选择难度与受测者能力相匹配的题目，所以以项目反应理论理论为指导，可以建立计算机化自适应考试（CAT）系统和基于 Web 的自适应考试系统，即在线考试系统成为现实。基于 Web 的自适应考试系统可以发挥强大的网络优势，建立大型、高效、共享的题库和实现随时随地地考试，降低考试成本，且对受测者的测评会更加正确和客观②。

---

① 张厚粲、孟鸿伟：《教育评价与教育测量》，《教育研究》1987 年第 3 期，第 73～75 页。

② 漆书清，等：《现代教育与心理测量学原理》，高等教育出版社，2002 年，第 238～239 页。

第三章 美国现行高校招生考试制度及其实践

回顾历史可以使我们反思过去，审视现在。通过对美国高校招生考试制度历史的追踪，我们摸清了其发展的脉络和历史的逻辑，为本章的研究奠定了基础。本章拟从美国高校的招生理念及政策、高校招生机构及其运作、招生及入学情况、收费、财政资助政策、入学考试机构、主要的大规模入学考试等方面入手，对美国现行高校招生考试制度及其实践进行全方位的探讨，并作出基本评价。

需要说明的是，本章较多地采用了1995年出版的一份题为《大学入学面临的挑战——大学入学政策、实践及过程调查报告》（以下简称《调查报告》）中的数据，该报告是关于1979年—1992年间，美国高校招生政策及实践的调查报告，由美国学院注册主任及招生官员协会、美国高校测试中心、大学委员会、教育考试服务中心和国家大学入学顾问联盟五个组织共同完成。根据1979年、1985年和1992年的三次全国性调查，该报告总结和分析了1979年至1992年间美国高校的招生情况。1979年的第一次调查由美国学院注册主任及招生官员协会和大学委员会发起，收集了1 463所高校的有关信息。第二次调查于1985年由美国学院注册主任及招生官员协会、美国高校测试中心、大学委员会、教育考试服务中心和国家大学入学顾问联盟发起，收录了来自2 203所高校的数据。这五个组织于1992年进行了第三次调查，收集到2 024所高校的数据。1979年，许多人认为美国的高等教育隐藏着一场生源危机，随后的三次调查均是在美国各高校担心高中毕业生人数下降的背景之下进行的。三次调查涉及招生情况、招生计划、教育公平、财政资助、招生政策与标准、招生机构及官员等内容。三次调查具有发起机构权威性高、调查样本大、调查问卷回收率高、调查问题广泛、受调查大学地域范围广、数据全面、可信度高等特点，这是一般的研究机构、研究团队或个人无法做到的，这也是本章较多地采用该报告中数据的原因所在。

第一节　高校的招生理念及政策

一、高校的招生理念

凡成功的高校都有自己独特的招生和办学理念。哈佛大学以人文科学著称，夏威夷大学以英语教学闻名；德州休斯敦私立莱斯大学的招生（办学）理念是：为少数学生维持一个高水准的学术课程。因此，招生委员会便设法寻求具有特殊能力或具有发展潜能的学生，不论性别、种族、民族、肤色、宗教、国籍、年龄、残障、退伍军人，均一律平等对待。

美国是一个多元化的国家，各高校都有自己的招生理念，但这些理念也具有共性。根据美国高校董事会的统计，全美高校的招生理念大致可归纳为以下十条：

（1）招收有能力、准备充分的学生。

（2）招收适当比例的不同种族、民族、社会经济阶层的学生。

（3）不限制性别，但希望维持理想的性别比例。

（4）招收一部分外国学生。

（5）对校友子女之入学给予优惠，各系应招收一定比例的校友子女。

（6）多招收对数学、科学有兴趣的学生。

（7）对有表演艺术、体育才能的学生的特殊政策。

（8）招收一些其家长是学校赞助者的学生。

（9）对高校教职员子女之入学给予特殊考虑。

（10）招收更多致力于研究学问的学生。

二、高校三种类型的招生政策

美国根据高校的基本类型，以高校为主体，在中学和各种考试机构的配合下，实行三种不同的招生政策①。

第一，著名的私立大学和优质的州立大学实行选拔性的招生政策。这类

① 袁仲孚：《今日美国高等教育》，上海翻译出版公司，1988年，第48～53页。

高校以培养创新研究人才为主要目标，为确保一流的科研和教学水平，对申请者要进行严格的选拔。这类学校的学生一般智商较高、学习能力较强，入学后淘汰率较低。这种政策也被称为“英才政策”。

第二，一般的州立大学实行“入学后的筛选政策”。这类学校对考生只进行一般性、不严格的选拔，入学后再根据要求，逐年淘汰那些不合格的学生。

第二，两年制的社区学院实行开放式的招生政策。这一政策的基本精神是学校向所有具有高中毕业水平的成年人开放，给他们提供接受高等教育的机会，体现教育平等的理念。

从理论上讲，美国高校主要实行以上三种招生政策，但在实际操作中，各高校在招生的选拔性上有很大差异，在招生政策类型的划分上也没有绝对的标准。《调查报告》中，1979 年、1985 年和 1992 年的三次调查都涉及此问题，问卷要求接受调查的学校从四个选项中选择一个答案：① 无须考查学业水平，任何申请者只要报名就会被录取；② 所有高中毕业生（或同等学力者）都会被录取；③ 大部分达到特定学业水平或高于高中学历资格的申请者都会被录取；④ 达到特定学业水平或具有高于高中学历资格的申请者中，只有小部分会被录取。那些选择①或②的学校被划为“开放性”学校，选③的属“一般选拔性”学校，而选④的被称为“高选拔性”学校。根据此划分标准，美国各高校实行的招生政策选拔性情况如表 3-1 所示。

表 3-1　各高校招生政策选拔性情况（1979 年、1985 年、1992 年）

院校类型及年份	学校数量（所）	院校的比例（%）		
		开放性	一般选拔性	高选拔性
两年制				
公立				
1979	401	89	9	1
1985	75	90	9	0
1992	705	89	10	0
私立				
1979	81	35	60	5
1985	218	47	48	3
1992	169	39	55	6

续　表

院校类型及年份	学校数量（所）	院校的比例（%）		
		开放性	一般选拔性	高选拔性
四年制				
公立				
1979	333	20	70	10
1985	413	15	72	12
1992	366	11	75	13
私立				
1979	648	8	77	13
1985	827	10	74	15
1992	784	9	76	15

注：书中百分比数据进行了四舍五入处理。后同。

资料来源：Hunter M. Breland, et al, Challenges in College Admissions: A Report of a Survey of Undergraduate Admissions Policies, Practices, and Procedures, Pier Publications, 1995, p. 10。

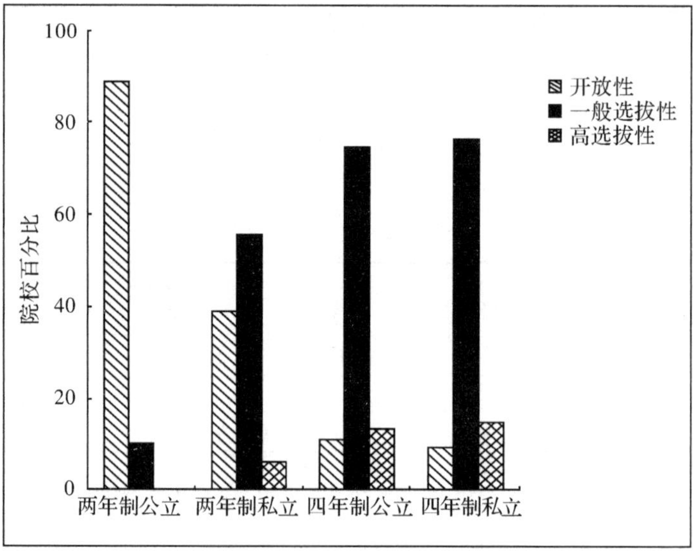

图 3-1　1992 年入学总体情况

资料来源：Hunter M. Breland, et al, Challenges in College Admissions: A Report of a Survey of Undergraduate Admissions Policies, Practices, and Procedures, Pier Publications, 1995, p. 11。

由表 3-1 和图 3-1 可见，1992 年，在 705 所两年制公立院校中，89%属于“开放性”院校，仅有 10%属于“一般选拔性”院校；在 169 所两年制私立院校中，三分之一多一点（39%）的院校属于“开放性”院校，而半数以上（55%）的院校为“一般选拔性”院校；366 所公立四年制院校和 784 所私立四年制院校中，大部分属于“一般选拔性”院校，75%的公立院校和 76%的私立院校属于“一般选拔性”院校。与四年制公立院校相比，四年制私立院校中“高选拔性”院校的比例稍高一点（私立 15%，公立 13%）。四年制院校中，“开放性”的公立院校比私立院校的比例稍高一点（公立 11%，私立 9%）。

表 3-2　四年制院校按录取率分类（1985 年和 1992 年）

录取率	四年制院校的分布			
	公立		私立	
	1985 年	1992 年	1985 年	1992 年
≤50%	8%	9%	9%	8%
50%～80%	43%	53%	40%	46%
80%～95%	32%	28%	39%	38%
≥95%	17%	10%	12%	8%
学校数量（所）	328	325	688	687

资料来源：Hunter M. Breland, et al, Challenges in College Admissions: A Report of a Survey of Undergraduate Admissions Policies, Practices, and Procedures, Pier Publications, 1995, p. 13。

此外，按选择性程度对学校进行分类和分析，也可以观察各高校招生选拔性的趋势。表 3-2 按录取率将学校分为四类：≤50%，50%～80%，80%～95%，≥95%。1985 年与 1992 年相比，选拔性程度变化最大的是四年制公立大学，录取率在 50%～80%的院校从 1985 年的 43%增至 1992 年的 53%。录取率在 50%～80%的院校中，四年制私立院校的比例从 40%增至 46%。录取率≥95%的公立院校的比例从 17%降至 10%。这些变化说明，四年制院校特别是公立院校的入学标准在提高。

从三次调查总的情况来看，两年制公立院校选拔性程度基本保持一致，90%属“开放性”；两年制私立院校有一些变化，但这可能与三次接受调查的院校不同有一定关系。实行“开放性”政策的四年制公立院校的比例一直呈下降趋势，从 1979 年的 20%降至 1985 年的 15%，再降至 1992 年的 11%；实行“一般选拔性”政策的四年制公立院校从 70%增至 75%；“高选拔性”院校从 10%增至 13%，表明四年制公立院校的竞争性在增强。

三、特殊招生政策

除一般的招生政策外，各高校还有针对少数民族/种族、有学术天分的学生、特长生、残疾学生、校友亲属、特困生等群体的特殊招生政策。

美国是一个移民国家，由 140 多个民族组成，民族和种族呈现出多样性的特征。美国按人种和语系等概念来划分种族、民族，主要分为白人、黑人、亚裔人、印第安人、墨西哥裔人、波多黎各裔人和其他西班牙裔人等几大类。从表 3-3 和图 3-2 可以看出，除白人以外的少数民族/种族占总人口的比例一直呈上升趋势，1997 年为 27.03%，2000 年为 28.20%。据预测，到 2025 年，少数民族/种族将占到人口总数的 37.60%，2050 年将上升到 47.20%①。民族/种族问题是美国高等教育面临的一大难题。历史上，美国政府曾制定过一些特殊的政策及配套措施，来增加少数民族/种族接受高等教育的机会，促进高等教育机会的均等，许多高校也有相应的特殊倾斜政策，并不断倡导教师和学生的民族/种族多样化，宣扬多样化对大学文化建设的益处。

表 3-3 美国人口种族构成统计及预测（%）

种族	1997 年	2000 年	2025 年	2050 年
白人	72.97	71.80	62.40	52.80
黑人	12.11	12.20	13.00	13.60
西班牙裔人	10.72	11.40	17.60	24.50
亚裔人	3.50	3.90	6.20	8.20
印第安人	0.70	0.70	0.70	0.90
少数种族总计	27.03	28.20	37.60	47.20

资料来源：王英杰：《美国高等教育的发展与改革》，人民教育出版社，2002 年，第 126 页。

① 王英杰：《美国高等教育的发展与改革》，人民教育出版社，2002 年，第 126 页。

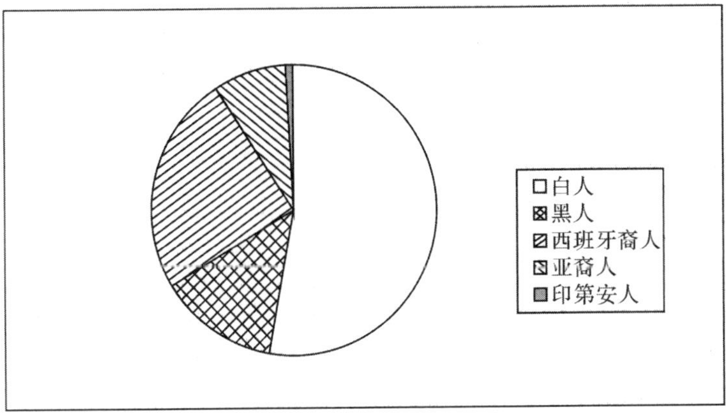

图 3-2　美国 2050 年人口种族构成预测

资料来源：根据表 3-3 相关数据绘制。

1962 年，在平权运动的影响下，美国高等教育开始实行对少数民族给予优待的“肯定性行动计划”，该政策要求高校在录取新生时为少数民族学生设立特别招生计划，保证少数民族学生的比例。加州大学伯克利分校率先实行了特殊招生计划，降低少数民族学生的录取标准，增加少数民族学生的比例。随后，许多学校争相仿效。特殊招生计划的名额比例因学校、专业而异，如伯克利分校法学院为少数民族每年预留 23%的指标。为鼓励高校在招生时实施肯定性行动计划，联邦政府出巨资对实施肯定性行动计划的学校予以资助。

表 3-4　1993 年美国白人与少数民族 SAT 平均成绩及差距

种族	语文成绩	与白人差距	数学成绩	与白人差距
白人	444		494	
印第安人	400	－44	447	－47
亚裔人	415	－29	535	＋41
黑人	353	－91	388	－106
墨西哥裔人	374	－70	428	－66
波多黎各裔人	367	－77	409	－85
其他西班牙裔人	384	－60	433	－61
其他	422	－22	477	－17

资料来源：The Editors of the Chronicle of Higher Education，The Almanac of Higher Education，1994，The University of Chicago Press，1994，p. 22。（根据有关数据计算、整理而成。）

表 3-5 1993 年美国白人与少数民族 ACT 平均成绩及差距

种族	成绩	与白人差距
白人	21.4	
印第安人	18.4	−3.0
亚裔人	21.7	+0.3
黑人	17.1	−4.3
墨西哥裔人	18.5	−2.9
西班牙裔人	19.3	−2.1

资料来源：The Editors of the Chronicle of Higher Education，The Almanac of Higher Education，1994，The University of Chicago Press，1994，p. 22。（根据有关数据计算、整理而成。）

表 3-4、表 3-5 系根据美国《高等教育年鉴 1994》提供的统计数据分析整理而成。由表可见，1993 年美国各高校在招生时，降低了对少数民族考生的 SAT 和 ACT 成绩的要求。少数民族学生的 SAT 语文平均成绩均低于白人；其中黑人与白人相差最多，差距为 91 分，差距最小的亚裔也相差 29 分。数学平均成绩除亚裔超过白人外，其余少数民族均低于白人；其中黑人与白人之差最大，为 106 分，差距最小的美洲印第安人比白人低 47 分。ACT 平均成绩除亚裔外，其余少数民族均低于白人；其中与白人相差最多的为黑人，差距为 4.3 分，西班牙裔比白人少 2.1 分。需要说明的是，亚裔由于特殊的文化背景，在接受高等教育机会方面表现出与其他少数民族不同的特点。上述可见，美国高校在招生时确实对少数民族实行了倾斜政策，肯定性行动计划对增大少数民族接受高等教育的机会起到了积极的推动作用。

《调查报告》对美国各高校的特殊招生政策及其实践也进行了调查。参加调查的高校中半数以上的院校表示，特招政策对一些在学术上有天分的学生（67%）、少数民族/种族学生（67%）、有体育特长的学生（60%）及一些有艺术天分的学生（51%）是有作用的。

在不同类型高校的特招政策中，对不同群体的招收比例是不相同的。从表 3-6 可以看到，在特招活动中，四年制公立高校最注重对少数民族学生的特招（91%），接下来依次是：有学术天分的学生（89%）、运动员（81%）、有特殊艺术才能的学生（71%）。超过五分之二的四年制公立高校中还注意到国际留学生的特招（48%）和成人（59%）的特招。略多于一半的四年制私立高校更注重有学术天分的学生的特招（77%），其次是运动员（67%）、少数民族/种族的学生（65%）、有特殊艺术才能的学生（59%）、外地学生

(59%)、国际留学生（59%）以及校友亲戚（49%）。

半数以上的两年制公立高校最注重对少数民族的特招（66%），其次是成人（65%）、有学术天分的学生（53%）、运动员（51%）。这些高校中超过三分之一的院校也很重视弱势群体（45%）、部分时间制学生（45%）、有特殊艺术才能的学生（36%）和残疾学生（35%）的特招。两年制私立高校比其他三类高校的特招要少些。尽管如此，大多数两年制私立高校还重视成人的特招（63%），其次是外地生源（40%）、部分时间制学生（40%）、国际留学生（40%）、少数民族/种族学生（36%）以及校友亲戚（34%）的特招。

表 3-6　1992 年对不同群体学生的特招

分类	院校的比例（%）				
	两年制公立	两年制私立	四年制公立	四年制私立	全部院校
运动员	51	24	81	67	60
学术人才	53	28	89	77	67
校友亲戚	16	34	33	49	33
教职员亲属	18	31	21	29	24
少数民族/种族	66	36	91	65	67
弱势群体	45	24	44	24	35
残疾学生	35	15	21	12	22
特殊艺术才能学生	36	30	71	59	51
成人	65	63	59	55	60
外地生源	28	40	55	59	46
部分时间制学生	45	40	25	29	35
退伍军人	32	29	24	13	23
军事人员	26	17	26	14	21
支付全额学费生	15	25	10	19	16
侨民	11	18	_ a	_ a	12
国际留学生	21	40	48	59	42
其他	3	5	3	5	4
参加调查的高校总数（所）					
	2 024	705	169	366	784

注：a：不包含在四年制高等院校的调查问卷中。

资料来源：Hunter M. Breland, et al, Challenges in College Admissions: A Report of a Survey of Undergraduate Admissions Policies, Practices, and Procedures, Pier Publications, 1995, p. 101。

两年制公立高校的特招还针对妇女、家长、家庭主妇和其他一些非传统的学生。两年制私立高校列出的特招重点对象是：有上岗证的实习护士、语言团体、信仰宗教的人群及一些准备经商或从事商务的学生。四年制公立和私立高校的重点特招对象是那些转专业的学生。四年制私立高校列出的特招对象有：妇女、宗教工作人员、外地民工、健康职业者、国外留学生及一些对特殊证书有兴趣的学生等。

表 3-7　过去五年特招政策的趋势调查

分类	两年制公立		两年制私立		四年制公立		四年制私立		所有高校	
	数目 a（所）	平均变量	数目 a（所）	平均变量	数目 a（所）	平均变量	数目 a（所）	平均变量	数目 a（所）	平均变量
运动员	351	0.21	40	0.53	286	0.41	516	0.47	1 193	0.38
学术人才	360	0.43	45	0.56	316	0.64	588	0.63	1 309	0.57
校友亲戚	100	0.16	50	0.22	114	0.28	372	0.38	636	0.31
教职员亲属	121	0.17	46	0.04	71	0.27	218	0.25	456	0.21
少数民族	437	0.57	58	0.47	322	0.78	491	0.70	1 308	0.67
弱势群体	298	0.48	39	0.36	159	0.43	178	0.41	674	0.44
残疾学生	235	0.48	25	0.36	74	0.26	90	0.38	424	0.41
特殊艺术才能学生	241	0.22	45	0.49	253	0.38	453	0.48	992	0.39
成年人	432	0.44	92	0.53	206	0.46	415	0.61	1 145	0.51
外地生源	189	0.34	63	0.43	195	0.47	448	0.50	895	0.46
部分时间制学生	304	0.31	62	0.40	88	0.31	214	0.44	668	0.36
退伍军人	220	0.17	43	0.21	84	0.23	100	0.28	447	0.21
军事人员	176	0.32	24	0.33	93	0.33	109	0.34	402	0.33
支付全额学费生	97	0.14	39	0.36	34	0.32	140	0.59	310	0.39
移民	73	0.18	27	0.41	_b	_b	_b	_b	100	0.24
国际留学生	144	0.35	62	0.65	172	0.45	450	0.55	828	0.50
其他	20	0.25	9	0.33	8	0.38	34	0.65	71	0.47

注：表中平均变量根据计算得出。对此问题的调查作否定回答的高校不计算在此调查表中。平均变量是对调查作肯定回答的高校的统计数据。

a：只包括实行特招活动的高校。

b：不包含在四年制高校的调查问卷中。

资料来源：Hunter M. Breland，et al，Challenges in College Admissions：A Report of a Survey of Undergraduate Admissions Policies，Practices，and Procedures，Pier Publications，1995，p. 105。

如表 3-7 所示，参加调查的高校反映，在特招活动中平均变化指数最大的是对少数民族的特招（指数为 0.67）。四年制高校对少数民族的特招变化指数最大，公立高校指数为 0.78，私立高校指数为 0.70。变化指数居第二位的是对有学术天分的学生的特招（指数为 0.57），居第三位的是成年人（指数为 0.51）。其他在特招中呈上升趋势的是国际留学生（指数为 0.50）、外地学生（指数为 0.46）、弱势群体（多指少数民族地区，指数为 0.44）、残疾学生（指数为 0.41）。平均变化指数最低的是退伍军人（指数为 0.21）及教职员亲属（指数为 0.21）。两年制高校中，平均变化指数最低的是移民（指数为 0.24）。

四、选拔录取新生的标准

美国大学从多方面综合衡量和选拔合格新生，而不是仅仅以入学考试的成绩作为录取学生的标准。其录取新生的要求与标准主要有高中毕业证书、中学课程与成绩、入学申请书和推荐信、入学考试成绩、班级排名、特殊录取标准等。

表 3-8　各高校采取的录取一年级新生的标准(2000 年—2001 年，2001 年—2002 年，2002 年—2003 年)

选拔标准及年份	所有院校			公立院校			私立院校								
										非营利性			营利性		
	总计	四年制	两年制	总计	四年制	两年制	总计	四年制	两年制	总计	四年制	两年制	总计	四年制	两年制
1	2	3	4	5	6	7	8	9	10	11	12	13	14	15	16
	有一年级本科生的院校数(所)														
2000—2001	3 717	2 034	1 683	1 647	580	1 067	2 070	1 454	616	1 383	1 247	136	687	207	480
2001—2002	3 803	2 102	1 701	1 663	579	1 084	2 140	1 523	617	1 410	1 278	132	730	245	485
2002—2003	3 796	2 105	1 691	1 655	577	1 078	2 141	1 528	613	1 392	1 268	124	749	260	489
	院校比例(%)														
开放式招生															
2000—2001	40.2	12.9	73.2	63.8	12.1	91.9	21.4	13.3	40.7	14.0	11.7	34.6	36.5	22.7	42.5
2001—2002	42.3	14.8	76.2	65.5	11.4	94.5	24.2	16.2	44.1	14.2	11.7	37.9	43.6	39.2	45.8
2002—2003	43.3	16.2	76.9	66.5	12.5	95.4	25.3	17.7	44.4	14.6	12.5	36.3	45.3	43.1	46.4
有一些入学要求\1\															
2000—2001	58.4	85.8	25.1	35.4	87.4	7.1	76.6	85.2	56.3	84.5	86.8	63.2	60.7	75.4	54.4
2001—2002	56.4	83.6	22.8	34.1	87.9	5.4	73.8	82.0	53.5	84.0	86.4	61.4	54.0	59.2	51.3
2002—2003	55.4	82.5	21.6	33.2	87.0	4.5	72.5	80.8	51.9	84.0	86.1	62.1	51.1	54.6	49.3
要求中学成绩															
2000—2001	34.6	58.7	5.5	23.9	63.4	2.4	43.0	56.7	10.7	60.1	64.1	23.5	8.7	12.6	7.1
2001—2002	34.3	58.0	4.9	24.4	65.8	2.3	42.0	55.1	9.6	59.7	63.4	24.2	7.7	11.8	5.6
2002—2003	34.3	58.1	4.8	24.2	65.5	2.1	42.1	55.2	9.5	61.4	64.6	28.2	6.4	9.6	4.7

续 表

选拔标准及年份	所有院校			公立院校			私立院校			私立院校·非营利性			私立院校·营利性		
	总计	四年制	两年制	总计	四年制	两年制	总计	四年制	两年制	总计	四年制	两年制	总计	四年制	两年制
中学年级排名															
2000—2001	13.7	24.3	1.0	10.9	30.3	0.3	16.0	21.9	2.3	23.2	25.1	5.9	1.6	2.4	1.3
2001—2002	13.1	23.1	0.7	10.6	30.2	0.2	15.0	20.4	1.6	22.1	23.8	6.1	1.1	2.4	0.4
2002—2003	12.5	21.9	0.7	10.5	29.8	0.2	14.0	18.9	1.6	21.0	22.6	5.6	0.8	1.2	0.6
中学记录															
2000—2001	45.8	70.3	16.2	29.4	72.9	5.8	58.7	69.2	34.1	73.2	75.5	52.2	29.5	30.9	29.0
2001—2002	46.1	71.1	15.1	29.3	75.0	5.0	59.1	69.7	32.9	74.8	77.2	51.5	28.8	30.6	27.8
2002—2003	48.3	73.1	17.4	29.2	75.7	4.4	63.0	72.1	40.3	76.4	78.3	57.3	38.1	41.9	36.0
大学预备课程															
2000—2001	15.5	27.3	1.2	16.2	44.0	1.1	14.9	20.7	1.3	22.1	24.1	4.4	0.4	0.5	0.4
2001—2002	15.6	27.5	1.0	17.0	46.6	1.1	14.6	20.2	0.8	22.1	23.9	3.8	0.1	0.4	0.0
2002—2003	15.7	27.6	0.8	17.3	47.8	1.0	14.4	20.0	0.5	22.1	24.1	2.4	0.1	0.4	0.0
推荐信															
2000—2001	20.4	34.4	3.5	2.7	7.4	0.2	34.4	45.1	9.3	46.6	49.2	22.8	10.0	20.8	5.4
2001—2002	19.9	33.3	3.2	3.0	8.1	0.3	32.9	42.9	8.3	47.5	50.2	22.0	4.8	5.3	4.5
2002—2003	20.0	33.8	2.9	3.1	8.5	0.3	33.1	43.4	7.5	48.4	51.1	21.0	4.7	5.8	4.1
能力证书\2\															
2000—2001	8.0	12.1	3.0	2.2	5.0	0.7	12.7	15.0	7.1	12.1	12.7	7.4	13.7	29.0	7.1
2001—2002	6.7	9.8	2.9	2.3	6.0	0.3	10.1	11.2	7.5	10.2	10.6	6.8	9.9	14.3	7.6
2002—2003	7.0	9.5	3.8	2.5	6.8	0.3	10.4	10.5	10.1	9.8	10.2	5.6	11.6	12.3	11.2
入学测试成绩\3\															
2000—2001	47.2	72.5	16.7	33.2	83.4	5.8	58.5	68.2	35.6	70.3	73.4	41.9	34.6	36.7	33.8
2001—2002	45.5	70.5	14.7	32.1	84.1	4.3	55.9	65.3	32.9	68.2	71.8	34.1	32.2	31.4	32.6
2002—2003	43.3	69.1	11.2	31.5	83.5	3.7	52.5	63.7	24.5	67.2	71.3	25.0	25.1	26.5	24.3
托福成绩\4\															
2000—2001	43.4	71.2	9.9	30.2	77.4	4.6	54.0	68.7	19.2	66.2	70.1	30.9	29.3	60.4	15.8
2001—2002	42.1	68.7	9.3	29.8	78.1	4.0	51.7	65.1	18.6	65.5	69.2	29.5	25.1	43.7	15.7
2002—2003	42.4	69.2	8.9	30.0	79.0	3.7	51.9	65.5	18.1	66.8	70.3	31.5	24.3	42.3	14.7
仅要求推荐信，无其他要求															
2000—2001	1.4	1.2	1.7	0.8	0.5	0.9	1.9	1.5	2.9	1.5	1.4	2.2	2.8	1.9	3.1
2001—2002	1.3	1.5	1.0	0.4	0.7	0.2	2.0	1.8	2.4	1.8	1.9	0.8	2.5	1.6	2.9
2002—2003	1.4	1.3	1.5	0.3	0.5	0.2	2.2	1.6	3.8	1.4	1.4	1.6	3.6	2.3	4.3

\1\：许多院校有不止一个入学要求。

\2\：正式的能力证明（比如文件、能力证书、评估证书）。

\3\：包括 SAT、ACT 或其他入学考试。

\4\：英语作为外语的测试。

资料来源：U. S. Department of Education，National Center for Education Statistics，

Integrated Postsecondary Education Data System (IPEDS), Institutional Characteristics, 2000-01 survey, and Spring 2001 and Spring 2002 surveys。(原表绘制于 2003 年。)

关于各高校对入学标准的要求，美国教育部在 2003 年 11 月作过一个统计。表 3-8 是 2003 年 11 月美国教育部、国家教育统计中心、中学后教育综合数据库 (IPEDS) 统计的 2000 年、2001 年和 2002 年对入学标准作出要求的高校数及其比例。由表可见，2000 年、2001 年、2002 年参加统计的高校总数分别为 3 717 所、3 803 所、3 796 所。2000 年、2001 年、2002 年完全实行开放式入学的高校的比例分别为 40.2%、42.3%、43.3%，有一些入学要求的高校比例分别是 58.4%、56.4%、55.4%。具体而言，这三个年份中，要求中学成绩的高校的比例分别为 34.6%、34.3%、34.3%，要求中学年级排名的比例分别为 13.7%、13.1%、12.5%，要求中学记录的比例分别为 45.8%、46.1%、48.3%，要求大学预备课程的比例分别为 15.5%、15.6%、15.7%，要求提交推荐信的比例分别为 20.4%、19.9%、20.0%，要求展示综合能力的比例分别为 8.0%、6.7%、7.0%，要求 SAT、ACT 或其他测试成绩的比例分别为 47.2%、45.5%、43.3%，只需要推荐信的比例分别为 1.4%、1.3%、1.4%。从上述数据可以看出，2000 年、2001 年和 2002 年，在对中学成绩、大学预备课程、推荐信等方面有要求的高校数基本没有变化，对中学年级排名、综合能力展示以及入学考试的要求有下降趋势，对中学记录的要求则呈现上升的态势。这些情况说明，各高校越来越重视全面、综合地考查学生。

（一）高中毕业证书

几乎所有高校都将高中毕业资格作为大学入学的基本条件。根据美国大学委员会《大学年度调查报告 1992—1993》的数据，除大约三分之一的两年制公立院校外，几乎所有院校都继续将高中毕业资格作为大学入学的基本条件。大部分四年制院校还要求学生完成大学预备课程。

（二）中学课程与成绩

大学一般要求学生在中学期间要修满 14 学分～16 学分。美国一般一门课程每周授课四五个学时，学满一年计 1 个学分。从各大学的招生简章中可以看出，他们对中学毕业生的课程要求如下：语文 3 年～4 年、数学 2 年～4 年、一门外语 2 年～4 年或两门外语各两年、社会学科 1 年～2 年，还有音乐、艺术、体育等。根据各院校的专业要求和学术水平的不同，大学重点强调的课程门类和修业年限又各有差异。

美国中学向大学呈送的学生成绩，是学生在九、十、十一、十二年级中各门学科成绩的总平均分数，称为“学年平均分数（Grade-point Average，简称 GPA)”。学年平均分数以 A（最高）—F（最低）记分，有 6 个等级。各大学都要求考生的成绩必须在 C 以上才能被录取。

《调查报告》中关于 1985 年的调查表明，1979 年到 1985 年期间，许多四年制大学提高了对中学课程的要求，尤其是四年制公立大学增加了许多科目的必修学年数，提高了中学 GPA 的最低分数线和入学考试的平均最低分数线，减少了对特殊群体学生的照顾。1985 年到 1992 年期间，大学的招生标准更为严格，主要表现为：提高了英语和数学的学习年限，提高了对 GPA 的最低分数要求，提高了入学考试的最低分数线，降低了整个录取比例。

从表 3-9 可见，四年制公立院校对英语和数学的学习年限的要求逐年提高。在四年制大学提高入学标准的同时，各州对高中毕业生必修科目的学习年限的要求也有较大提高。四年制公立院校的数学修业年限从 1979 年的平均 2.1 年提高到 1992 年的平均 2.8 年，私立院校从 2.3 年提高到 2.6 年；四年制公立院校的英语修业年限从 1979 年的平均 3.7 年提高到 1992 年的平均 4.0 年，私立院校则无变化。

表 3-9　1979 年、1985 年、1992 年四年制高校对高中六门课程平均修业年限要求的调查　　单位：年

科目	公立高校			私立高校		
	1979 年	1985 年	1992 年	1979 年	1985 年	1992 年
英语	3.7	3.8	4.0	3.8	3.8	3.8
数学	2.1	2.4	2.8	2.3	2.5	2.6
物理	1.2	1.5	1.3	1.3	1.4	1.4
生物	1.1	1.3	1.2	1.3	1.2	1.2
社会研究	2.0	2.3	2.5	2.1	2.3	2.4
外语	2.0	2.0	2.0	2.1	2.1	2.0
院校总数（所）	333	371	325	648	702	687

资料来源：Hunter M. Breland，et al，Challenges in College Admissions：A Report of a Survey of Undergraduate Admissions Policies，Practices，and Procedures，Pier Publications，1995，p. 65。

1992 年的调查表明（见表 3-10），大部分四年制公立和私立院校对申请者的学年平均分数（GPA）作了最低要求。从 1979 年到 1992 年，无论是公

立高校还是私立高校对 GPA 的平均要求都在提高，公立高校由 2.0 增加到 2.2，私立高校从 2.0 增加到 2.1。尤其是四年制公立高校中提出 GPA 最低要求的院校比例从 43%上升为 56%，增加了 13 个百分点。对 GPA 最低要求的提高表明，从 1979 年至 1992 年，大学的入学标准一直在提高。

表 3-10　1979 年、1985 年、1992 年参加调查的四年制高校的数量及其最低入学标准中各种指标的比例及平均值

入学标准		公立高校			私立高校		
		1979 年	1985 年	1992 年	1979 年	1985 年	1992 年
高中 GPA	数量（所）	142	203	204	374	450	468
	百分比（%）	43	49	56	58	54	60
	平均值	2.0	2.2	2.2	2.0	2.1	2.1
年级排名	数量（所）	110	148	116	286	257	225
	百分比（%）	33	36	32	44	31	29
	平均值	40	—	50	44	—	52
ACT 综合成绩	数量（所）	99	152	145	231	289	313
	百分比（%）	30	37	40	36	35	40
	平均值	16.2	16.5	18.3	16.4	16.3	18.0
SAT 综合成绩	数量（所）	126	144	133	272	305	284
	百分比（%）	39	35	36	42	37	36
	平均值	740	756	775	754	779	7 888
高校总数（所）		333	413	366	648	827	784

注：表中百分比根据每年参加调查的高校的总数计算得出。由于 1990 年 ACT 综合成绩的范围发生了改变，所以对 1985 年和 1992 年 ACT 综合成绩未作比较。

资料来源：Hunter M. Breland，et al，Challenges in College Admissions：A Report of a Survey of Undergraduate Admissions Policies，Practices，and Procedures，Pier Publications，1995，p. 68。

（三）入学考试成绩

美国各大学对新生入学考试的要求各异，大体可以归为三类：① 要求参加两项考试。一些大学要求学生参加 SAT 和 ACT 中的三门学科测验，或者是 SAT 和 CBAT（大学委员会学业成绩测验）中的三门学科测验。② 要求参加一项考试。一些大学指定学生参加 SAT 考试，但更多的大学允许学生从 SAT 和 ACT 考试中任选一项。③ 不要求参加考试。这类学校为数不多，即使是开放招生的大学，为了能科学安排学生的课程，也要求提供入学考试成绩。SAT 考试分为两部分：SAT Ⅰ推理测验（Reasoning Test）和 SATⅡ科目测验（Subject Tests）。SAT Ⅰ主要测验考生的写作、阅读和数学能力，一般用 SAT 直接指代。2005 年 5 月以前，SAT 考试分为英文和数学两部分，每部分的最低成绩为 200 分，满分为 800 分，总分为 1 600 分。2005 年 5 月之后，SAT 考试主要分成三部分：英文、写作、数学；每一部分 800 分，共计 2 400 分。SATⅡ考试涉及的科目很多，有文学、美国历史、世界历史、1 级数学、2 级数学、生物、化学、物理、法语（听力可选）、德语（听力可选）、西班牙语（听力可选）、现代希伯来语、意大利语、拉丁语、中文（含听力）、日语（含听力）、韩语（含听力），每科成绩总分为 800 分，考试内容与中学课程联系较为紧密①。一般大学要求单科最低分数为 400 分，700 分以上为优良。但美国各大学没有严格的录取分数线，被录取的新生考分差别很大。

美国各大学在录取新生时，对入学成绩的使用情况也不尽相同。一般大学都把学生的平时成绩与入学考试成绩结合在一起进行考虑。一般而言，如果学生平时成绩优异，即使在入学测验中有不及格分数，也不会影响其录取。有的大学公布入学成绩与平时成绩对照表，把两者结合起来评定学生的学业水平。如果两个成绩一致，说明两者都反映了学生的稳定性水平；如果两个成绩不一致，大学则选择分数高的成绩作为录取的依据。这就在一定程度上避免了一次考试定终身的弊病，使那些在考试中偶然出现失误的学生也能获得接受高等教育的机会。

参加 1992 年调查的所有四年制公立高校中，只有 4%的院校没有对入学成绩提出要求。1979 年，有 9%的院校表示对入学测试成绩不作要求，但到 1985 年就只有 5%的院校不作要求了。在四年制公立高校中，对入学测试成绩要求的提高与其他招生标准的提高是相一致的。而在四年制私立院校中没有这种上升趋势。在 1979 年和 1992 年的两次调查中，9%的四年制私立

① College Board，About the Tests，SAT and SAT Subject Tests Overview，http：//sat. collegeboard. org/about-tests：2014-10-03.

院校反映他们没有对入学成绩作要求。

美国大学委员会《大学年度调查报告 1992—1993》指出，在接受调查的 2 823 所院校中，近 250 所大学都要求一至两种入学考试成绩。虽然许多院校都参考 ACT 或 SAT 分数，但大多数高校的招生办公室都只接受其中一种成绩。37％的院校没有回答该问题或没有使用 ACT 或 SAT 考试成绩。四年制院校比两年制院校更经常使用 ACT 或 SAT 分数。两年制院校更多地使用其他考试成绩来决定录取与否和课程的设置。比如，两年制私立院校比两年制公立院校更多地使用高中 GPA 成绩和年级排名。另外，自 1985 年以来，两年制公私立院校多使用基本技能测试和自己开发、管理的考试。

表 3-10 表明，对 ACT 综合测试成绩提出最低要求的做法在公立高校中很普遍，提出这一要求的公立高校的比例从 1979 年的 30％上升到 1992 年的 40％。另外，对 SAT 综合测试成绩的最低分要求没有出现重大变化，但 SAT 的最低分要求在四年制公立和私立院校中都出现了上升趋势。

（四）审阅评定入学申请书和推荐信

大学招生办公室或甄选委员会要认真阅读、评价每位申请者的申请书和推荐信。他们重点审查的是申请人选择本校的目的和申请人的兴趣、特长以及自我评价。

（五）衡量学生在中学班级里的排名

学生在中学班级里的排名，是美国公立高校录取时考虑的关键因素。虽然各院校在招生简章中对此并没有明文规定，但许多大学录取新生时都会考虑考生在中学里的成绩排名。

（六）大学招生中的特殊标准

美国各大学录取新生时，十分注意招收有各种爱好和特长的学生。他们通过审查学生所参加的课外活动，来评定学生的研究能力、组织能力和创造性等。那些在体育、艺术及其他方面具有特殊才能的学生，无论其学业成绩好坏，都可以被著名大学免试录取。

除上述标准外，实行选择性招生政策的大学通常还要求考生在呈送申请书时送交一篇论文，目的是使大学能更准确地评价学生的写作能力、兴趣和对生活的认识。

（七）其他招生方式①

1. 早期决定录取资格（early decision）

有的学生在十二年级前就向大学递交了入学申请，希望尽早得到录取的答复，以便提前做好入学准备或学习大学课程。“早期决定录取资格”就是面向这些学生的一种招生方式。以这种方式申请入学的学生会在 1 月份或更早的时间接到录取通知书。许多施行“早期决定录取资格”的高校要求学生在无法对所获得的助学金结果进行比较的情况下做出入学决定，做出决定之后就不能再接受其他高校的录取。

2. 早期招生（early admission）

大学允许成绩优异的中学生在十一年级时提前直接进入大学学习。“早期招生”就是部分大学实行的严格选拔优秀新生跳级入学的一种招生方式。

3. 学年中期招生（mid-year admission）

美国高校校际间相互承认学分，允许学生转学。美国每年有大量学生在通过大学或测验机构举办的考试以后，从一所大学转到另一所大学或从初级学院转入四年制大学学习。学年中期招生就是专门针对转学生的一种招生方式。

4. 延期入学（deferred admission）

这种招生方式允许被录取的学生推迟入校的时间。有的学生希望在入学前外出旅游、访问或为积攒学费工作一段时间。为满足其要求，学校允许推迟入校期限，实行延期入学的招生计划。

第二节　招生考试的实施

一、招生考试机构及其运作

（一）美国教育考试服务中心

1. 机构设置

SAT 和 AT 考试均由美国教育考试服务中心（ETS）主办。美国教育

① 胡晓路：《美国大学本科招生制度的初步研究》，陈学飞：《中国高等教育研究 50 年（1949—1999）》，教育科学出版社，1999 年，第 1586～1593 页。

考试服务中心建立于 1947 年，是美国最大的非营利性考试机构，总部设在普林斯顿。现有专职雇员三千三百多人，其中，两千三百多位是教育、心理、统计、心理测量、计算机科学、社会学及人类学领域的专家，一千多位具有高级学历，三百九十位具有博士学位。

美国教育考试服务中心设总裁 1 人，常务副总裁 2 人，副总裁 11 人。下设 11 个部门，其中考试业务部门有：学历教育考试部（包括中小学、高校、研究生等层次）、考务注册管理部、职业考试部、国内考试部、大学委员会项目、科研部 6 个部门。后勤管理方面有：技术系统部、人事管理部、财务管理部、营业部（实施、运转、印刷等）、法律部 5 个部门①。

2. 考试的管理和组织

这个环节主要包括考前发放宣传材料、报名、组织和监督考试、提供各种特殊服务等。

3. 考试分数的报告和使用②

美国教育考试服务中心本着最大限度发挥考试结果作用的原则，将考生的考试成绩及归纳、整理的其他背景材料分别报告给学生、高中及大学。分数报告有以下几种：

（1）大学计划报告。指提供给学生的成绩报告单，包括学生的考试成绩、学生通过填写学生情况调查表所提供的情况及学生想报考的大学所提供的情况。报告背面有关于评分方法、分数的含义和百分位的含义的材料，并附有《大学计划报告的使用》手册，解释高校如何使用考生的材料，以及考生应如何利用报告来选择自己的报考志愿。

（2）高校指导报告。即提供给学生所在高中的成绩报告单。该报告与学生的大学计划报告一并使用，可帮助、指导人们增强对考生录取可能性的认识。学生毕业后，该报告可作为研究和统计报告的材料来源。高校指导报告与大学计划报告大部分内容相同，仅在形式上略有变动。

（3）大学入学及指导报告。这是提供给大学的成绩报告单，包括身份证明材料、考试成绩、考试成绩总结及高校计划报告、学业情况、高中学校情况、社会活动材料、学生计划等大量的有关考生的背景材料。这些材料不仅为高校录取新生提供了依据，而且在新生入学后，这些材料也可用来确定教

① http：//www. act. org/about act/profile. html：2005-06-23.

② http：//www. act. org/compass/reports/student. html：2005-06-23.

学班次、提供教学指导意见等，具有多种作用。

4. 成绩报告的使用情况

（1）将报告作为录取参考资料。学生可要求考试机构向高校提供报告单，该报告单上的信息可帮助高校搞好录取工作。如果报告单上反映的学生的成绩、兴趣和特点与学校的录取条件相配，该生就被录取了。同时，还可根据报告单提供的考试成绩将学生进行分类。

（2）录取前报告的使用。入学考试报告附有高中毕业证书复印件、高校申请表、推荐信和面试鉴定等材料，是决定录取与否的重要依据。其中高中成绩和入学考试成绩尤其重要，它们是衡量学生学习潜在能力的共同标准。

（3）录取后报告的使用。报告中附有对学科准备、高起点课程计划所需要的特殊帮助等问题的解答，可以协助学生拟订课程起点计划。考试包括学术才能考试、标准英语笔试及学业考试。考试成绩和学生情况调查表要求调查的内容，可以帮助大学教师了解未来新生的特点和兴趣。依据报告还可以对教师未来工作量进行估计，为仪器设备的配备计划提供参考数据等①。

（二）美国高校测试中心

1. 机构设置

美国高校测试中心（ACT）成立于1959年9月8日，它是一个独立的、非营利性的教育考试研究和服务性机构，下设测验开发部、教育服务部、行业考试服务部、科学研究部、信息系统部、考务运行部、公共事务部、财务部等。经费主要来自考试收费及社会团体赞助。美国高校测试中心共有正式雇员800多人，每年根据考季来临时的工作量聘请一定的兼职或临时工作人员。美国高校测试中心总部设在依阿华州，并在全国八个地区设有分部②。

2. 考试的管理与组织

（1）命题管理。美国高校测试中心的命题过程包括五个基本步骤：编制双向细目表、命题、试题预测、编制试卷、等值。美国高校测试中心考试的命题过程很复杂，每次命题都需一年半到两年时间，涉及成百上千的专家学者。他们的共同目标是使考试成为更好地为学生和大学服务的完美的测试工具。

---

① http：//www.ets.org/portal/site/menuitem:2005-06-28.

② http：//www.ets.org/vgn-ext-templating/index.jsp? vgnextoid:2005-06-28.

（2）美国高校测试中心的考务管理工作主要包括报名、考点的设立和培训、考试过程的监控及对舞弊的处理等。服务性强、自动化程度高、管理严格是美国高校测试中心考试考务管理工作的特点。

3. 考试分数的报告和使用

考试分数的报告全面细致（总分及各部分内容的小分均加以报告），同时还广泛收集各种背景材料，把考试分数的报告与为考生、中学及大学全面服务紧密结合起来。一般分数报告包括以下几个步骤：

（1）对背景资料的收集。在考生报名时，注意收集课程结构、学生基本情况等各种资料和信息，以便使分数报告形成体系。

（2）学生分数报告。主要包括报告考试分数，提出制订大学学习计划的参考意见，帮助考生选择一所或几所合适的大学，指导选择专业和职业。

（3）中学分数报告。向中学报告测验分数的目的，是帮助中学客观而准确地了解其学生的情况。一般包括以下几个方面：一是变化趋势报告。一般包括测验平均分数的变化趋势和学生中学评价的变化趋势。通过对历年分数和学生评价的比较，可以看出变化趋势是上升、下降或保持不变。掌握这些动态对校长、教师乃至校区是十分重要的。二是现状报告。现状报告着重分析各年考试分数的描述，它比变化趋势的报告更为具体，一般分别按男生、女生和男女生总体三个群体报告分数，它包括：① 考试的平均分、标准差、频数分布、百分比和百分等级。② 学生对中学各方面的满意程度，以帮助学校了解不同性别的学生对学校评价中的差异，以发现问题，找出原因，改进学校的教学和管理。三是学生对中学教育适应性的评价。中学据此可以了解各种能力水平的学生对中学教育的满意程度。四是不同课程结构的考试平均分。按不同课程结构报告各种平均分、标准差。中学可据此判断何种课程结构教学效果最佳，并为改进课程设置提供依据。五是不同类型的学生考试平均分。可按应届毕业生与往届毕业生、男生与女生等不同类型，对比报告考生的考试平均分、频数和百分比，以便对各类考生进行比较。六是专业选择百分比分布。根据选择不同专业的男生、女生、男女生总体的百分比，中学可对报考各类专业的学生进行比较。七是学生选择志愿层次的比较。不同的学生可能将同一所大学作为第一、第二或第三志愿，考试机构可将不同志愿层次中考生的人数、百分比以及分数等报告出来，中学通过研究这些材料，可以了解学生的志愿趋向。

4. 大学分数报告[①]

与中学的分数报告相似，面向大学的分数报告，从变化趋势报告和现状报告两个方面进行讨论。所不同的是，大学分数报告在讨论分数时，必须将大学可以授予最高学位的级别考虑进去。

(1) 变化趋势报告。大学所关心的考生变化趋势一般有两种：一种是考试平均分的变化趋势，另一种是学生选择大学的变化趋势。在考试平均分变化趋势报告中，可以报告历年录取新生及报考学生的平均分变化情况，以了解考生学业水平的稳定性。在学生选择大学的变化趋势报告中，可以看出学生在选择大学方面的变化情况。

(2) 现状报告。现状报告包括以下内容：① 学生对大学的选择。男生、女生和男女生总体在不同志愿层中所占人数、百分比及平均分，同时，为了便于比较，还报告报考学生总数及录取比例，高校据此可掌握新生的来源情况。② 考试分数的分布。分别报告报考学生、录取学生和未录取学生的各科分数、总分、各分数段人数、百分比、累计百分比以及平均分和标准差。通过这些数据，大学可掌握录取新生的学习水平。③ 不同类型中学毕业生的能力比较。中学毕业生类型包括普通与职业、一般与重点、农村与城市等，考试机构可以分别按报考、录取、未录取三种情况，分别报告各类学生的人数和测验平均分。大学可据此对各种类型的中学毕业生的能力作出比较。④ 不同专业的录取情况。根据报考、录取和未录取三种情况，分别报告不同专业的人数和测验平均分。大学据此可以对不同专业的录取情况作出比较。

上述报告材料，有时也呈送地方、州或全国教育行政部门，作为教育决策参考[②]。

二、高校招生机构、组织及其运作

(一) 高校招生机构及组织

大学招生事务处是大学自己设立的管理入学申请事务的机构，其主要工作是收发入学申请资料、初步筛选申请者资格、寄发录取通知、协助新生办理入学手续、发放奖助学金、对入学者进行追踪辅导、出版大学指南与院系

---

① http：//www. ets. org/media/test/SAT /pdf/Testand Data Summary:2005-06-28.

② 韩家勋、孙玲：《中等教育考试制度比较研究》，人民教育出版社，1999 年，第 108～117 页。

的宣传目录等①。

在大学招生事务处设置之前，有关入学的事宜多由注册组人员兼任，这与当时学院规模较小的时代背景相适应。但到了 19 世纪末 20 世纪初，随着大学入学人数和课程数量的增加及其他复杂情况的出现，尤其是第二次世界大战后《退伍军人权利法案》的通过与战后婴儿潮的出现等原因，高等教育由精英型转变为大众型。在此情况下，大学招生事务处的设置成为时势所趋。

表 3-11　制定一般招生政策的主要责任归属（1979 年、1985 年和 1992 年）

类别	年份	院校的比例（%）				
		两年制公立	两年制私立	四年制公立	四年制私立	全部院校
招生委员会	1979	13	44	28	53	36
	1985	20	35	30	50	35
	1992	21	40	30	46	34
招生主管	1979	—[a]	—[a]	—[a]	—[a]	—[a]
	1985	—[a]	—[a]	—[a]	—[a]	—[a]
	1992	28	33	31	40	34
招生办公室人员	1979	27	32	32	39	34
	1985	22	31	32	38	31
	1992	19	31	—[b]	—[b]	21
首席执行官员	1979	41	48	41	39	41
	1985	30	48	33	45	38
	1992	24	44	33	44	35
首席入学管理官员	1979	—[a]	—[a]	—[a]	—[a]	—[a]
	1985	—[a]	—[a]	—[a]	—[a]	—[a]
	1992	14	13	21	27	20
首席教务官员	1979	—[a]	—[a]	—[a]	—[a]	—[a]
	1985	—[a]	—[a]	—[a]	—[a]	—[a]
	1992	20	30	29	33	28
学生事务主管	1979	—[a]	—[a]	—[a]	—[a]	—[a]
	1985	—[a]	—[a]	—[a]	—[a]	—[a]
	1992	24	23	17	19	21

① 王立行：《美国大学入学制度的现状与省思》，大考中心（台北）：《大学入学考试中心第二次研讨会——各国入学制度参考资料》，1990 年，第 74 页。

续 表

类别	年份	院校的比例（%）				
		两年制公立	两年制私立	四年制公立	四年制私立	全部院校
招生管理委员会	1979	_ a	_ a	_ a	_ a	_ a
	1985	_ a	_ a	_ a	_ a	_ a
	1992	13	20	19	19	17
系主任执行委员会或类似的管理机构	1979	30	28	21	25	26
	1985	29	32	25	36	31
	1992	19	23	20	29	23
院系评议会	1979	5	5	19	15	13
	1985	11	14	24	21	17
	1992	12	20	29	21	19
管理委员会或其他行政主管	1979	46	19	42	19	32
	1985	40	32	45	32	37
	1992	37	36	39	37	37
州立法机关	1979	33	2	14	1	13
	1985	34	11	23	3	18
	1992	36	19	26	7	22
州协调委员会、高等教育委员会	1979	21	2	9	1	8
	1985	17	9	13	3	10
	1992	32	22	30	7	21
其他	1979	_ c	_ c	_ c	_ c	_ c
	1985	4	3	6	4	4
	1992	2	4	3	2	2
无资料	1979	401	81	333	648	1 463
	1982	745	218	413	827	2 203
	1992	705	169	366	784	2 024

注：该表中的百分比是根据对该问题作出回答的院校的总数计算得出的。

a：1979 年和 1985 年问卷调查中不包括。

b：不包括在对四年制院校 1992 年的调查问卷中。

c：无 1979 年的资料；1992 年中的“其他”百分比基于前两个“其他”的基础上。

资料来源：Hunter M. Breland，et al，Challenges in College Admissions：A Report of a Survey of Undergraduate Admissions Policies，Practices，and Procedures，Pier Publications，1995，p. 23。

大学招生事务处是目前美国大学招生机构的最核心部分，各校的规模不一，一般都有一位招生主任来负责申请者与招生委员会之间的联系。哈佛大学共有 11 个招生事务处，所办理的业务包括大学生入学、研究生入学、专业教育课程学生的入学、继续教育学生的入学与暑期班学生的入学。而每一个招生事务处内部都有专门的入学委员会负责入学事宜。

《调查报告》显示的情况是，1992 年专职招生人员的平均数是 4 人，两年制公立学院可能更少，四年制院校可能更多。总体来讲，办事人员平均人数为 3 人。1992 年专职人员中的 32%和办事人员中的 39%为少数民族，专职人员中的 63%和办事人员中的 97%是女性。两年制院校中少数民族人员的比例更高，而且其数量是 1985 年的两倍；在两年制院校中，超过 2/3 的专职人员是女性，而在四年制院校中几乎占 3/5。在四种院校中，几乎所有的办事人员都是女性，这也是值得注意的一个现象。1992 年的调查显示，在招生领导官员中少数民族日益增多，在各院校中他们约占 32%，妇女在各院校中约占职业招生负责人的 63%。

另外，一般大学除了设有入学事务处之外，还设有更高级的招生委员会(Screening Committee)，作为入学事务处的咨询机构。该委员会由入学事务处的主任、各系教授代表以及学生代表组成，主要的任务是修订大学招生的方针与制度、制定各系录取标准与名额，并负责审查特殊的申请个案，握有录取的最终决定权①。

关于制定高校招生政策权利的归属问题，《调查报告》也有所涉及。

表 3-11 显示，1992 年接受调查者中 37%的学校认为制定一般招生政策的责任应该归管理委员会或其他行政主管，35%的学校认为应该归首席执行官，34%的学校认为应该归招生主管，34%的学校认为应该归招生委员会。此外，认为该责任应该归首席教务官员的占 28%，归系主任执行委员会或类似的管理机构的占 23%，归州立法机关的占 22%，归州协调委员会、高等教育委员会的占 21%，归学生事务主管或招生办工作人员的占 21%。19%的高校认为该责任应该归院系评议会。与 1979 年和 1985 年的调查相比，1992 年更大比例的受调查者认为一般招生政策的制定应该主要归州立法机关和州协调委员会、高等教育委员会负责。

（二）高校招生机构及组织的运作

首先，为了保证学校能够招收到足额的、优秀的新生，各高校都设有自

① 王立行：《美国大学入学制度的现状与省思》，大考中心（台北）：《大学入学考试中心第二次研讨会——各国入学制度参考资料》，1990 年，第 74 页。

己的招生机构，它们的对外活动频繁，主要包括以下内容：

(1) 收集高中学生的资料。为了招收到理想的学生，招生处必须提供足够的候选人来供大学筛选，因此招生处会积极收集高中学生的资料。

(2) 与适合入学的学生联络。如果等申请者到高三时主动与其接触，然后再进行招生活动，往往太迟。因此，在生源竞争激烈的大学，早在申请者读高一时（甚至初中时），招生处就会与其联络。学生的资料被储存于电脑中，逐年更新，一直用到此学生申请入学结束为止。具体操作是：大学招生处先向高一学生寄发该大学的简介及其他内容丰富的资料，随后院系资料也会寄到学生手中。当学生提出申请时，事务处会将该生所希望知道的资料寄给他。每次寄资料时都会鼓励学生去参观大学校园。另外，大学宣传材料有时也会寄给学生家长。

(3) 组织大学校园参观活动。在生源竞争激烈的大学，每年都有数千人到校参观。招生处必须让这些参观者有宾至如归之感，尽量满足每个人的需求。参观活动还包括安排学生与院系教员谈学业、试听课程等。

据 1992 年的调查显示，学生及其家庭成员参观大学校园以及大学的招生小组成员访问高中仍然是现在最普遍的招生策略。其他的常见方法包括：邀请学生参加大学之夜晚会，直接邮寄信函以及电话联系有潜在希望的学生。1992 年受调查者被问及他们院校使用哪种招生办法时，回答中最流行的方法是高中大学连读。在受调查的院校中，大多数两年制和四年制公立院校（分别为 90%和 78%）、超过半数的四年制私立院校（51%）、超过三分之一的两年制私立院校（36%）都声称使用这种方法。其次流行的新方法是针对初、高中甚至更小的学生的计划，这种方法为 43%的院校所使用，一半或更多的公立院校和四分之一以上的私立院校采用该方法。

电子技术在招生过程中被广泛使用。30%以上的院校使用传真或其他电子传递方式来传递学生的成绩单。计算机的使用改变了学生报考的方式。10%以上的院校开始使用市场分析软件，这种情况在四年制院校更为普遍。除了两年制私立院校外，11%以上参加调查的院校受理网上报考或用磁盘报考。11%参加调查的院校采用学费预付方式，不过在这点上两年制公立院校落后于其他三种类型的院校。总体上讲，学费保证计划不太流行，但采用此办法的两年制（20%）和四年制（10%）私立院校比公立院校（5%）至少要高两倍以上。80%参加调查的院校声称，他们采用了针对初中生和高中生的奖学金鼓励方案。6%至 7%的公立院校使用电话招生，而私立院校使用电话招生的不到1%。最不流行的方式是直接互动交流，约占1%。

其次，招生处内部的主要工作是：

(1) 训练招生人员。为了正确、有效地建立学生档案，招生人员必须十分清楚招生策略、目标以及招生方案。以前招生处人员只要进行一般的在职训练即可，但如今他们则需要更多的公关能力、营销能力以及资料分析能力。而接待客人的技巧、处理文件的能力及知识面的广博也扮演着越来越重要的角色。

(2) 甄选学生。招生人员在收到申请书之后，要花很长时间审查这些资料，并把建议送给招生委员。如果院校决定录取某生，就寄发录取通知。此外，招生处还需努力确保该生来校注册。为达此目的，招生人员会鼓励学生或家长到校参观，并补贴其交通费用。新生可与学校的优秀学生及教职工见面。有些大学在周末安排特别节目来吸引少数民族学生，确保他们到校注册。

三、入学考试

(一) 学习性向测验

学业性向测验 (SAT) 由教育考试服务中心举办，是一种通过测量学生已具备的学习能力，预测其未来在大学学习中可能取得的成就的测验。其能为大学选拔学生提供有效的参考。学生的基本能力和发展潜力是测验的重点。考试每年举行6次，每次2.5小时，它包括5个分测验，每个分测验30分钟。这一测验的基本内容是语言和数学。5个分测验中有时是两个数学测验、3个语言测验，有时则相反。

SAT考试的语言部分考查的是学生运用词汇的能力和阅读能力。阅读材料包括学术研究、人文学科、社会科学和自然科学等内容。试题类型有反义词、类推题、填充题、阅读理解题。四类试题共约80至90道，成绩按词汇和阅读两个部分记录。

近年来，SAT考试又增加了标准化书面英语测验 (Standard Written English Test)，旨在考查学生是否具备大学学习所需的阅读和写作的能力。测验有50余题，全部为选择题，题目比语言部分试题容易一些。这个测验的成绩单独记分，不作为大学录取新生的依据，而是大学在设置课程和分班时所必需的参考资料。

数学测验考查学生运用算术、代数、几何等学科知识解决问题的能力和对数学基本概念的理解与掌握情况。题目有两类：一般数学题和综合数学题。每个测验大约有 60 道题，包括算术、小数、分数、概率与排列组合、度量、百分数、数论、图形、代数（比例、不等式、因式分解、解方程、正负数、计算式）、几何（立体几何、平面几何）和解析几何等。

美国没有全国统一的教学大纲，各中学使用的教材各异，教学水平参差不齐。在这种情况下，SAT 考试为大学提供了衡量合格生的统一尺度。目前，全国许多高校，包括美国东部的多数大学，都要求入学申请人参加这一测验。每年大约有 150 万考生报名应试。

1993 年 4 月，SAT 考试进行了较大改革。新的 SAT 考试分为两个部分：原来的 SAT 更名为 SAT-Ⅰ，又称为 Reasoning Test (推理测验)，仍然以测试学生的学术能力为主；另一项新的考试称为 SAT-Ⅱ，又称为 Subject Tests (科目测验)，主要测试学生在不同科目学习方面的理解能力和掌握程度。

SAT-Ⅰ的考试时间仍为 3 小时，仅考英文及数学两项，每科以 800 分为满分。英文部分特难，古怪罕见之字甚多。数学试题范围仅为小数、代数及浅易几何，考场上可使用小型计算机，试题较简单，但需要技巧和逻辑思维，近似智力测验。SAT-Ⅰ每年进行七次，不限年级及参加次数。改革前，考生报名时即填写好申请的大学，主考机构直接将成绩寄到该校。改革后的做法是，如考生对考试成绩满意，再请主考机构把成绩寄给申请的大学。有的大学可接受两次考试成绩，加以平均；有的则选最好的成绩。

SAT-Ⅱ涉及不同科目及语言考试，包括英文、数学、社会科学、自然科学和外语 5 门主科。这 5 门主科又被细分为近 20 种不同的考试科目。学生一般被要求至少考 3 门，其中数学、英文（主要是写作）必考，另一门则由学生自由选择。每门考试时间为 1 小时，满分为 800 分①。

就申请入学而言，SAT-Ⅰ至关重要，绝大部分本科院校都要求有 SAT-Ⅰ考试成绩。而 SAT-Ⅱ的考试成绩并不是每所大学都需要，但如果想进入一流或者比较好的私立或公立大学，就必须参加 SAT-Ⅱ考试。因为这些大学很重视 SAT-Ⅱ的专科考试成绩，并把它看作除 SAT-Ⅰ基本考试以外，可以审核申请者学科专长和学习能力的又一个重要指标。

---

① 韩家勋、孙玲：《中等教育考试制度比较研究》，人民教育出版社，1999 年，第 74～79 页。

此外，新 SAT-Ⅰ考试对分数也进行了调整，主要是调整分数的中点，使它能与统计学上的钟形曲线的中点吻合。调整的原因是原来的分数标准是依据 20 世纪 40 年代的考生水平制定的，当时考生的人数及素质与现在已有很大差别。由于新 SAT 的考试平均分数向上作了调整，因此将 SAT 成绩作为录取学生标准的学校也相应提高了 SAT 分数，以适应新的分数标准。

2004 年美国大学委员会和教育考试中心联合推出“新 SAT”，首次考试于 2005 年 3 月举行。下面将相关内容予以具体介绍：

（1）改革的直接原因。大学委员会在其网站提供的信息中谈到改革的原因时指出：新 SAT 对学生能力的测试主要针对学生在中学课程中学到的知识和技能，测试学生应用中学所学知识的能力和进大学后解决问题的能力。新 SAT 将提高测试内容与现行中学、大学课程和教学实践内容框架的一致性，通过增加第三种技能——写作的测试，强调学生在接受教育过程中写作的重要性，并有助于大学在学生录取和决定学生入学后所学专业方面作出明智的选择。

（2）参加新 SAT 考试的对象。准备 2006 年入大学的第一个年级是第一批参加新 SAT 考试的考生。考试时间：2004 年秋季，参加新 PSAT / NMSQT（Preliminary SAT/National Merit Scholarship Qualifying Test）；2005 年春季参加新 SAT 考试。

（3）新 SAT 考试内容的改革。① 写作（新增部分）。包括多项选择题和短文写作。多项选择题又包括识别错误（包括措辞、语法、句子结构、主谓一致、词汇的运用）、改写句子、改写段落。短文写作要求考生对提出的问题表明自己的立场和态度，并能用考生学习或生活经验的例子进行论述。② 批判性阅读（原 SAT 中称为语言部分）。新 SAT 考试取消了推理部分内容，在现有长篇阅读的基础上增加了短篇阅读。③ 数学。考试范围拓展到大学三年级预备课程内容（即大家熟悉的代数Ⅱ），取消了数量比较内容。

（4）评分标准的变化。新 SAT 各部分的评分仍采用 200～800 的等级分，原来的分数与现在的分数可进行等值。新的写作考试也将采用 200～800 的等级分。新 SAT 将分别为考生、中学的升学顾问和大学招生官员提供数学、批判性阅读和写作三份成绩单。写作部分分值为两部分：多项选择题部分的分值为 20 分～80 分，作文部分为 2 分～12 分。

（5）短文写作的阅卷。短文写作聘请经验丰富、训练有素的中学和大学教师阅卷。每份试卷由两人评阅，两人彼此不知对方的评分、身份或学校。

阅卷人需根据作文的整体质量以及考生的写作表达能力，给出作文的评分(最高分为 6 分)，即使作文有拼写、标点和语法错误，也能得到最高分。两个阅卷人的分数相加后除以 2 得出作文分。

(6) 考试时间。新 SAT 的考试时间为 3 小时 45 分钟①。

(7) 与原 SAT 难易度的比较。新 SAT 与原 SAT 有所不同，但并非一定更难。新 SAT 数学题包括代数Ⅱ的题目。考试还将继续测试学生的推理能力和在学校以外学到的解决问题的能力。对那些不喜欢推理的考生来说，批判性阅读可能比原来的语言部分更为简单一些。

(8) 对新 SAT 的追踪试验（Field Trial）结果。为测试新 SAT 的信度、效度，与原 SAT 分数的等值以及对少数民族、女性等弱势群体产生的影响，考试中心对新 SAT 进行了追踪试验，试验结果如下：① 等值结果。新 SAT 的分数与原 SAT 的分数具有可比性；新 SAT 与原 SAT 有很高的相关性。② 对弱势群体产生的影响。具体内容包括：一是数学、阅读内容的改变和出题形式的改变没有加剧性别和少数民族群体之间的差异；二是增加写作部分轻微地减少了性别之间的差异，而少数民族群体之间的差异并未增加；三是女性考生写作部分的得分更高。③ 不同种族学生的成绩存在差异。美国黑人写作测试成绩与语言或数学成绩的差距很小；拉丁裔和亚裔学生写作考试的分数与语言测试的分数的差距具有可比性；英语作为第二语言的学生的写作测试差距似乎比语言测试小一些。④ 其他研究结果。一是写作测试有望提高效度；二是研究表明对批判性阅读和数学的速度要求适中，写作增加 10 分钟是为了保证速度；三是文献资料表明，如果考试具有挑战性和重要性，成绩就不会受到长时间测试的影响（最长可达 6 小时）。大学委员会的实验还证明 4 小时的考试不会降低考生的分数。总之，所有研究结果均表明，新 SAT 的改革影响是正面的。第一，由于新 SAT 增加了写作测试，这一做法具有引导学校和考生重视写作的导向作用。第二，新 SAT 将继续与大学在技能要求上保持一致。第三，新 SAT 将继续保持与中学学习课程的一致。第四，新 SAT 将继续强调培养学生知识以外能力的重要作用。

(9) 新 SAT 改革的目的和意义。① 强化考试的评价功能和选拔功能。就考试功能而言，应用考试手段的首要目的是按规定的目标对应试者的知识

① http：//www.collegeboard.com：2004-12-05.

和能力进行评价与鉴定。通过考试对应试者的知识水平和运用知识的技能的高低进行区分，用等级化或数量化来表示被试者的等级或分数的差异，并以此作为选拔人才的重要依据。然而，怎样才能比较全面而客观地测量一个人的知识水平和能力，却是一个相当复杂的问题，是考试界孜孜以求的目标。新 SAT 在此方面进行了不懈的努力。SAT 的此次改革有着明确的目标，其对学生能力的测试主要围绕中学课程展开，旨在提高测试内容与中学课程和教学实践内容的一致性。而且，与以往不同的是，此次改革不仅提出要测试学生应用中学所学知识的能力，而且明确提出要测试学生进大学后解决问题的能力。由此可见，此次改革的目的，是要增强对中学教育的评价作用和高等教育的人才选拔作用，更为有效地提高新 SAT 的评价和选拔效率。因此可以说，本次改革在更大限度地实现考试价值的道路上又迈出了新的一步。② 有效发挥考试的教育导向功能。考试制度反映一个国家学制和教育制度的性质，又作用于一定的教育。严格的考试制度可以对教育秩序、教学质量和教学目标的完成等起到规范的作用；考试的方法、内容等直接影响着中等学校的课程、教学方法、教学内容等。正是由于考试的性质决定了考试对教育具有导向功能，新 SAT 增加了写作技能测试，其目的是更好地帮助大学在录取学生和决定学生入学后所学专业方面作出正确的选择，并以此方式强调写作的重要性。也许美国大学委员会希望通过这一做法引导中学重视对学生写作能力的培养。③ 有效发挥连接中等教育和高等教育的纽带作用。大学入学考试是连接高等教育与中等教育的桥梁，它既对中等教育的质量、学生学业水平起到检验作用，又对统一中等教育质量起到准绳作用。通过大学入学考试，学生可以顺利地实现从中学到大学的过渡。新 SAT 新增加的写作技能测试就是要在测试学生在中学所学技能的同时，更好地帮助大学在录取和决定学生入学后的专业时作出选择，因而新 SAT 更有效地发挥了连接中等教育和高等教育的纽带作用。

总之，新 SAT 实施后，它的评定功能、选拔功能、教育导向功能以及连接中等教育和高等教育的纽带作用都会进一步彰显[1]。

（二）美国大学入学考试

除 SAT 考试之外，另外还有一个全国性的大学入学标准化测验——美

---

① 唐滢：《超越自我，追求卓越——美国“新 SAT”（nSAT）介述》，《湖北招生考试》2005 年第 4 期，第 61～64 页。

国大学入学考试（ACT）。这一测验是从 1959 年美国高校测试中心成立以后开始实施的，它在大学中也享有很高的信誉。一些中西部、西部边远地区和东南部的私立学院和全国多数公立大学都要求入学申请人参加这一测验。现在每年有 100 多万人参加此项测验，其作用与 SAT 相同，在许多情况下可以与 SAT 互相替代。

1975 年的“美国高校测验纲要”阐明了这一测验的目的，即帮助学生了解自己的能力与兴趣类型，了解自己今后需要受何等教育；测验为中学和大学指导学生提供可靠的、综合性参考资料；测验还评价学生的学习能力和课外活动能力；向大学提供学生的中学成绩，供设置课程和分班参考等。

ACT 考试包括语文、数学、社会研究和自然科学四个部分。语文测验学生对语言的基本知识和技能的掌握程度，有 80 道题，要求考生在 40 分钟内完成；数学考查学生基本的推理能力和解决实际数学问题的能力；社会研究阅读测验学生对基本概念、基础知识和研究社会问题的方法的掌握程度；自然科学考查的是学生进行一般科学研究所需要的分析、推理和解决问题的能力，强调测验学生的假设能力和对科学报告的分析评价能力。各科满分为 36 分，27 分就算较好成绩①。

除了上述高校入学测验外，美国大学在招生中使用的测验还有心理学公司（Psychological Corporation）的大学资格测验（College Qualification Tests）、教育考试服务中心的中学与高校能力测验（School and College Ability Test）、俄亥俄州州立大学的心理测验、俄亥俄大学协会的 21 项测验（Form 21 of Ohio College Association）和科学研究协会的大学分班测验等。除心理方面的测验外，这些测验所要达到的目的和测量的项目与上述高校入学测验大体相同，但使用的范围远不及它们广泛。

第三节　高校招生实践

高校的招生是一个错综复杂的过程，学生首先要决定向某一所或几所高校提出申请，高校在收到申请后要决定是否录取该生，如果高校决定录取该生了，学生还要决定是否到该校报到，这其中涉及申请、录取及注册等问

① 韩家勋、孙玲：《中等教育考试制度比较研究》，人民教育出版社，1999 年，第 94～104 页。

题。这一过程之所以复杂，是因为它涉及许多因素，比如高校的招生政策、学生和家长对高校的了解、各高校的收费及财政资助、入学要求等。在一般情况下，大学会先决定他们准备录取的学生人数，他们最终录取的人数也基本与该人数吻合。但是，一所大学却很难预测他们录取的学生中到底有多少人会来报到。

表 3-12 统计了 1992 年接受调查的 1 934 所高校秋季首次入学的人数。共计有 1 864 984 名学生在这些高校中注册，其中 1 017 165 人在两年制公立高校注册，50 162 人在两年制私立高校注册；518 418 人在四年制公立高校注册，279 239 人在四年制私立高校注册。和 1985 年的调查结果一样，大多数学生进入了两年制公立院校（1985 年为 51%，1992 年为 54%）。1992 年秋季首次招收的学生中只有 3%在两年制私立高校注册（1985 年为 30%），1985 年和 1992 年有 15%的学生在四年制私立高校注册。这些百分比和大学委员会的年度调查结果是一致的。

表 3-12　1992 年受调查院校的秋季首次注册人数统计　　单位：人

分类	两年制公立	两年制私立	四年制公立	四年制私立	总和
总数	1 017 165	50 162	518 418	279 239	1 864 984
男性	402 976	22 262	209 816	119 583	754 637
女性	492 527	27 334	231 200	136 217	887 278
小计	895 503	49 596	441 016	255 800	1 641 915
美洲印第安人	8 910	792	3 702	1 145	14 549
亚裔美国人	25 688	724	24 735	13 082	64 229
黑人	83 232	4 936	39 650	16 128	143 946
西班牙裔美国人	59 236	1 363	23 554	10 708	94 861
白人	551 740	32 470	299 336	167 457	1 051 003
国际留学生		1 337	6 841	9 511	17 689
其他	9 577	726	4 924	8 129	23 356
小计	738 383	42 348	402 742	226 160	1 409 633

资料来源：Hunter M. Breland, et al, Challenges in College Admissions: A Report of a Survey of Undergraduate Admissions Policies, Practices, and Procedures, Pier Publications, 1995, p. 84。

表 3-13 是关于 1985 年和 1992 年四年制高校的申请率、录取率和注册率的情况。1992 年参加调查的高校招收的学生比 1985 年的多，但实际注册

人数却比1985年的少。四年制公立高校的注册率从1985年的55%降到1992年的44%，私立高校则从45%降至38%。这一结果与大学委员会的调查结果一致，大学委员会的调查结果是：公立高校的注册率从56%降为44%，私立高校从47%降为39%。

表3-13 1985年、1992年按性别和民族（种族）统计的四年制高校申请率、录取率、注册率

高校类型	申请率（%）		录取率（%）		注册率（%）	
	1985年	1992年	1985年	1992年	1985年	1992年
四年制公立						
总数	2.5	3.2	72	68	55	44
男性	—	3.2	—	65	—	44
女性	—	3.2	—	70	—	44
美洲印第安人	2.0	2.8	76	69	64	50
亚裔美国人	2.9	4.5	66	64	51	36
黑人	2.6	4.0	65	58	59	44
西班牙裔美国人	2.3	3.8	69	64	61	42
白人	2.5	3.3	72	69	55	43
国际留学生	—	5.3	—	48	—	40
其他	4.7	4.3	61	63	35	35
四年制私立						
总数	3.6	3.9	62	68	45	38
男性	—	4.2	—	64	—	37
女性	—	3.8	—	69	—	37
美洲印第安人	2.3	3.2	63	66	66	49
亚裔美国人	4.5	5.1	48	56	45	33
黑人	3.3	4.3	61	63	49	36
西班牙裔美国人	3.5	4.1	59	65	48	36
白人	3.6	4.0	60	68	45	36
国际留学生	—	6.3	—	42	—	38
其他	4.8	6.7	46	55	45	29

注：表中1992年统计数据出自四年制高校调查问卷中第22个问题。

资料来源：Hunter M. Breland, et al, Challenges in College Admissions: A Report of a Survey of Undergraduate Admissions Policies, Practices, and Procedures, Pier Publications, 1995, p. 88。

注册率的下降可能是由于申请率的提高导致的，因为学生申请的大学越多，去某所大学报到的可能性就越小；也可能与录取率的上升有关，因为如果一所高校的录取率提高了，该高校的教育质量就可能会下降，学生去该高校报到的可能性也会减小。表 3-13 试图通过比较 1985 年和 1992 年的申请率、录取率及注册率来验证这两种可能性。

从表 3-13 可见，无论是公立高校还是私立高校，申请率和注册率的关系都是呈逆向变化的。公立高校的申请率从 2.5％上升至 3.2％（增长 28％），注册率从 55％下降到 44％（下降 20％）。私立高校的申请率从 3.6％上升至 3.9％（增长 8％），注册率从 45％下降到 38％（下降 16％）。

对不同族群的情况研究表明，申请率和注册率的逆向关系更为清楚。如表 3-13 所示，在公立高校中亚裔美国学生和西班牙裔学生的申请率在 1985 年至 1992 年间处于增长状态，但注册率却比其他族群的都低。亚裔美国学生的申请率从 2.9％增加到 4.5％（增幅 55％），但注册率却从 51％下降到 36％（降幅 29％）。西班牙裔学生的申请率从 2.3％增至 3.8％（增幅 65％），注册率从 61％下降至 42％（降幅 31％）。申请率和注册率间的逆向关系在进行调查的几年间也被观察到了。在 1985 年和 1992 年的两次调查中，无论是在公立高校还是在私立高校中，美洲印第安学生都拥有最低的申请率和最高的注册率。亚裔美国学生则有最高的申请率和最低的注册率。

第二种可能性是注册率的下降和录取率有关。但这一可能性还没有得到证实。公立高校的录取率在下降而私立高校的录取率却在上升，注册率在公立高校和私立高校中都在下降。在一些特殊领域里（例如私立院校的黑人学生）录取率几乎没有什么变化，而注册率实际上是下降的。

表 3-14 是大学委员会的《年度调查报告》中自 1982 年至 1992 年的 10 年间关于申请率、录取率、注册率的数据，可以帮助我们全面地了解这三个方面的情况。由此表可见，四年制公立高校的注册率从 1982 年的 58％下降为 1992 年的 44％，四年制私立高校中该比率也从 48％下降为 39％。公立高校和私立高校中学生的申请率在 1982 年至 1992 年间呈现稳定增长的态势。公立高校的录取率呈现先增后降的态势，而私立高校则呈现先降后增的态势。这一时期的调查数据显示，注册率和申请率之间呈反向关系，而注册率和录取率之间则没有关系。从前面的分析看，很难得出录取率和注册率之间有什么关系的结论，即使在个别高校中这两者之间也许有关系。最有可能的情况

是，几年后，当大学的形象由于录取率低而降低时，录取率和注册率之间才会被认成具有相关性。注册率显然与申请率之外的其他因素有关，比如经济条件、就业机会、征兵、大学的招生实践、财政资助的提供、学费及入学后的后续活动等，都会影响注册率。但是在对所有因素进行分析后，我们发现不断上升的申请率也是引起注册率下降的一个原因。

表 3-14　1982 年—1992 年四年制高校的申请率、录取率、注册率

高校分类及年份	申请率（%）	录取率（%）	注册率（%）
四年制公立			
1982	2.4	70	58
1983	2.4	72	56
1984			
1985	2.4	73	56
1986	2.7	68	54
1987	2.9	65	52
1988	3.1	64	50
1989			
1990	3.2	66	48
1991			
1992	3.4	68	44
四年制私立			
1982	3.3	64	48
1983	3.3	64	48
1984			
1985	3.4	62	47
1986	3.5	62	47
1987	3.7	60	45
1988	3.9	59	44
1989			
1990	3.9	64	41
1991			
1992	3.9	65	39

注：表中统计数据出自 1982 年至 1992 年大学委员会高校年度调查中的数据。

资料来源：Hunter M. Breland，et al，Challenges in College Admissions：A Report of a Survey of Undergraduate Admissions Policies，Practices，and Procedures，Pier Publications，1995，p. 90。

第四节　收费及财政资助

一、高校的收费

20 世纪 80 年代以来，由于美国财政紧缩和政府拨款的减少，美国的高校普遍实行了收费政策，这一政策的理论依据是教育经济学家约翰·斯通提出的成本分担理论。收费政策常常是影响高校招生和入学的直接因素。美国各高校的收费没有全国统一的标准，主要是根据本州的政治、经济、文化状况以及州高等教育的政策而确定的，各高校的差异很大，这是美国高校收费政策的特点之一。总的情况是私立大学比公立大学收费高，名牌大学比一般大学收费高，州外学生比州内学生收费高。以 1995 学年—1996 学年为例，7%的四年制院校的收费标准超过了 18 000 美元，而约 49%的院校的收费却低于 4 000 美元①。但同类学校的学费相差则不大，比如美国一流私立大学的学费，以 2003 学年—2004 学年为例，纽约大学为 39 406 美元，普林斯顿大学为 36 709 美元，哈佛大学为 37 928 美元，麻省理工学院为 38 100 美元，这些学校学费的年增长率为 4.1%～6.3%②。美国各高校收费的这种差异性，是其高等教育多层次、多类型特点的另一种表现形式；学费一直保持上涨趋势，高额收费是美国高校收费政策的又一大特征。美国的高校收费属于“市场型”，因为美国经济学家认为学生接受高等教育是人力资本投资的过程，因而很强调受教育者个人的投资义务，他们必须缴纳一定数量的学费才有资格入学。据美国联邦教育部统计中心 1994 年公布的《美国 1993 年教育状况》显示，公立高校的学费已从 1980 年占家庭人均收入的 10%上升到 1991 年的 14%。1989 学年—1990 学年，四年制公立高校的生均学费为 2 217 美元，各种杂费为 7 148 美元；四年制私立高校的生均学费更是高达 9 072 美元，总费用约为 13 955 美元③。据美国大学委员会的年度报告统计，

---

① NCES, Digest of Education Statistics, 1998, p. 11.

② 吴玉厚：《美国私立大学本科生学费的特点及启示》，《沈阳建筑大学学报》2005 年第 1 期，第 1～2 页。

③ 李志德、沈红：《美国高校收费对学生就学的影响》，《兵工高教研究》2001 年第 2 期，第 12～17 页。

美国2004年公立大学的学费以10.5%的均势不断攀升，已经达到了十年来的第二次高峰，2003年学费上涨了13%，其增长率高于通货膨胀率的3倍，是近十年来的最高峰。2004年美国的通货膨胀率高达2.5%，面对恶劣的财政形势，私立大学和社区学院的学费也随之上涨，涨幅分别为6%和9%①。另据中国驻美国休斯敦总领事馆教育组提供的数据，美国公立大学的学费1999年—2001年涨幅为4.6%，2000年—2002年为7.15%，2001年—2003年为9.1%，2003年—2004年的涨幅则高达13.9%，这一数据与美国大学委员会最新年度报告公布的数据稍有出入②。

表3-15　美国大学2002年—2003年和2003年—2004年学费比较

单位：美元

种类 \ 年份			2002—2003	2003—2004	涨幅（%）
本科	本州公民	四年制公立大学	4 116	4 688	13.9
		全美州立大学协会院校	3 669	4 182	14.0
		全美州立及赠地大学协会院校	4 391	4 990	13.6
	非本州公民	四年制公立大学	11 391	12 705	11.5
		全美州立大学协会院校	9 853	10 933	11.0
		全美州立及赠地大学协会院校	12 341	13 793	11.8
硕士	本州公民	四年制公立大学	5 042	5 691	12.9
		全美州立大学协会院校	3 909	4 520	15.6
		全美州立及赠地大学协会院校	5 515	6 183	12.1
博士	非本州公民	四年制公立大学	5 248	5 896	12.3
		全美州立大学协会院校	4 076	4 670	14.6
		全美州立及赠地大学协会院校	5 674	6 341	11.8

资料来源：杨福玲、查卫平：《美国学费上涨解析》，《中国高等教育》2004年第10期，第45～46页。

学杂费收入在高校的财政经费中占有相当高的比例，在其财政收入中有重要地位。1991年，全美高校的学杂费收入占总收入的34%，其中公立高校的学杂费占全部财政收入的20.9%，仅次于州和地方拨款的49.6%；而私立高校的学杂费收入则是其最大的收入，占学校全部财政收入的57.7%，

① http://www.nytimes.com/2004/10/20education:2004-11-04.

② 杨福玲、查卫平：《美国学费上涨解析》，《中国高等教育》2004年第10期，第45～46页。

州和地方拨款仅为 10%①。宾夕法尼亚大学是全国高校排名前 5 名的学校，它在 1993 年的财政直接收入为 8 亿美元，1998 年为 11 亿美元，2003 年为 17 亿美元，其中仅学费和食宿费的收入就分别为 2.56 亿美元、3.50 亿美元和 4.86 亿美元，占学校当年直接财政收入的比例分别为 32%、32%和 29%。

美国教育协会对 2004 年的学费情况进行了研究，认为学费上涨的主要原因是：① 各州减少了对高等教育的拨款。2002 年度—2003 年度，全美有 15 个州削减了高等教育的预算，22 个州减少了高等教育拨款，15 个州的学生资助持平或减少，49 个州提高了学费以填补亏空。各州对高等教育的投入平均减少 4%，最多的达 26%。② 经济的持续低迷和缓慢复苏使私立高校的各种收入和资金来源减少，促使私立高校提高学费。③ 教育成本增加。为满足教学和科研的需求，学校要不断增添新的教学资源和设备等，而这些物资的价格也在不断攀升。④ 为争夺生源，各高校不断增加对学生的资助，2002 学年—2003 学年，各高校为学生提供的各种资助已占全部学生资助的 20%。⑤ 联邦政府规定的各种项目使各高校负担过重。除消费品安全委员会和联邦贸易委员会外，联邦政府的很多机构都对大学实施管理，致使高校的负担过重，不得不增加学费。1998 年，斯坦福大学估计，每 1 美元的学费中，有 7.1 美分用于联邦政府规定的工作事项②。

学校和政府都采取了一些对策来控制学费的上涨，努力降低教育成本，力求为本州和社区提供居民能够承受的高等教育。学校的措施包括减少员工，减少课程和招生，撤销某些专业和系科，延期招生，撤销、合并校内机构等。

由于联邦政府和州政府通过政策和拨款对高校实行宏观调控，它们对高校的学费政策有很大的影响，因此美国大学委员会认为联邦政府和州政府也应该对学费问题采取相关措施，比如，政府应该为学生及其家长提供更多、更详细的信息，让他们了解学费上涨的比例、各高校采取的措施及效果；鼓励高校将学费的上调控制在一定范围内，对 3 至 5 年内将学费控制在政府规定的范围内的高校，政府将免除某些规定项目的收费；教育部应该制定高校规定性收费的最高标准和最低标准，并提交国会审议等。

---

① 李志德、沈红：《美国高校收费对学生就学的影响》，《兵工高教研究》2001 年第 2 期，第 12～17 页。

② 杨福玲、查卫平：《美国学费上涨解析》，《中国高等教育》2004 年第 10 期，第 45～46 页。

二、高校的财政资助

美国高校的学生资助政策源于哈佛大学。1643 年莫尔松女士出资 100 英镑在哈佛大学设立了美国第一笔奖学金。以 1919 年纽约州的大规模综合性资助计划为标志，美国各州的学生资助项目纷纷登场。1944 年，联邦政府的退伍军人法案出台，联邦政府开设学生资助项目，随后出现了配套的“基本教育机会奖学金”、“校园工读计划”和“担保学生贷款”等措施。

美国的学生资助具有以政府为主，社会支持，易于操作，独具体系，资助机构多层次，资助来源多元化，资助性质多样化和资助项目品种数目繁多等特点。据美国《高等教育纪事》1999 年度—2000 年度统计报告，1999 年美国人口 2.7 亿，各类高校 4 096 所，各类注册大学生 14 367 520 人，其中本专科生 12 326 948 人。1998 年度—1999 年度，大学生资助总金额为 641.24 亿美元，其中联邦政府资助 457.7 亿美元，占总金额的 71%；州政府资助 39.66 亿美元，占总金额的 6%；学校和其他奖学金 122.09 亿美元，占 19%；私人贷款 19.79 亿美元，占 3%①。

《调查报告》对学生资助进行了详细的调查。由表 3-16 可见，根据 1992 年的调查，大约四分之三的四年制大学、一半的两年制公立大学和不到五分之二的两年制私立大学为已被录取的申请者提供无条件的奖学金。1979 年至 1992 年间，除了两年制私立大学外，其他大学对各类学生提供财政资助一直处于上升状态，38%的大学给学生提供一揽子财政资助计划。1992 年提供给少数民族学生的财政资助比 1979 年或 1985 年都有较大幅度的提高。各类学生群体从大学提供的各种奖学金或财政资助计划中受益匪浅。78%的公立大学和私立大学为学习成绩优异的学生提供奖学金。67%的四年制公立大学、44%的四年制私立大学、34%的两年制公立大学、21%的两年制私立大学为体育特长生提供财政资助。63%的四年制公立大学、43%的四年制私立大学、31%的两年制公立大学、13%的两年制私立制大学为少数民族学生提供财政资助。从 1979 年、1985 年和 1992 年三次对四种类型的大学所做的调查来看，体育特长生比少数民族学生更容易获得财政资助。然而，越来越多的大学增加了对少数民族学生的财政资助，而对弱势群体学生提供的财政

---

① 《美国〈高等教育纪事〉1999—2000 年度统计报告》，《国外高等教育快讯》1999 年第 4 期。

资助比例则稍有下降（从 1985 年的 28%降到 1992 年的 26%）。按照美国地域分布招生的学生比例从 1985 年的 20%降到 14%，学业优异学生的比例从 69%降到 66%。从 1992 年开始，17%的国际交流学生和 15%的残疾学生得到财政资助。国际交流学生从四年制大学比从两年制大学得到财政资助的可能性大两倍，而残疾学生在公立大学比在私立大学更有可能获得财政资助。

1992 年两年制私立大学学生要求的平均资助金额为 2 424 美元，四年制公立人学为 1 449 美元，四年制私立大学为 1 767 美元。当接受调查的院校被问及一年级学生的要求完全得到满足的百分比和没有得到助学金的学生所需要的金额平均还差多少美元时，56%的学生反馈他们的经济需要已经得到充分满足。其中，两年制大学的学生中只有 43%的学生的需求得到满足，四年制私立大学的该比例为 65%。

表 3-16 1979 年、1985 年和 1992 年向已录取学生提供财政资助的高校的比例（%）

高校类型 / 项目	两年制公立			两年制私立			四年制公立			四年制私立			所有高校		
	1979 年	1985 年	1992 年	1979 年	1985 年	1992 年	1979 年	1985 年	1992 年	1979 年	1985 年	1992 年	1979 年	1985 年	1992 年
无条件奖学金	31	50	51	43	39	37	60	86	74	61	77	78	51	66	65
财政资助一揽子计划	21	32	30	25	35	26	27	57	34	47	60	48	34	47	38
运动员	31	32	34	31	23	21	63	72	67	45	46	44	45	45	43
少数民族/种族	18	23	31	15	14	13	32	60	63	29	37	43	26	34	40
弱势群体学生	18	23	27	15	17	14	23	45	33	24	28	24	22	28	26
没有特殊学术才能的学生	28	28	27	35	19	23	53	59	54	41	44	46	40	39	39
有特殊学术才能的学生	36	54	53	54	42	35	72	86	78	71	79	78	61	69	66
美国不同地理区域的学生	9	14	9	9	16	7	13	27	18	14	22	18	12	20	14
国际留学生	_a	_a	7	_a	_a	8	_a	_a	19	_a	_a	27	_a	_a	17
残疾学生	_a	_a	20	_a	_a	7	_a	_a	16	_a	_a	10	_a	_a	15
对调查作出回应的院校数（所）	401	745	705	81	218	169	333	413	366	648	827	784	1 463	2 203	

注：a：不包含在 1979 年和 1985 年的调查中。

资料来源：Hunter M. Breland，et al，Challenges in College Admissions：A Report of a Survey of Undergraduate Admissions Policies，Practices，and Procedures，Pier Publications，1995，p. 118。

此外，《调查报告》还就财政资助对招生及注册的影响进行了详细的调查（见表 3-17）。

四年制大学在调查中被问及财政资助在招生中的作用与五年前相比是增大、减弱还是保持原状时，58%的四年制大学、64%的私立大学和 43%的公立大学认为财政资助对招生的作用在增大，只有 4%的四年制大学认为作用在减弱。

表 3-17　财政资助在招生中的作用（1980 年—1985 年，1987 年—1992 年）

发展趋势及年份	两年制公立		两年制私立		四年制公立		四年制私立		所有高校	
	数量	比例(%)	数量	比例(%)	数量	比例(%)	数量	比例(%)	数量	比例(%)
减弱										
1980—1985	23	3	7	3	16	4	29	4	75	3
1987—1992	_a	_a	_a	_a	11	3	32	4	43_b	4_b
保持原状										
1980—1985	364	50	114	53	187	46	291	36	956	44
1987—1992	_a	_a	_a	_a	179	54	238	32	417_b	38_b
增大										
1980—1985	339	47	93	43	199	50	492	61	1123	52
1987—1992	_a	_a	_a	_a	142	43	486	64	628_b	58_b
	数量	平均变化	数量	平均变化	数量	平均变化	数量	平均变化	数量	平均变化
财政资助在过去 5 年招生中作用的平均变化（1987—1992）	_a	_a	_a	_a	332	0.40	756	0.60	1 088	0.54

注：此表中百分比的统计以回答问题的所有高校的总数为基准。

a：不包括在 1992 年对两年制院校的问卷中。

b：仅指四年制院校的总数及百分比。

资料来源：Hunter M. Breland, et al, Challenges in College Admissions: A Report of a Survey of Undergraduate Admissions Policies, Practices, and Procedures, Pier Publications, 1995, p. 114。

1992 年的调查表明，91%的两年制公立大学认为，学生在考虑教育费用的时候，比前五年更有可能选择两年制大学而不是四年制大学。63%的两年制私立大学对此表示认同。接受调查的各类大学中有 86%的大学表示，由于入学在提供财政资助之前，因此学生对财政资助的需要并不影响他们的入学决定。三分之二的四年制大学、50%的两年制公立大学和三分之一的两年制私立大学为学生无偿提供助学金。半数以上的大学表示，在过去的五年里，无偿助学金（no-need awards）的金额已经发生变化，这种变化主要是上升而不是下降。从 1979 年到 1985 年，为不同群体学生提供无偿助学金和财政资助的大学的比例不断增加。从 1979 年到 1992 年，这个比例仍然保持相对稳定，但从 1985 年到 1992 年有所降低。而对少数民族学生的资助则保持相当稳定的增长。

总体而言，各高校表示，平均只有 56%的一年级学生能够完全得到他们所需的助学金，两年制公立大学达到此标准的学生的比例为 43%，四年制私立大学为 65%。1992 年，各种类型院校的学生获得助学金的平均比例因校而异，两年制公立大学的比例为 43%，四年制私立大学高达 65%。此外，高校所能提供的助学金和学生需要的助学金的数额之间有差距。1992 年，两年制公立大学和两年制私立大学学生所需助学金金额分别为 2 424 美元和 1 962 美元，但大学所能提供的平均助学金为 1 847 美元。四年制公立大学和四年制私立大学学生所需金额与院校所能提供的助学金之间的差额分别为 1 449 美元和 1 767 美元①。

贷款中的违约率也是研究者们关注的问题。随着学生贷款在学生资助中所占的比例越来越大，学生贷款的违约现象也日益凸现。为此，美国政府采取了一系列的措施来加强对学生资助的管理，其中最主要的措施之一是美国教育部的“最大违约率”政策，此政策规定，一所高校连续 3 年或 3 年以上学生贷款违约率在 25%以上，将取消其享有联邦家庭教育贷款、联邦直接学生贷款和佩尔助学金的资格；如果一所高校一年中学生贷款违约率在 40%以上，将取消其享受“四大助学项目”的资格。1996 年有 20 所高校因高违约率而被取消了享受一些学生贷款项目的资格，其中有些黑人学院和部落学院由于高违约率而被取消了享受“四大助学项目”的资格②。通过这些措施，近年来美国学生贷款的违约率有所下降。由图 3-3 可见，学生贷款的

---

① Hunter M. Breland, et al, Challenges in College Admissions: A Report of a Survey of Undergraduate Admissions Policies, Practices, and Procedures, Pier Publications, 1995, p. 132.

② Stephen Burd, Default on Student Loans Falls for Six Consecutive Years, Chronicle of Higher Education, 1998, p. 57.

违约率从 1990 年的 22.4%降至 1996 年的 9.6%，下降了 12.8 个百分点。从 1990 年—1996 年7 个年份来看（见表 3-18），依高校类型分，违约率最高的是营利性私立高校，其次是公立两年制高校、私立两年制高校、公立四年制高校和私立四年制高校。研究证明，违约率与学生自身及其家庭的经济状况有关。

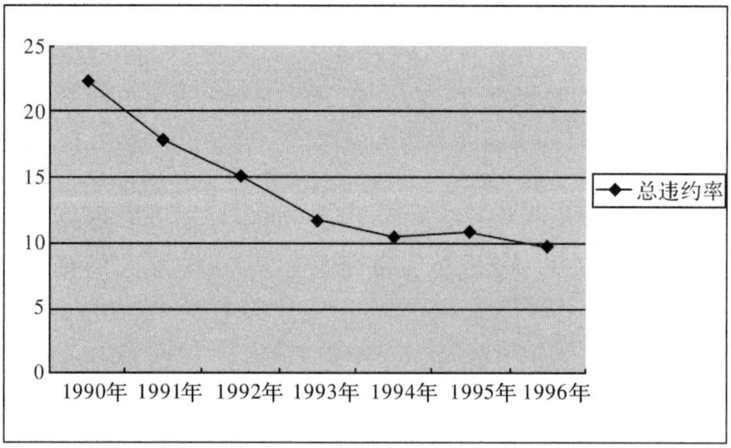

图 3-3　1990 年—1996 年各类高校学生贷款的总违约率（%）

资料来源：根据表 3-18 相关数据绘制。

表 3-18　1990 年—1996 年各类高校学生贷款的总违约率（%）

年份＼学校类型	营利性私立高校	公立四年制高校	公立两年制高校	私立四年制高校	私立两年制高校	总违约率
1990	41.2	7.0	17.2	6.5	18.5	22.4
1991	36.2	6.6	14.8	5.9	14.9	17.8
1992	30.2	7.0	14.5	6.4	14.3	15.0
1993	23.9	6.9	14.5	6.2	13.5	11.6
1994	21.1	6.8	13.8	6.3	13.5	10.4
1995	19.9	7.1	14.2	6.9	14.4	10.7
1996	18.2	7.0	13.2	6.5	14.0	9.6

资料来源：根据 ED，1997a and 1997c，Chronicle of Higher Education，1998 数据整理。

第四章　美国高校招生考试制度个案研究

要全面把握美国高校招生考试制度的精髓，就不仅要研究其共性问题，还要研究其个性特征。本章仍将聚焦高校的招生理念及政策、高校招生机构及其运作、招生及入学情况、收费、财政资助政策及实践、入学考试机构、主要的大规模入学考试等问题，考察美国高校的个体特征。

美国的高校主要实行三种类型的招生政策：高选拔性政策、一般选拔性政策和开放性政策。根据以上分类和高校实施的不同类型的招生政策，本章中针对每种类型我们各选择了两所大学作为个案来研究美国高校的招生政策及其实践。美国对各高校招生政策属于哪种类型并没有明确的划分标准，主要是看该校录取率的高低和对申请者 SAT/ACT 成绩以及年级平均成绩(GAP) 的要求是否严格而决定的。根据 1995 年出版，由美国学院注册主任及招生官员协会、美国高校测试中心、大学委员会、教育考试服务中心和国家大学入学顾问联盟五个组织共同完成的关于美国高校招生政策、实践和过程的调查报告《大学入学面临的挑战》，按录取率将大学分为四类：≤50%，50%～80%，80%～95%，≥95%。参照此分类法，本章将录取率≤50%的大学划分为高选拔性高校，录取率为 50%～80%的划分为一般选拔性高校，80%以上的划分为开放性高校。

第一节　高选拔性高校案例

我们选择哈佛大学（Harvard University）和达特茅茨学院（Dartmouth College）作为实行高选拔性招生政策的大学案例，首先是因为这两所大学录取率均低于 50%，竞争性很强，符合上文提到的高选拔性高校的原则；其次是因为这两所高校在 2000 年版的卡内基高校排名中均位居前列，且均有很高的入学成绩要求，属高选拔性高校。此外，哈佛大学是世界公认的著名私立大学，享有很高的学术声誉，拥有大批优秀毕业生，在高选拔性高校中属于竞争很激烈的大学。而达特茅茨学院历史上发生过许多重大事件，对美国高等教育的发展和高校的招生都产生过较大影响，在高选拔性高校中属于竞争性稍弱的大学。

一、哈佛大学[①]

（一）哈佛大学 2005 年招生简章

1. 申请条件

哈佛大学致力于从广泛的背景中选拔那些有才能的学生，致力于招收对象的多样性，哈佛大学的大门永远向有才能的学生开放。无论学生的家庭经济状况如何，该校根据学生个人的成绩和志愿进行录取。任何学生只要需要，都可以得到必要的财政资助。哈佛大学的申请者必须出具能证明其才能、兴趣、学习动机和个性的中学证明。

2. 申请办法

（1）申请费为 65 美元，可以支票、汇款的方式支付，也可以使用银行卡在线支付。另外，应在支票或汇票上写明申请人的名字，并在普通申请表的首页上签字。如果要免费申请，需让升学顾问在普通申请书的首页上附一份书面请求。

（2）提交 SAT-Ⅰ或 ACT 以及 SAT-Ⅱ三门考试的正式成绩报告。哈佛大学的 SAT-Ⅰ和 SAT-Ⅱ的代码为 3434，ACT 的代码为 1840。考生只需在考试系统中填入代码，ETS 将会把成绩单速递到对应的大学。

（3）尽快向哈佛大学招生办公室提交由中学升学顾问或者大学顾问填写的中学情况报告。于 2004 年 2 月交学年中期报告，并附最新的成绩。

（4）提交两份教师评价报告，报告由两位担任不同课程的、了解申请者的教师完成。

---

① 关于哈佛大学的所有数据和资料均来自以下网站：
http://www. admissions. college. harvard. edu/prospective/applying:2004-12-23.
http://www. admissions. college. harvard. edu/prospective/applying/requirement:2005-01-10.
http://www. ksg. harvard. edu/registrar/tuition-fees. htm:2005-01-17.

如果申请者想对其提交的普通申请书作出修改，须邮寄一封包括申请者的全名、高中校名和需要更改的信息的信件。邮寄此信件时不需要再次呈交申请书。

从提交申请书之日起，假如申请者在四周之内没有收到确认已经收到申请书的通知，可拨打招生办公室电话。

申请材料寄往招生办公室。

3. 录取条件

哈佛大学没有统一的录取标准。完成高中的学业很重要。此外，录取委员会还会考虑申请人的社会交际能力、课外活动情况以及工作经历等。另外，个人的坚强性格、克服逆境的能力及其他品质也是录取时考虑的因素。

申请者的平时成绩和入学考试成绩是哈佛评价其学业成就的依据，但不是唯一的依据。哈佛对申请者的学术能力以及在申请者的资料中并未显示出来的其他特长也同样感兴趣。

教育成本并不是哈佛录取学生的主要依据。数十年来，哈佛大学一直在不断争取吸收不同经济背景的学生。学校有为争取招收和吸引不同学生群体的资助政策。在录取时，哈佛不会考虑学生的经济背景，并会满足每一位有资格申请资助的学生的经济需要。财政资助委员会以奖学金、贷款和勤工助学等形式设立了不同的资助计划，只要提供学生家庭的收入情况和财产证明即可申请资助。

4. 招生形式

（1）提前招生。① 对 2009 届学生的政策。哈佛大学的提前招生政策已经实行了 25 年。提前招生政策是为了实现招生的自主性和灵活性，向申请人表明有被哈佛录取的可能性。被提前录取的学生仍然可以自由地申请其他大学，并可以将自己从哈佛获得的财政资助与从其他大学获得的财政资助进行比较。学生只需要在 5 月 1 日，全国统一答复日（the National Common Reply）前作出选择即可。② 关于提前录取的重要信息。一是在提前招生项目中（无论是提前招生项目还是提前录取项目）已向哈佛大学提出申请的学生，在秋季不能再向任何其他院校申请提前录取，对于违反此规定的学生，哈佛大学将取消其录取资格。但是，这些学生在秋季可以向没有固定的招生时间或提前录取计划的公立大学提出申请；也可以向有中期招生计划，在每年 1 月 1 日后通知录取学生的大学提出申请；还可以向任何进行常规招生的大学、不定期招生的外国大学提出申请。学生在收到哈佛大学提前招生计划的通知（12 月 15 日左右）以后，可以自由地向任何有招生计划的大学提出申请，比如有第二批提前录取招生计划的大学等。二是已被其他大学提前录取的学生不符合哈佛提前招生计划的录取条件，必须撤销向哈佛的申请。③ 提前招生有关事项的时间安排。高中三年级春季，参加 SAT-Ⅰ或 ACT 以及 SAT-Ⅱ三门考试。尽快将普通申请表、哈佛申请表附表和必须支付的申请费用送交哈佛大学（如果可能，请在 10 月 15 日以前递交两份表格）。请确认表格上清楚地填写有“办理提前招生”字样。10 月 23 日是提前招生申请者参加 ACT 考试的最后期限。11 月 1 日（以邮戳日期为准）是提前招生申请的最后截止时间，即提交普通申请表、哈佛申请表附表、个人情况说明表、学校报告和教师评价报告的最后期限（以邮戳日期为准）。所有表格上均需注明“办理提前招生”字样。

假如申请者想采用音乐磁带或 CD、艺术作品的幻灯片、学业成就的样本作为申请材料的一部分来接受哈佛的评估，可以将其直接送交到招生办公室。这些材料将不予返还。11 月 6 日是提前招生的申请人参加 SAT-Ⅰ和 SAT-Ⅱ考试的最后期限。如果要申请哈佛的提前录取，11 月的考试成绩就要按时送交哈佛。此外，只要申请者登记参加 CBT（College Board Tests）（代码是 3434）时将哈佛定为其考试成绩的接受者，那么即使是申请提前录取，申请者也不必再匆忙地将成绩递交到哈佛，因为这样并不会比正常的成绩递交速度更快。截至 11 月 22 日，如果申请者已经申请提前录取，但还没有人联系其与哈佛的校友进行面试，请告知招生办公室。美国和加拿大以外的申请者可以在招生网站的国际面试版面进行面试。12 月中旬是提前录取通知发放时间。次年 3 月 1 日是申请财政资助的最后期限。请打印最新的“学院奖学金服务”（CSS）的“个人情况说明表”和“联邦学生资助申请表”（FAFSA）。哈佛在 CSS 表上的代码是 3434，在 FAFSA 表上的代码是 E00468。如果资助申请者不是美国公民或永久性居民，必须提交哈佛为外国学生设置的“财政情况说明表”以代替 CSS 的“个人情况说明表”和“联邦学生资助申请表”。要了解更多的信息，请查询资助网站（Financial Aid Website）。

(2) 常规招生。对于优秀报考者而言，常规招生有着重要而实际的优点。常规招生申请的最后期限为 1 月 1 日（以邮戳日期为准），报考者有更多的时间来完成大学申请，负责指导升学的顾问也将有更多的时间来了解学生。对于那些打算以在高年级的课外活动中取得的成绩和学习成绩的进步来增强自己的竞争力的学生而言，常规招生显然是更为可取的途径。

（二）哈佛大学 2002 年、2003 年的招生情况

哈佛大学 2002 年、2003 年的招生情况见表 4-1、表 4-2、表 4-3、表 4-4。

表 4-1　哈佛大学 2002 级本科生录取情况　　单位：人

招生类型 / 招生情况	常规招生	提前招生	总数
申请人数	13 484	6 125	19 609
录取人数	895	1 171	2 066
注册人数	638	1 000	1 638

表 4-2　哈佛大学 2003 级本科生录取情况　　单位：人

招生人数 / 招生情况	男性	女性	总数
申请人数	9 439	8 722	18 161
录取人数	1 065	1 003	2 068
注册人数	865	769	1 634

表 4-3　哈佛大学 2003 年招生种族分布情况

种族	百分比（%）
白人	65.1
亚裔美国人	17.4
非洲裔美国人	8.4
西班牙裔美国人	3.0
墨西哥裔美国人	3.6
印第安人	0.8
波多黎各人	1.2
其他人种	0.5

表 4-4 哈佛大学 2003 年录取地区分布情况

区域	百分比（%）
大西洋中部	27.00
新英格兰地区	20.40
太平洋地区	12.90
南部地区	16.50
中西部地区	9.90
山区/中部地区	5.05
美国以外地区	8.30

（三）招生政策

哈佛大学采取平等的招生政策。但哈佛在招生时有一个少数民族本科招生计划。这个计划主要由在校本科生来实施，他们代表非洲裔美国学生、亚裔美国学生、拉美学生和印第安学生对招生计划进行协调，并由他们负责回答有关招生和入学方面的各种问题。

（四）招生机构及其运作

哈佛大学没有设置独立的招生办公室。但是每个学院都设有自己的本科生、研究生、职业教育和继续教育招生办公室，并有专门人员提供本科录取政策、申请程序和校园导航方面的信息以满足学生的需要。此外，学校还有一个本科生招生协会（Undergraduate Admission Council），该协会是一个拥有 50 名成员的学生组织，在希望上哈佛的学生和哈佛大学各招生办公室之间起联络作用，为双方提供信息与帮助。每年 4 月，该协会都要组织 1000 多名准备上哈佛的学生到哈佛大学进行为期 3 天的参观学习。

（五）收费情况

哈佛大学 2004 年度—2005 年度收费情况、学生的开支以及学费支付的方式见表 4-5、表 4-6。

表 4-5 2004 年度—2005 年度哈佛大学收费情况 单位：美元

项目	收费
学费	27 488
医疗费	1 264
学生服务费	1 908
住宿费	4 974

续 表

项目	收费
膳食费	4 286
预计个人开支	2 570
总计	42 490

表 4-6 2004 年度—2005 年度哈佛大学学生开支预算 **单位：美元**

项目	收费
学费	27 448
学生服务费	1 908
医疗费	1 264
住宿费	4 974
伙食费	4 286
个人支出预算（购书和生活用品费用）	2 570
总计	42 450

1. 关于各项开支的说明

学费：用于支付正常的学习课程，一般每学期按四门课程计算。

学生服务费：包括咨询费、社会活动费、学习辅助项目费以及校园安全和建设费用等。

医疗费：用于支付在大学医务部的门诊费用，购买医疗保险。

食宿费：包括在大学里生活的费用，所有学生都应在学校订餐，除非有健康或宗教方面的情况才给予特殊考虑。

个人开支预算：购买书籍、生活必需品的费用以及实验费、购衣和洗衣费、电话费。

其他开支：如消遣、娱乐、医药和本地交通费等，当然这些支出项目依个人爱好和经济情况而定。

2. 学费支付的方式

学校按学期收取学杂费。按照正常的计划，学生应该在每年的 8 月初和 1 月末支付所需费用。也可以选择以下付款方式：一是按月支付。所有家庭均可选择分 8 个月支付学期费用，只需另付很少的服务费。二是提前支付。没有申请到哈佛奖学金的家庭可以选择此方式。该计划可以防止未来的学费增加，采取提前付费的家庭可以按当时的利率提前支付费用。

（六）学生财政资助制度

哈佛大学采取高收费高资助的政策，有着高额资助学生的传统，学校有完善的学生财政资助体系和配套的资助项目。学校在录取学生时并不考虑其家庭经济背景，只要是优秀学生就无条件录取。哈佛大学财政资助办公室承诺向各种收入水平的家庭提供最低保障的资助和资助计划。2004 年，有近 70%的本科生获得了某种形式的资助，另有 48%的学生获得了最低保障奖学金。哈佛大学在对本校的收费和资助情况进行调查的基础上，于 2004 年 3 月出台了学生财政资助的新倡议并制定了 2004 学年—2005 学年学生财政资助细则。

1. 哈佛大学财政资助制度

(1) 哈佛大学对学生财政资助的承诺。“在与你及你的家人的合作中，我们致力于让所有的学生都能接受哈佛的教育。我们会仔细考虑你的家庭财产状况，创建一揽子的奖学金、贷款和勤工助学机会来填补你的支付能力与大学教育的年均花费之间的缺口。哈佛的资助是建立在实际的财政需求之上的，并不以个人的天赋和体育等方面的成就为基础。我们的政策会全面满足学生的资金需要，在决定学生的家庭应该承担的教育费用额度时，我们会考虑各种经济因素，而不仅仅只考虑家庭的收入水平。我们承诺将为所有有志的学生提供必要的经济支持以完成哈佛学业。如果你有资格接受资助，我们将根据你的需要让你得到四年的经济援助。你每年都必须重新提出申请，你所能得到的资助也会根据你的家庭情况和经济能力上的变化而作相应的调整。如果你在大学一年级的时候不够资格申请资助，可以在高年级时重新申请。任何时候你都可以要求重新考虑你的资助申请，尤其是当你的家庭遇到了预想不到的经济问题时。”

(2) 哈佛大学录取和财政资助的原则。① 录取时不考虑经济需求。② 哈佛大学给予的资助是保障最低生活标准，所有被录取的学生以相同的方式来获取得到资助的资格。③ 根据每年从学生家庭获得的信息，哈佛大学可在 4 年中满足申请资助的学生的全部所需。

(3) 资助对象。① 三分之二的本科生可获得某种形式的财政资助，包括外来援助。② 48%的学生可获得总额为 8 000 万美元的满足最低保障的哈佛助学金。③ 大约 20%的家庭收入在 13 万美元以上的学生可以获得最低保障助学金。④ 根据 2004 年的最新措施，收入在 4 万美元以下的家庭不用支付任何费用，收入在 4 万美元到 6 万美元的家庭可减免部分费用。⑤ 34%

的学生可以申请贷款，55%的学生可以在校内工作，还有数百名学生可以在校外工作或在哈佛大学学生处工作。

(4) 申请财政资助的程序。如果学生想申请奖学金、工作和贷款，可以访问 http://fao.fas.Harvard.edu/instruction.htm，查看有关内容的截止日期和详细事项；或者查阅哈佛申请表附页中的《财政资助申请须知》，并提交相关材料。① CSS 个人情况调查表。对前一年的经济状况进行准确评估后，到 http://www.collcgcboard.com 网站上填写 CSS 个人情况说明表。② FAFSA 联邦学生资助申请表。学生可以从自己所在的高中的升学指导办公室（或网站 http://www.fafsa.ed.gov）领取免费申请表，并向联邦当局申请备案，以备审核。学生在提交申请表时要注明哈佛大学招生办公室是审核结果的接受者之一。哈佛大学的联邦代码是 E00468。③ 提交前一年联邦所得税申报表副本。学生及其父母需要提交前一年联邦所得税申报表的完整副本（包括所有清单和 W-2S）。一旦学生提交了简历表，就会收到大学董事会大学档案服务处（IDOC）的信函，指导学生如何提交前一年所得税申报表的副本。④ 父母分居或离婚的情况。如果财政资助申请者的父母已经分居或者离婚，没有监护权的父母一方需要在网上完成一份无监护权的声明。一旦申请者完成了个人情况调查表，并提交给学校董事会，就会收到进一步的指示。申请者要把这些指示传达给自己的父母中没有监护权的一方，向他/她解释学校方面将如何完成这一步骤。他/她需要向 IDOC 提交一份署名的前一年联邦所得税申报表的所有单据的复印件。如果父母的任何一方已经再婚，需要提交的文件中还必须包括配偶一方的收入、财产和居住在同一家庭的被赡养人的情况。无监护权的父母一方的报税单和有监护权的父母一方的信息可以一起寄给 IDOC，也可以分开投寄。同时还要寄上 IDOC 给申请者的信件的复印件。⑤ 商业/农业附表。如果申请者父母中的任何一方是个体户，或是拥有任何规模（份额）的公司或农场，他/她就必须提交一份商业/农业附表，以说明其商业/农业的收入。提交的材料包括最新的所得税申报表及贸易合伙的利润和所有权分配情况等。

(5) 资助项目。“通往大学计划”的设立是为了帮助学生家庭支付在哈佛接受教育的费用。第一，对于那些有资格接受基本资助的学生，校方保证满足他们的全面需要。第二，此计划向所有家庭提供灵活的付款计划和长期的财政资助项目。第三，此计划向所有想工作的学生提供兼职。第四，哈佛提供了无数的研究机会，让所有感兴趣的学生可以在哈佛教师的指导下去开创或参与研究项目。尽管学生家庭的经济状况各不相同，但大多数学生都可以从下列项目中获得基本的资助：① 对学生父母的资助。校方希望学生父母尽可能地为学生完成本科教育提供经济支持。校方会采用国会、大学奖学金服务机构和哈佛资助委员会的规定来分析学生父母填写的表格上的资产信息，以此来决定学生父母应该承担的费用。校方会仔细调查每个家庭的经济情况，关注具体的个人情况，如学生父母的年龄，家庭的人口数，供养几个孩子上大学和研究生，尤其是医疗账单以及其他特殊的支出。哈佛最新的资助倡议是解决学生上大学的经济障碍，为中低收入家庭提供更多的实惠。家庭收入低于 40 000 美元的父母不用再支付子女接受哈佛教育的费用。此外，家庭收入为 40 000 美元～60 000 美元的父母所要支付的费用将平均减少 1 250 美元。② 对学生的资助。学生应该为自己的学习费用承担一定的责任，用自己资产的一部分来支付第一年的部分费用，剩余资产中的一部分也要用于此后几年的费用。此外，学生还要从暑假的工资中最多拿出 1 850 美元用于第一年的学习，接下来的几年也要支付同样的费用。对于学校已证实确有资助需求的学生，哈佛提供的奖学金还包括一个自助项目。2004 学年—2005 学年，这一自助项目的金额有望达到 3 500 美元。学校会仔细审查学生年度借款额和兼职的情况，以保证学生的贷款额不会超出其实际还款能力，也不必每周花费过多的时间去工作。哈佛有三分之一以上的本科生采用贷款来支付教育费用，一半的学生做兼职。在哈佛及其校园附近有许多工作可做，学生们在实验室、图书馆、医院和各种社会机构里工作。最新的资助计划使学生可以减少他们的贷款数额和勤工助学的时间，让他们有更多的时间用于学习和业余爱好，也减轻了他们的债务。（2000 级毕业生平均债务大约为 15 000 美元，而 2003 级选择贷款的学生的平均债务只有 8 800 美元。）这些新的政策将使所有在读的和未来的学生受益。

（6）贷款项目。① 针对父母的贷款计划。对于那些想用更为灵活的方式来支付学习费用的家庭，父母贷款计划可实际减少每个月的现金支出量。父母有两种教育贷款计划可以选择：一是联邦直接助学贷款（PLUS）。每位没有独立生活能力的大学生都可以申请全额学费，但不能再申请任何其他贷款。对申请人没有收入上限的要求，但贷款能否获得批准要看对申请人进行的信用调查的结果。还款期限可以长达 10 年，每月最低还款额为 50 美元。二是 MEFA 贷款。申请的最高额度为全部教育费用，但要减少其他补助金。对申请人无收入上的限制，但要依据对其信用的核查和个人收支情况来决定是否批准贷款。还款期限为 15 年。② 3 500 美元的自助金。获取自助金的方法有三种：一是学生在一周内工作 10 小时到 12 小时即可获得 3 500 美元。二是学生可以通过学生贷款获得全部 3 500 美元的自助金，贷款将直接存入他们的学期账户。三是学生还可采用折中的办法，既工作又贷款以满足自助需要。③ 已经获得最低保障金的学生如何处理外来援助。外来援助将首先用于减少或代替资助中的自助部分。目前已经有 600 名学生因此不再需要工作或贷款。当外来援助超出自助数额的需求时，学校会相应地减去超出的部分。外来援助不可用来取代父母或学生所需支付的费用，因为这些资助是用来满足实际生活需要的。④ 其他。一是基金中的 100 万美元可用作学生和教师的研究经费。二是应家长要求，如果家长的经济情况有所变动，财政资助办公室可以重新评估家长在学年中应该支付的费用。三是获得哈佛奖学金资助的学生同样有资格另行贷款来支付购置电脑的费用。四是获得哈佛奖学金资助但是在国外学习获得学分的学生可申请资助以支付在国外学习的费用。

2. 哈佛大学资助学生的新倡议

“我们郑重强调，哈佛对来自所有经济背景的优秀学生开放，”哈佛大学的校长劳伦斯·H. 萨默斯于 2004 年 2 月 28 日在迈阿密举行的第 86 届美国国会的教育年会上发表演讲时说，“通常，家庭贫困的学生并不相信他们也可以接受大学教育，尤其是常春藤大学联盟的一所成员学校。我们的大门一直以来都在为有天赋的学子敞开，并不考虑经济上的条件，但好多学生并不轻易相信这一点。我们下决心要改变这一认识和现实。”

“有将近一半的哈佛本科生可以享受每年 2 万 4 千美元的助学金，还有三分之二的人可以得到某种形式的资助，”文理学院院长威廉姆·柯尔比说，“这个新倡议将提高我们帮助那些经济困难但成绩卓著的学生的效率。”

劳伦斯·H. 萨默斯校长公布的这项新倡议，是为了鼓励来自中低收入家庭的优秀学生就读哈佛，新倡议主要包括四个方面的内容：

(1) 资助。为了满足 2005 年所增加的资助，哈佛已拨款 200 万美元作为资助基金，本科生的年度奖学金预算因此达到了近 8 000 万美元。预计这个在下一年秋季开始面向所有学生实施的方案将使 10 000 多个家庭（6 600 个本科生）受益。新倡议的核心是，收入低于 4 万美元的家庭不必再交纳学费。目前，收入低于 4 万美元的家长交纳的学费平均为 2 300 美元。根据新的计划，这个数字将变为零。而收入达到 6 万美元的家庭，他们所交纳的费用将降低到平均 1 250 美元。由于奖学金数额增加，大学毕业生的平均贷款负债总额从

1998 届的 14 600 美元减少到了 2003 届的 8 800 美元。而全国大学毕业生的平均助学贷款负债总额接近 20 000 美元，其中还包括公立大学的学生。

(2) 招生。除取消家庭收入低于 4 万美元的学生的学费以外，哈佛还将采取其他措施，招收中低收入家庭的学生来扩展生源，并在入学以后给予他们资助。学院招生办公室正竭力选择并拜访那些可能没想过要选择哈佛的高中学生，让哈佛的校友与这些高中学生进行交流，告诉他们学院将加大力度帮助经济困难的学生。此外，对于这些学生，学校还免收申请费、车旅费，以使他们能够来校参观并决定是否就读。学校还会筹集资金以满足他们必需的书费、冬装费、医疗费和其他额外开支。

(3) 录取与财政资助。哈佛承诺在录取过程中坚持“无视需要”(need-blind) 的录取——哈佛录取学生不考虑他们支付学费的能力，并保证满足那些合乎资助标准的学生的经济需求。哈佛 2004 年的学费是 26 066 美元，包括学费、住宿费、膳食费和其他费用在内的所有花费，共计 37 928 美元。三分之二的哈佛本科生都可以获得某种形式的经济援助。2004 年，哈佛为本科生提供的资助总额近一亿一千万美元。获得助学金的本科生还要在学年内交纳学费中的自助部分（要进入下一年的学习，每个学生必须自付 3 500 美元)。学生可以用校外奖学金来满足这一要求，2003 年有 586 个学生以这一方式完全交清了自己需要交纳的费用。学生也可以在每周工作约 12 小时～15 小时，通过这些工作（包括岗位调查、实习和职业调查机会等）来满足需要。他们还可以选择条件优惠的长期有息贷款。学生应该用暑假收入来支付一部分学费（学生入学即要支付 1 850 美元)。这些灵活机动的资助方式使哈佛的毕业率高达 97%，位居全国之首。

哈佛在录取新生时很重视学生优异的学业成绩、课外活动中的成就、个人素质以及他们在大学乃至一生中能有所建树的潜质。哈佛一直在改进与完善自己的录取政策和经济援助项目，以吸引那些具有丰富人生阅历和睿智观点的各具特色的学生。在大学的第一年，他们共同生活在哈佛密集的住宿区里。尔后，他们在教室里，在众多的课外活动中，在田径运动场上，以及在剑桥和波士顿地区趣味盎然的优美环境中互相交流和学习。具有不同经济背景、国籍、宗教信仰和学术爱好的同学之间互相学习，这一直受到校友们的肯定。他们认为这与哈佛的教育同等重要。哈佛新推出的针对中低收入家庭的资助项目将重申并强调哈佛让所有本科生都能受惠的传统。

(4) 新倡议出台的原因。① 大量最新的研究表明，社会经济因素决定了大学的入学率和毕业率之间有很大的关系。哈佛的新倡议由此产生。家庭经济条件因素决定着哪些学生上大学，上哪所大学，以及他们是否有可能毕业。调查数据如下：第一，在全国范围内，低收入家庭学生的大学入学率远远低于高收入家庭学生的大学入学率。家庭收入高于 80 000 美元的高中毕业生中，十分之九的人会在 24 岁前上大学，而家庭收入低于 33 000 美元的却只占十分之六。第二，一个来自高收入家庭但资质甚浅（以标准测试分数为参照标准）的学生上大学的可能性和那些家庭收入低但资质聪颖的学生一样。第三，在全国最知名的大学中，只有 3%的学生来自低收入家庭，10%的学生来自中等偏下收入水平的家庭，而有四分之三的学生来自高收入家庭。第四，在国内的大学就读需要 5 年时间，40%以上来自高收入家庭的学生能获得学士学位，而低收入家庭的学生却只有 6%能获得学士学位。第五，国家教育统计中心的一份研究表明：来自各种经济背景，特别是低收入经济背景的学生和家长，往往“过分高估”了他们所需要支付的大学教育费用。② 哈佛大学的调查也证实了上述情况的存在。2003 年，哈佛负责招生与资助工作的工作人员对家庭收入低于 50 000 美元的学生进行了一系列的访谈。这些学生中的大部分都是他们所在的高中第一个上哈佛的人。他们说如果没有那么多的外来的干预，他们是绝不可能到哈佛上学的。他们或受到了某位老师的鼓励，或认识了社区里的某位哈佛毕业生。几乎所有受访学生都直言不讳地说，他们会用在暑假和课余时间打工所得的收入来支付拟由父母支付的那一部分学费，因为他们羞于增加家庭的经济负担。大多数人都表示，他们的家庭非常不愿意背负债务，这就不可能过分依赖贷款。很多人谈到了应付日常开支的困难——购买课本、生活日用品的花费，以及名目繁多的学生活动费——特别是与相对富裕的同龄人相比。

3. 2004 学年—2005 学年哈佛大学财政资助情况

在过去的几年中，哈佛大学已采取了三项重大财政资助措施，因此受助的学生的教育欠款不到全国平均教育欠款的一半，并且有更多的时间学习和参加课外活动。各学院长期以来奉行不考虑经济状况的录取承诺和最低保障资助政策，这些计划将继续使来自各种经济背景的学生都有可能接受哈佛大学的教育。

经济资助不仅仅针对最贫困的家庭。去年，获得奖学金的学生的家庭平均收入是 87 000 美元。1 100 余个家庭收入在 10 万美元以上的学生获得了资助。另有 187 个家庭收入在 16 万美元以上的学生也获得了资助，这通常是因为这些家庭有两个以上的孩子在上大学。

在过去的 6 年中，哈佛的年奖学金预算增长了 49%，达到 8 000 万美元，而同一时期的通货膨胀率为 13.5%。哈佛大学 2003 学年—2004 学年本科生获得的财政资助的情况见表 4-7、表 4-8、表 4-9。

表 4-7　助学金资金来源　　单位：美元

资金来源	经费
哈佛大学	68 757 000
联邦政府	6 000 000
外来援助	11 123 000
总计	85 880 000

表 4-8　贷款情况　　单位：美元

项目	经费
父母贷款	13 752 000
哈佛大学贷款	2 228 000
联邦和外援	4 167 000
总计	20 147 000

表 4-9　勤工助学收入　　单位：美元

项目	经费
校内工作	400 000
其他收入	4 000 000
总计	4 400 000

2003 学年—2004 学年，哈佛大学学生财政资助项目的总金额达到 112 027 000美元，近 70%的本科生得到某种形式的资助。2004 学年—2005 学年，人均奖学金数预计将超过 24 000 美元。2004 学年—2005 学年，每份资助（含助学金、贷款、勤工助学等）预计将超过 28 000 美元。2004 学年—2005 学年，哈佛将拨款 1 亿 1 千万美元用于财政资助，其中的 8 000 万美元将直接用作最低保障助学金。

需要说明的是，学校发放的奖学金来自哈佛广泛的资源，包括毕业生及其家庭和社会慈善机构。外援指来源于联邦政府、州政府、学生父母的雇主、企业、市政机构、学校和“国家荣誉组织”的奖学金。外援是额外经济来源，不能用其支付家庭必须承担的费用。

二、达特茅茨学院[①]

（一）申请条件

达特茅茨学院在录取学生时要进行严格筛选，这是因为报考的学生人数多，而且条件都很好。达特茅茨没有固定不变的入学要求。学校认为报考学生的生活环境不同、受过的教育不同是一个优点。因此，达特茅茨在复试过程中采取灵活开放的政策，除了了解考生的教育背景，还要看他的论文、推荐信的内容以及他在面试中的表现。

（二）如何申请

申请人需提交的材料：申请表、个人基本情况介绍、中学成绩单复印件、中学情况报告、标准化考试的成绩、导师推荐信、年中成绩、其他教师推荐信（2份）。其他材料：同学的评价、财政资助申请表。另外，学生还可以自愿选择面试。

申请表包含申请人的基本信息。达特茅茨要求申请人在决定向他们提出入学申请时填写该表。这样，学校就可以将申请人的基本情况输进电脑存档，以便招生办公室快速处理这些材料。

个人基本情况介绍包括个人信息、中学考试成绩、参加过的课外活动、一份简短的自述和一篇一页长的论文。

中学情况报告包括中学的基本情况、评分和排名标准、申请人的成绩单复印件和一封简短的导师推荐信。成绩单包括申请人在中学学习成绩的记录、各个学期的课程名称和考试成绩以及在班上的排名。推荐信由该生的导师、中学校长或学校的其他官员撰写。

成绩单复印件虽然没有明确的学科要求，但达特茅茨希望其申请人选修过以下课程并能提供成绩单：开设四年的英语和数学（通常是微积分）、三年的社会学和实验以及一门至少开设三年的外语。

学校要求申请常规录取和申请提前录取却被延至常规录取的学生出具一份由各自的中学提供的"年中成绩报告"，该报告包括该生近期的课程和考

---

① 关于达特茅茨学院的所有数据和资料均来自以下网站：
http://www.dartmouth.edu/apply/admissions/firstyear:2005-09-20.
http://www.dartmouth.edu:2004-12-23.

试成绩（通常是指第一学期或前 3 个月的学习成绩）。

除导师的推荐信外，达特茅茨还要求提供另外两位教师的推荐信，以便更好地了解学生的个性。推荐信要求提供平均分和考试成绩等信息，同时还要对申请人在班级及学校里的表现作出评价。写推荐信的通常应该是十一年级或十二年级的教师，但这并不是硬性的规定。申请人还可以自愿选择提交本人所在社区的其他成员的信件作为参考，比如教练、顾问、牧师、别的教师或者老板。

同学评价与推荐信相似，目的是展示申请人的个性特点。同学的观点与教师的看法会有所不同。

财政资助申请表是为了让学校了解申请人的财政资助需求。

达特茅茨目前提供两种面试的方式：校园面试和校友面试，目的是为申请人提供信息，为招生委员会提供帮助。这两种面试在招生过程中的分量相同。尽管学校希望学生们都能充分把握面试的机会，可是学校不能对所有学生都进行面试。如果没能参加面试也不用担心，因为这并不影响录取。① 校友面试。校友面试的对象是申请进入一年级新生班的学生；地点通常是在申请人学校所在的地区；主持面试的是校友代表，一般由一个地区的校友代表对提出申请的部分学生进行面试；时间安排是 10 月至 11 月中旬对申请提前录取的学生进行面试，12 月至次年 2 月中旬对申请常规录取的学生进行面试。② 校园面试。校园面试时间是 6 月中旬至 11 月中旬。申请人可提前三周与招生办公室联系，预约自己到访的时间。面试对象是刚上高四的学生（刚结束三年级学习的学生）或目前正在上高四的学生（没有提出入学申请的也可以要求面试）。主持面试的是受过专门培训的四年级学生。已经接受过校园面试的学生也可以参加校友面试。如果申请人在视觉艺术或表演艺术方面有特别天赋，也可以向招生办公室提供其原创作品的幻灯片或样片、独奏（独唱）的录音带，或者其他可以证明其拥有一定特长的材料。申请人还可以将有关人士赞许申请人能力的推荐信寄给招生办公室。以上材料都必须写明申请人的姓名、社会保险号码、通讯地址及其他相关的信息。如果需要，学校会把申请人的材料寄到有关的学校进行核实。

（三）申请及录取时间

11 月 1 日是申请提前录取的截止日期。12 月中旬，学校会通知申请人录取与否或是等到次年 4 月中旬再对申请作出最后的决定。如果申请人的申请没有被接受，或者被延期处理，申请人就不用受制于达特茅茨有关提前录取的规定，可以向其他学校提出申请；常规录取的材料在次年1月1日前寄出。

（四）录取及校园参观活动

学校计划在4月3日前寄出所有录取通知书。此前，学校会在2月底到3月中旬把有望在4月被录取的学生的通知书寄出去。如果收到此类通知书的学生与各地的招生负责人联系询问该通知书是否真实，他们会给予肯定的答复，同时还鼓励学生安排时间4月份到学校参观。从4月18日到21日，学校将组织已被录取的新同学到校参观，以了解达特茅茨的全貌。同时也欢迎被录取的同学在4月份的其他时间到校参观。此外，各地的招生俱乐部也会为被录取的同学举行庆贺会。

（五）招生形式

招生形式分为常规招生和提前招生两种。

如果申请人已明确把达特茅茨列为首选学校，就可以申请提前录取。申请提前录取的学生一旦被录取就不得再向其他学校提出申请，已发出的申请必须全部收回来。如果申请人同时向两所学校申请提前录取，就破坏了学校的招生计划。提前录取申请的标准与常规录取的一样。一般来说，提前招生的时候考生还没有毕业成绩，因此使用三年级（四年制中学）的成绩和学校记录。

即使申请人没有参加过SAT-Ⅱ的三门考试，也可以申请提前录取。不过，最迟不超过四年级那年的1月份，必须得参加SAT-Ⅱ三门课程的考试。在对没能被提前录取的学生的申请作进一步评价、给已被录取的学生排名次的时候，学校会参考这三门考试的成绩。

申请提前录取的学生如果需要财政资助，应该尽早填写申请表，学校可以及时地对是否录取、是否提供资助进行讨论并作出决定。所有要求财政资助的学生如果被录取，肯定能获得学校提供的财政资助。

（六）招生情况

招生情况可参见表4-10、表4-11。

表4-10　达特茅茨学院2004年—2007年招生总体情况　　　单位：人

级 招生情况	2004	2005	2006	2007
申请人数	10 188	9 720	10 193	11 855
录取人数	2 181	2 220	2 090	2 155
注册人数	1 084	1 135	1 068	1 077
提前招生人数	1 090	1 135	1 114	1 216

表 4-11　达特茅茨学院 2003 年—2007 年招生情况　　单位：人

招生情况＼级			2003	2004	2005	2006	2007
总人数	男生	注册人数		569	573	534	534
		比例		52.5%	50.5%	50.0%	49.6%
		申请人数		5 579	5 128	5 431	6 369
		比例		54.8%	52.8%	53.3%	53.7%
		提前招生录取人数	192	223	193	190	
	女生	注册人数		515	562	534	543
		比例		47.5%	49.5%	50.0%	50.4%
		申请人数		4 609	4 591	4 762	5 484
		比例		45.2%	47.2%	46.7%	46.3%
		提前招生录取人数	205	207	184	195	
	总计	注册总数		1 084	1 135	1 068	1 077
		申请总数		10 188	9 720	10 193	11 853
		提前招生录取总数	397	430	377	385	
学校类型	公立	注册人数		671	704	646	669
		比例		61.9%	62.0%	60.5%	62.1%
		申请比例		60.2%	60.7%	59.5%	63.8%
		提前招生录取人数	238	237	226	221	
	私立	注册人数		361	362	360	349
		比例		33.3%	31.9%	33.7%	32.4%
		申请比例		39.8%	39.3%	33.3%	28.9%
		提前招生录取人数	148	172	133	141	
	教会	注册人数		52	69	62	59
		比例		4.8%	6.1%	5.8%	5.5%
		申请比例		n/a	n/a	7.1%	7.3%
		提前招生录取人数	11	21	18	23	
	各类学校总计	注册人数		823	844	803	810
		申请人数					

续 表

招生情况 \ 级			2003	2004	2005	2006	2007
地区分布	新英格兰	注册人数		228	204	215	188
		比例		21.0%	18.0%	20.1%	17.5%
		申请比例		19.2%	18.8%	17.8%	18.4%
		提前招生录取人数	106	119	82	94	
	中大西洋	注册人数		302	337	337	359
		比例		27.9%	29.7%	31.6%	33.3%
		申请比例		26.8%	25.9%	24.9%	25.6%
		提前招生录取人数	127	127	115	125	
	中西部	注册人数		124	146	136	120
		比例		11.4%	12.9%	12.7%	11.1%
		申请比例		11.1%	10.3%	10.9%	10.4%
		提前招生录取人数	40	48	47	47	
	南部	注册人数		161	169	134	143
		比例		14.9%	14.9%	12.5%	13.3%
		申请比例		12.3%	13.7%	14.2%	13.7%
		提前招生录取人数	48	52	59	37	
	西部	注册人数		204	213	185	189
		比例		18.8%	18.8%	17.3%	17.5%
		申请比例		17.1%	17.9%	18.6%	18.9%
		提前招生录取人数	64	64	60	62	

续 表

招生情况 \ 级			2003	2004	2005	2006	2007
少数民族	非洲裔	注册人数		59	74	71	82
		比例		5.4%	6.5%	6.6%	7.6%
		申请人数		478	376	407	491
		提前招生录取人数	3	6	10	8	
	亚裔	注册人数		91	141	145	150
		比例		8.4%	12.4%	13.6%	13.9%
		申请人数		997	1 127	1 229	1 496
		提前招生录取人数	15	18	24	32	
	拉丁美洲裔	注册人数		66	74	69	67
		比例		6.1%	6.5%	6.5%	6.2%
		申请人数		471	517	522	589
		提前招生录取人数	19	15	19	13	
	印第安人	注册人数		25	39	44	41
		比例		2.3%	3.4%	4.1%	3.8%
		申请人数		154	164	203	221
		提前招生录取人数	22	7	8	6	
	其他民族	注册人数		7	2	8	11
		比例		0.6%	0.2%	0.7%	1.0%
		申请人数		55	55	90	95
年级排名	年级第一名	注册人数		151	156	156	135
		比例		24.1%	24.4%	27.5%	23.6%
		提前招生录取比例	31%	21%	29%	21%	
	年级第二名	注册人数		57	52	59	55
		比例		9.1%	8.1%	10.4%	9.6%
		提前招生录取比例	7%	8%	6%	10%	

续 表

招生情况 \ 级			2003	2004	2005	2006	2007
	年级前10%的学生	注册人数		539	552	494	477
		比例		86.1%	86.4%	87.1%	83.5%
		提前招生录取比例（含第一、二名）	86%	84%	90%	89%	
CEEB成绩	SAT语言平均分	注册人数		708	702	702	706
		申请人数		670	671	670	675
		提前招生录取人数	707	701	704	700	
	SAT数学平均分	注册人数		712	713	713	711
		申请人数		690	691	695	698
		提前招生录取人数	712	711	707	716	
	SAT语言中数	注册人数		720	710	710	710
	SAT数学中数	注册人数		720	720	720	720
学业兴趣	人文学科	注册人数		184	184	160	137
		比例		17.0%	16.7%	15.0%	12.7%
	社会学科	注册人数		289	328	319	270
		比例		26.7%	28.9%	29.9%	25.1%
	理科	注册人数		477	454	400	396
		比例		44.0%	40.0%	37.5%	36.8%
	跨学科	注册人数		53	58	51	38
		比例		4.9%	5.1%	4.8%	3.5%
	尚未决定	注册人数		81	106	138	236
		比例		7.5%	9.3%	12.9%	21.9%
校友亲属		注册人数		87	108	102	85
		比例		8.0%	9.5%	9.6%	7.9%
		申请人数		308	299	351	323
		提前招生录取人数	49	51	51	53	
奖学金获得者		注册人数		419	441	499	486
		比例		38.7%	38.9%	46.7%	45.1%

（七）招生政策

达特茅茨的招生面向全体美国公民、具有永久居留权的居民以及在美国获得避难资格的人，还面向加拿大和墨西哥公民。对于不属于上述两种范围的申请人，招生时将考虑他们的经济需要和学校的录取标准。在达特茅茨不存在歧视，不论学生的种族、民族、肤色、宗教信仰、性别、年龄，也不管其是否身有残疾，还是曾经参加过出国作战，达特茅茨都鼓励他们提出入学申请。

（八）收费情况

收费情况可参见表 4-12。

表 4-12　达特茅茨学院收费情况表　　单位：美元

项目	收费
学费及活动费	30 465
住宿费	5 400
膳食费	3 600
总计	39 465

此外，还有书本费约 2 386 美元，以及旅行、医疗保险和购置电脑所需的费用等。

（九）达特茅茨学院财政资助政策

达特茅茨认为，大学的教育费用不应成为学生提出入学申请的障碍。财政资助金的发放是根据学生的经济需要，而不是学习成绩、运动才能或其他特长。学校以助学金、奖学金、贷款和工读计划等形式向学生提供财政资助。只要学生提出申请，达特茅茨可以全额资助学生在本科四年所需的教育费用。该校一半以上的学生及其家庭得到来自学校或校外的财政资助。每个新生班中约有 40%～45%的学生直接获得学校的奖学金。每年学校都要重新审核学生获得资助的资格，如有必要会作出相应的调整，从而保证给予的经济资助与每个学生家庭的实际需要相符。

达特茅茨的学生每年获得大约 3 800 万美元的奖学金或助学金。此外，该校还发放 940 万美元的贷款。有的学生还获得校外约 300 万美元的奖学金（如国家成就奖学金或类似的奖学金）。近几年，学生获得的奖学金数额，最低的是 1 000 美元，最高的是 37 000 美元。

1. 资助条件

在达特茅茨，是否向一位学生提供财政资助，主要看该学生家庭是否有此需要。如果需要资助一年，即说明该学生家庭在未来一年内所能支付的金额与学生的支出预算费用（包括与学业直接相关的费用）存在差距。

学校通过四种计算办法来判定一个学生是否需要资助：① 助学办公室利用提出助学申请的学生家庭直接提供给达特茅茨的经济资料，结合大学奖学金服务办公室的原有档案和联邦学生助学金申请的规定，对该学生家庭所需资助金额进行评定。② 利用同样的资料，对该生的支付能力进行评定。这部分金额是指该生已有的个人储蓄和中学毕业后的那个暑假预计能挣到的收入。③ 预算学生的开支，包括学费、书费以及其他与学业有关的可能费用。④ 学生的预算费用与该生和父母所能提供的金额之间的差额就是该生所需要的资助数额。

“父母支付能力计算器”可以帮助每个家庭计算父母的支付能力，并根据各自的具体情况充分利用达特茅茨的财政资助政策。该计算器是根据2004 学年—2005 学年的数据设定的。一旦学校掌握了 2005 学年—2006 学年的数据，学校还将重新设置计算器。要使用这个计算器，学生需要了解自己的收入、税费和其他必须支出的费用。另外，学生还需了解自己的资产情况（包括储蓄、投资、家族股份和其他资产）。需填写的信息如表 4-13 所示。

表 4-13　父母支付能力计算器　　　　单位：美元

项　目	
父母的收入	
1. 纳税收入	
加上以前在公司、农场等遭受的损失金额和资本损失金	
2. 不纳税的收入和保险金、救助金等（如社会保险金、儿童抚恤金和 TDAs）	
3. 孩子的抚养费	
支付率	
4. 美国收入税	
5. 纳税的州	
6a. 母亲的薪金	
6b. 父亲的薪金	
7. 未付的医疗/牙齿医疗费用	
8. 父母的婚姻状况	

续 表

项　目	
9. 未上大学的孩子数（不包括提出申请者）	
10a. 家庭人数（包括提出申请者）	
10b. 在读本科的人数（不包括父母和研究生）	
10c. 未上大学孩子的年龄总数	
财产	
11. 现金、存款	
12. 家庭普通股份	
13. 投资股份	
14. 公司或农场的价值	
15. 其他的不动产股	
16. 十九岁以下的兄弟姐妹名下的财产	
17. 为兄弟姐妹预留的学费	
18. 为该学生预留的学费	

输进该计算器的信息不会自动保存，也不会传送给达特茅茨。计算器得出的结果不具有法律效力。如果采用联邦政府的分析法计算出来的父母所能提供的支付金额高于达特茅茨计算出的数字，就以大的数字为准。

达特茅茨助学办公室会对学生父母所能支付的金额作最后的判定，在对所需的申请材料重新审核之后，可能会得出一个不同的数字。在衡量一个家庭是否符合助学条件的时候，助学办公室将重新审核大学奖学金服务办公室的原有档案（PROFILE）、联邦学生资助申请表、父母（或母亲）和该生2004年W-2表格的复印件，以及2004年全年联邦所得税申报一览表（如有必要，还会参考商业附加费、商业税申报表或父母一方关于不具有抚养义务的申请书）。

学生的学习开支预算－家庭出资的金额（父母出资的金额＋学生自己出资的金额）＝所需财政资助的金额

除了上述要求的金融数据，一些家庭还可以提供某些有关自己特殊情况的资料，例如医疗开支特别庞大或某种开支特别大等。达特茅茨助学办公室会审核其他信息是否真实，同时也一并审核该信息的准确性。只要学生家庭认为自己存在着某种特殊情况并对自己承担孩子上达特茅茨学院所需费用的能力有一定影响，那么欢迎这些家庭提供相关资料。

2. 一揽子资助计划

一旦判定学生的确需要经济资助，达特茅茨将安排一种合适该生的财政资助方法，资助的方式按下列顺序实施：

(1) 一揽子资助计划首先提供的是“自助”方式，有学生贷款和校内打工两种方式。

(2) 通过“自助”方式还不能支付的费用就用助学金/奖学金来弥补。助学金/奖学金资助包括联邦政府和州政府的助学金和/或达特茅茨奖学金基金。与学生贷款方式不同，助学金/奖学金不需要偿还。

(3) 校外资助。一些学生得到来自校外的财政资助，如国家成就基金会和其他组织。如果校外提供的奖学金数额非常高（这种情况很少），学校允许学生充分利用这笔钱。学校会根据这些奖学金的数额相应地减少或取消财政资助中学生贷款和校内打工所占的比例。

(4) 其他支付计划。不管某学生是否接受了经济资助，还有许多支付计划和资助选择可以帮助其父母在 4 年～10 年或更长的时间内付清应该承担的教育费用。这些选择分为三种：① 提前缴付学费。那些没有受到任何学校资助的家庭可以按学生进校时的收费标准提前缴付 2 年～4 年的学习费用。这样，即使以后的学费增加了，这些家庭也不用再补交增加的金额。不过住宿费、膳食费和其他费用会随着收费标准的提高而有所增加。② 达特茅茨每月支付计划。学生可以每月以无息的分期付款方式，分十次支付部分或全部费用。③ 父母贷款计划。一般来说，这类计划允许教育费用的支付时间延长至学生本科毕业以后。除了招生办公室列出的计划外，许多州和银行都有类似的贷款项目。

（十）招生机构及其运作

达特茅茨学院设有专门的招生办公室负责招生录取等事宜，此外还有毕业生联合会和招生志愿者负责各地的招生、面试等事宜。每年达特茅茨招生办公室都要致招生志愿者一封公开信。以下是达特茅茨招生办公室于 2004 年秋给招生志愿者的公开信。

大家好！我们正在破一项纪录，2008 届的招生情况是近年来最好的。我们收到了 111 734 份入学申请，与去年基本持平，比前年增长了 16%。目前，2008 届学生人数是 1 077 人，9 月 22 日这天他们在达特茅茨上了第一堂课，其中有 954 名学生选择参加达特茅茨野外俱乐部组织的新生郊游，享受了大量的嫩煎蛋和火腿。

在达特茅茨的历史上，这是第四届女生人数超过了男生人数：女生544名、男生533名。这也是该校有史以来学生构成最具多样性的一届，约有31%的学生来自有色民族，其中包括非洲裔、亚裔、拉丁裔和印第安学生。学生的社会经济背景也非常广泛：约有44%的学生将得到自己所需的财政资助，资助总金额达1 300万美元，平均每人可得到25 770美元的奖学金。应届毕业生人数占本届学生人数的12%。

2008届学生的多样性还体现在以下方面：他们来自24个不同的国家和美国47个州。国际学生占本届学生人数的6%，他们所说的语言共计40种。他们分别毕业于814所不同的中学，其中64%毕业于公立中学，31%毕业于私立中学，6%毕业于教会中学。从专业方向上看，36%的学生拟上科学，25%的拟上社会学，16%的拟上人文学，23%的学生坦言自己还没有想好。

你们当中许多人都知道，正是我们的校园规划项目才把才华横溢的学生带到汉诺威。我们在8月份实施的"目的地：达特茅茨"项目已成为校园计划中的一个保留项目，它把亚特兰大、迈阿密、华盛顿、芝加哥和费城的学生带到达特茅茨。我们还租了几辆公共汽车去接纽约、新泽西、康涅狄格和波士顿地区的学生。

尽管电子交流和网络非常便捷，但我们还是发现越来越多的学生及家长愿意亲自到校园来参观。2001年，19 000多人穿过迈克纳特的大门走进招生办公室——这比2000年的到访人数增加了17%。在未来的学生及其家人参观校园的时候，他们可以参加各种各样的活动，其中包括由招生办公室的官员主持的信息发布会，由在校学生带领的校园徒步游、课堂观摩以及面试等。

第二节　一般选拔性高校案例

本节选择密歇根大学（University of Michigan）和加州大学（University of California）作为实行一般选拔性政策大学的个案来研究这类大学的招生政策及其实践。这两所高校的录取率均居于50%至80%之间，符合前文提到的一般选拔性高校的标准。此外，加州大学是美国最大的、著名的公立大学，是一所由多所分校组成的巨型大学，它在招生方面的许多做法都具有典型意义。密歇根大学的特殊招生政策在实施过程中曾引起过广泛争论，具有鲜明的特色。这两所大学都具有悠久的历史和良好的社会信誉。

一、密歇根大学[①]

（一）入学要求及时间

1. 入学申请

可向密歇根大学邮购申请表填写入学申请，并附所有考试分数、成绩报告单及推荐信。也可通过网上申请。

2. 录取条件及对象

学生的考试分数包括 ACT 或 SAT-Ⅰ成绩。申请者类别包括：应届生、转学生、跨校生、国际学生、进修生、旁听生、攻读第二学位的学生、重修生。

3. 入学时间

密歇根大学入学分春夏、秋冬学期。

（二）招生情况

据 2002 年的资料显示，到 2002 年 11 月，密歇根大学连续六年招生人数稳步增长。据统计，2002 年秋季的总招生人数为 38 972 人，比 2001 年增长 1.9%。新生入学人数为 25 108 人。热门专业有护理、信息、社会工作、工程、公共关系、城建与规划等。

从表 4-14、表 4-15、表 4-16、表 4-17 可以一览密歇根大学的招生情况。

表 4-14　密歇根大学 2000 年—2004 年招生情况　　单位：人

招生情况＼年份		2000	2001	2002	2003	2004
申请人数	男性	12 095	12 393	13 186	13 443	10 954
	女性	11 622	11 748	11 922	12 500	10 339
	总计	23 717	24 141	25 108	25 943	21 293

① 关于密歇根大学的所有数据和资料均来自以下网站：
http://www.admissions.umich.edu/applying:2005-01-14.
http://www.admissions.umich.edu/applying/tips.html:2005-01-14.
http://www.umich.edu/~regff/tuituion/full.html:2004-12-23.

续 表

招生情况 \ 年份			2000	2001	2002	2003	2004
录取人数	男性		6 103	5 949	5 935	6 625	6 561
	女性		6 837	6 645	6 380	7 189	6 743
	总计		12 940	12 594	12 315	13 814	13 304
注册人数	全日制	男性	2 515	2 617	2 464	2 624	2 974
		女性	2 833	2 859	2 692	2 893	3 033
		总数	5 348	5 476	5 156	5 517	6 007
	非全日制	男性	34	32	15	21	17
		女性	36	32	16	15	16
		总数	70	64	31	36	33
	总计		5 418	5 540	5 187	5 553	6 040

表 4-15　密歇根大学 2000 年—2004 年新生分种族（民族）注册情况　　单位：人

种族 \ 年份	2000	2001	2002	2003	2004
非洲裔美国人	472	499	443	410	350
西班牙裔美国人	276	263	305	255	264
美国土著居民	39	50	53	38	61
亚洲裔美国人	724	692	588	730	703
俄高加索裔美国人	3 298	3 410	3 208	3 461	3 774
其他未知的	402	406	401	439	578
美籍学生总和	5 211	5 320	4 998	5 333	5 730
外国人	207	220	189	220	310
总计	5 418	5 540	5 187	5 553	6 040

表 4-16　密歇根大学 2000 年—2004 年分地区招生情况　　单位：人

类型 \ 年份	2000	2001	2002	2003	2004
本州居民	3 166	3 547	3 360	3 504	3 692
非本州居民	2 252	1 993	1 827	2 049	2 348
总计	5 418	5 540	5 187	5 553	6 040

表 4-17　密歇根大学本科生秋季招生情况（1999 年—2003 年）　　单位：人

年份＼招生情况	申请人数	录取人数	注册人数	录取率	注册率
1999	21 132	13 473	5 559	64%	41%
2000	23 717	12 940	5 418	55%	42%
2001	24 141	12 594	5 540	52%	44%
2002	25 108	12 315	5 187	49%	42%
2003	25 943	13 814	5 553	53%	40%

（三）特殊招生政策

密歇根大学鼓励招收少数族裔学生，认为这样可以增强学校的国际性和教育、文化的多元化。在 2002 年招生总数中，少数族裔占 13.6%，2001 年为 13%。不同种族在招生总数中所占的比例分别为：非洲裔美国人 8.1%，西班牙裔美国人 4.7%，美国土著居民 0.8%，亚裔美国人 12.9%，白人 66.7%。约有 7%为种族不详或列入其他种族类别。2003 年入学新生分种族情况见表 4-18。

表 4-18　密歇根大学 2003 年入学新生分种族情况　　单位：人

种族	人数	百分比（%）
总和	5 333	100.0
非洲裔美国人	410	7.7
美国土著居民	38	0.7
亚洲裔美国人	730	13.7
西班牙裔美国人	255	4.8
俄高加索人	3 461	64.9
种族不明	439	8.2

（四）收费情况

密歇根大学的收费按学分来计算，分全日制、非全日制、高起点（55 个学分）、低起点（0 个～54 个学分），并且不同学院、不同专业的收费各异。此外，本州学生和外州学生的收费也不一样。但每名学生一学期必交的费用有：注册费 80.00 美元、学生会会费 6.69 美元、学生法律服务费 5.50 美元、学院管理费 1.50 美元。

如果学生注册后改变主意，可在开学前一天退费。若学生在学习中途退学，则要收取 130 美元的退学费。学费中还包括 185 美元的基础维修费。学费和费用的变化以学校董事会的通知为准。2004 年密歇根大学秋季学费情况见表 4-19。

表 4-19　2004 年密歇根大学学费情况（秋季学期）　　单位：美元

项目		收费	
		本州学生	非本州学生
综合学科（美术设计、音乐、自然资源与环境、医护）	低起点（学生）		
	全日制（12 个～18 个学分）	3 966	12 877
	第一个小时	626	1 369
	其余时间	304	1 047
	高起点（学生）		
	全日制	4 486	13 792
	第一个小时	670	1 445
	其余时间	348	1 123
商务管理	高起点（学生）		
	全日制（12 个～18 个学分）	4 675	14 038
	第一个小时	685	1 466
	其余时间	363	1 144
牙医学	低起点（学生）		
	全日制	40 382	12 997
	第一个小时	636	1 379
	其余时间	314	1 057
	高起点（学生）		
	全日制	4 606	13 915
	第一个小时	680	1 455
	其余时间	358	1 133
工程学	低起点（学生）		
	全日制	4 232	12 997
	第一个小时	648	1 379
	其余时间	326	1 057
工程与 LSA 计算机科学	高起点（学生）		
	全日制	5 495	14 598
	第一个小时	754	1 512
	其余时间	432	1 190

续　表

项　目		收费	
		本州学生	非本州学生
人体运动学	低起点（学生）		
	全日制（12 个～18 个学分）	4 232	13 741
	第一个小时	648	1 441
	其余时间	326	1 119
	高起点（学生）		
	全日制	4 870	15 019
	第一个小时	702	1 547
	其余时间	380	1 225
文艺学	低起点（学生）		
	全日制（12 个～18 个学分）	4 007	12 920
	第一个小时	630	1 372
	其余时间	308	1 050
	高起点（学生）		
	全日制	4 528	13 843
	第一个小时	673	1 449
	其余时间	351	1 127

（五）密歇根大学财政资助制度

密歇根大学的资助项目用于帮助学生支付教育费用，只用于教育目的。主要有四类助学金项目：助学金、贷款、奖学金或勤工俭学。大多数资助都是根据学生的实际需要，经核实审批后发放。但有些资助是依据个人的学习成绩或针对有特殊才能的学生发放，奖学金属于这类项目。学校通过一系列措施确认学习成绩优异的学生，发掘他们的领导才能和潜在的科研能力。密歇根大学鼓励学生提出资助申请。只要学生需要资助，不论其家庭状况如何，都可以申请并得到公平的对待。此外，密歇根大学也鼓励学生申请各类私人资助项目。

1. 助学资格审查

学生申请资助项目资格的评定标准包括以下内容：

（1）入学开支。学生一个学年的开支包括学费、书费、住宿费及个人开支等。助学办公室列出学生支出费用预算表，以此表作为学校提供资金援助的依据。这种开支体现出“宽而有度”（moderate but enough）的开销原则。当然，实际开销因人而异。表4-20、表4-21是2004年—2005年秋冬和2004年夏季的开支预算表。

表4-20　2004年—2005年秋冬开支预算表　　单位：美元

年级＼收费	学费	住宿费	书费	个人消费
本州学生				
一、二年级	8 201	7 030	956	2 076
三、四年级	9 243	7 030	956	2 076
非本州学生				
一、二年级	26 027	7 030	956	2 076
三、四年级	27 855	7 030	956	2 076

表4-21　2004年夏季开支预算表　　单位：美元

年级＼收费	学费	住宿费	书费	个人消费
本州学生				
一、二年级	1 994	1 550	235	511
三、四年级	2 247	1 550	235	511
非本州学生				
一、二年级	6 194	1 550	235	511
三、四年级	6 629	1 550	235	511

（2）家庭支付能力。学校采用一项称为“联邦评估法”的评价手段，根据学生填写的联邦学生资助申请表中的信息和学校资助办公室的档案，分析一个家庭的实际状况，并据此评价一个家庭的支付能力。联邦评估法包括两部分：① 父母的支付能力。根据父母的收入和财产来评估其支付教育经费的能力。② 对学生个人收入（所有的现金、储蓄）和其他财产的评估。如果评估得出家庭的支付能力小于开销的费用，则该生有资格提出申请。

（3）以需求为原则的资助。① 如果入学开支减去家庭预计的支付能力等于所需的资金援助，那么学生就有资格申请并得到资助（包括拨款、贷款、奖学金或勤工俭学等各种形式）。② 最大额度的助学金。学校每年都为本科生设置最大额度的助学金。为有专才的人设置的资助会缩减以增大助学金的额度。每个申请者首先都会得到最大额度的助学金，那些不具备支付能力的家庭的学生甚至会得到更多。③ 奖学金和其他来源。学校鼓励学生寻求各类私人奖学金或学院的奖学金。尽管联邦政府和学校政策规定，已获得奖学金会对评价学生是否能获取其他资助有影响，但总的来说，它对申请者总的经济状况有帮助。原因是：第一，可以弥补其他资助的不足；第二，可以减少学生贷款和勤工俭学的负担。只有当所有贷款或勤工俭学都被奖学金或其他资助来源代替时，助学金才会减少。④ 贷款和勤工俭学项目。这些项目是为那些家庭支付能力最低的学生提供的。如果学生还需要额外的资助，可以寻求额外贷款和私人贷款。

2. 如何申请

申请者可在网上填写“联邦学生资助申请表”，发送至密歇根大学，并注明“密歇根大学，联邦学校”，邮政编码：002325。此申请务必在每年2 月 15 日前提交。1 月到 4 月决定奖学金的发放，届时助学办公室或学生所在的学院会通知学生。尽管学生可以稍后申请，但提前申请可以保证他们的申请会得到全面的考虑，并于 5 月 1 日入学截止日期时获得资助。

3. 申请要求

尽管各类资助有不同的要求，但有些要求是必需的：① 确实有资助需求。② 被学校录取或确定要攻读某个学位。③ 美国公民或合法的非美国公民（具备美国公民资格的非美国人）。④ 有社会保险号（Social Security Number）。⑤ 若有必要，需在“申请档案”中备案。⑥ 要有令人满意的学习成绩。⑦ 只用于教育目的。⑧ 不得拖欠政府贷款或任何教育贷款。已获取一个学士学位的学生只有在攻读另一个学士学位时才能申请这些资助项目，这包括那些同时攻读双学位的学生，即只能以一个学位申请资助。那些同时在不同的学校就读的学生只能在一所学校提出申请。

4. 资助项目

（1）本州学生。例如，凯文是密歇根州的一名中学生，其母亲由于残疾而退休，他们向密歇根大学资助办公室提出申请，要求重新评价其家庭经济状况，最终得到新的资助。其评价前后的资助金额对照如下：

评估前：

18 263 美元（入学开支）－［8 300 美元（父母支付能力）＋18 美元（学生支付能力）］＝9 945 美元（需要资助的金额）

得到的经济资助：

2 382 美元（助学金）＋2 500 美元（勤工俭学）＋5 625 美元（贷款）＝10 507 美元（总资助额）

评估后：

18 263 美元（入学开支）－［3 766 美元（父母支付能力）＋18 美元（学生支付能力）］＝14 479 美元（需要资助的金额）

得到的经济资助：

6 916 美元（助学金）＋2 500 美元（勤工俭学）＋5 625 美元（贷款）＝15 041 美元（总资助额）

当然，并非条件变化就一定能得到新的资助。

(2) 非本州学生。尽管财政资助办公室没有足够的资金来援助那些外地学生，但通过申请学校或私人性质的奖学金，他们也能支付教育的开支。外地学生也可选择“联邦附加贷款”项目。还有一些私人贷款供学生选择。此外，学校的财政资助顾问也会和学生及其家人一起商榷，给予他们有效的建议，以便减少开支。

二、加州大学①

加州大学招收加州及世界各地的学生，其中 90%以上的学生为加州居民。加州大学在美国极具竞争力，为具有各种天赋和兴趣的学生创造丰富多样和富于挑战性的环境。

（一）入学要求

1. 最低入学资格要求

一是高中阶段完成加州大学认可的大学入学预备 A－G 课程。

二是以在十年级和十一年级所修的加州大学要求的 A－G 课程成绩作为 GPA 成绩。

三是具有标准测试成绩，包括 SAT-Ⅱ或 ACT 成绩以及 SAT-Ⅱ科目考试成绩（此考试的测试要求对 2006 年入学新生有所变动）。

除以上三项资格指标外，也可以采用优秀毕业生排名前 4%（排名分数

① 关于加州大学的所有数据和资料均来自以下网站：
http://admission.universityofcalifornia.edu:2005-03-21.

来自参加 A－G 课程考试的分数）或者参加入学资格考试的成绩来计算。在众多申请者都符合智力条件的情况下，申请者的学业能力和个人特别能力的综合评价将起到重要作用。

2. 申请入学方式

凡完成高中学业并获得高中文凭者，可申请入学，申请方式有三种：

（1）全美范围内的资格要求。达到全国课程设置的最低要求，具有 GPA 和测试成绩。大多数学生以这种方式申请入学。要获得申请资格，学生必须具有高中文凭或相关文凭，并达到以下三项最低资格要求标准：① 高中学习结束时，完成 15 门考试科目的学业成绩测验。② 申请奖学金者，要求提供 GPA 和标准化考试成绩。③ 必须参加标准化考试。此外，加州范围内的资格要求（ELC）和只以考试成绩申请入学资格的方式也适用于本方式。

（2）加州范围内的资格要求（ELC）。如果该生就读加州高中且成绩排名位居前 4%，而且该中学参与加州地区范围资格项目，那么该生可通过此方式提出入学申请。该项目要求学生在高中结业之前完成规定的 11 门课程，大学将根据学生在十年级和十一年级获得的分数评定入选前 4%人员的资格。具体要求如下：① GPA＞2.8。② 必须由加州大学的评估人员评估学生是否在前 4%名额范围内。③ 高中结束前必须完成加州大学认可的 11 门课程的学习。这 11 门课程完成的学年数为：历史/社会科学 1 年、英语 3 年、数学 3 年、实验科学 1 年、外语 1 年、按 A－G 课程要求设置的附加课程 2 年。如果学生准备通过这种方式申请入学资格，那么大学会在学生高年级开学时通知该生。学生必须在规定期限内提交入学申请，并完成其余的资格要求（包括课程及考试）。以上要求都将被充分审查。2005 年秋季，Merced 和 Santa Barbara 学院获得 ELC 资格，其余学院 ELC 只能作为综合选拔的一项内容。

（3）只以考试成绩申请入学资格的要求。条件未达到以上两项者可用 SAT-Ⅰ、ACT 和 SAT-Ⅱ成绩申请。具体要求如下：① ACT 成绩不低于 31 分，SAT-Ⅰ成绩不低于 1 400 分。② SAT-Ⅱ成绩达到 1 760 分以上，非加州籍学生分数为 1 850 分以上。SAT 测验每门课程分数不低于 530 分。③ 高中毕业后已在其他学院完成 12 门或 12 门以上的转校课程或已选修含 SAT-Ⅱ在内的转学课程的学生，不能以此方式提出入学申请。

3. 综合评定标准

当符合申请条件，且申请人数多于学校预定的招生人数时，加州大学采用 14 条标准选拔人才，这种综合考虑申请者的学业能力和个人特别能力的方法称为综合评定。这 14 条标准是：

(1) A－G 课程中的年级平均成绩 (GPA)，其中包括加州大学要求完成的课程成绩。

(2) SAT-Ⅰ或 ACT 成绩以及 SAT-Ⅱ成绩。

(3) A－G 课程以外的其他学业课程内容及成绩。

(4) 大学荣誉课程、跳级考试、国际中学课程标准以及转学课程的门数和成绩。

(5) 学生完成高中学业，其成绩排名前 4% 的认证（针对 ELC 申请者)。

(6) 通过对正在实行或计划中的学业课程数量及其类型的衡量，评价学生高中学年所修课程的质量。

(7) 评估学生高中的学业成绩。

(8) 学生在一个或多个学术领域中的优异表现。

(9) 学术领域内学生在一门或多门研究中的突出表现。

(10) 目前，学业成绩的突出与否主要体现在该生已完成或正在完成的课程成绩和 GPA 成绩。

(11) 学生有特殊才能、成就，在某一特殊领域内受过嘉奖，如艺术、体育、写作和语言表达能力、特殊爱好；对知识的广泛学习、对文化的探索和突出的领导才能等。

(12) 学生参加高中课程及与其相关的教学活动中的表现。

(13) 学生的生活经历和特殊环境中取得的学业成就。

(14) 学生就读的中学及其居住地。

4. 加州大学入学标准的新要求

(1) 2007 年秋季入学申请者。加州范围内入学资格申请中的 GPA 最低分数要求提高到 3.0 分，该规定从 2007 年生效。加州大学对 2006 年秋季入学的学生采用新的标准化测试，对学生标准化测试成绩进行调查后，再对新的 GPA 成绩进行调整。全州范围内申请该项目的资格获得率将降低约 12.8%。

(2) 2005 年秋季入学申请者。加州大学以学生按照加州大学要求在十一年级和十二年级所修的 A－G 课程成绩为依据，计算学生的 GPA 成绩。如果学生选修的 A－G 课程数量超过要求所修的最低科目数，GPA 成绩仍以要求所修科目的分数计算。

(3) ELC 资格申请要求学生完成所有科目学习及其测试。高中高年级开始时，学生已知道本人是否属于最优秀的 4%毕业生之列。目前，修订案要求这些学生在注册加州大学之前必须完成 A－G 课程和标准考试，学生在没有收到确认录取资格的正式通知之前，其录取资格视为不确定。

加州高等教育首要计划项目与有资格入选加州大学人员项目保持平衡。该项目从 14.4%达到加州入学申请最低标准的高中毕业生中选拔排名前 12%的优秀学生。据此，2005 年秋季该项目有资格入选的人数将减少。

(二) 招生情况

表 4-22　加州大学（Berkeley）2001 年—2003 年招生情况统计表　单位：人

招生情况＼年份	2001	2002	2003
申请人数	28 145	29 234	30 571
录取人数	7 949	7 629	7 758
注册人数	3 522	3 039	3 317

表 4-23　加州大学 2001 年—2004 年 8 个分校区秋季招生情况

年份＼招生情况	申请人数（人）	与上年相比	录取人数（人）	录取率
2001	91 904			
2002	95 014	+3.4%	48 369	50.9%
2003	99 991	+5.2%	50 291	50.3%
2004	98 658	−1.3%	46 923	47.6%

表 4-24　加州大学 2002 年、2003 年申请者性别表

年份	入学申请者所占比例（%）					
	男性	女性	一年级新生申请者		转校生	
			男性	女性	男性	女性
2002	44.9	55.1	44	56	52.2	47.8
2003	44.9	55.1	44.2	55.8	47.4	52.6

表 4-25　加州大学 2002 年—2004 年少数种族申请情况

种族	申请率（%）		
	2002 年	2003 年	2004 年
非洲裔美国人	10.0	12.1	8.8
拉美裔美国人	8.5	11.3	
美洲印第安人	8.2	1.8	11.6
菲律宾裔美国人	5.7	5.8	22.5
其他亚裔美国人	5.1	2.1	
亚洲/太平洋地区			41.5
芝加哥/拉丁美洲			7.7
芝加哥新生		15.5	
白人/其他	5.1		12.7

1. 2002 年—2004 年秋季加州大学本科生申请情况

2002 年—2004 年秋季加州大学本科生申请情况的主要数据见表 4-22、表 4-23、表 4-24、表 4-25。具体分析如下：2002 年加州大学本科生申请人数为 95 014 人，比 2001 年秋季的 91 904 人增加了 3.4%。一年级申请人数增加 3.4%，其中加州申请者增加 5%，转校生增加 3.5%（其中 6.1%来自加州社区学院）。各种族申请率分别为：非洲裔美国人，10.0%；拉美裔美国人，8.5%；美洲印第安人，8.2%；菲律宾裔美国人，5.7%；其他亚裔美国人，5.1%；白人/其他，5.1%。公立高中毕业生向加州大学提出申请人数的增长大于高中学生人数的增长：加州公立高中申请者增加 5.8%，而加州公立高中毕业生的增长率仅为 1.9%。2002 年秋季入学申请者中，男性占 44.9%，女性占 55.1%；新生入学申请者中，男性为 44%，女性为 56%；转校生中，男性为 52.2%，女性为 47.8%。

2003 年，加州大学申请人数为 99 991 人，比上一年增加 5.2%。一年级申请人数增加 4.7%，其中加州增加 7.2%；转校生增加 7%，其中 8%来自加州社区学院。非加州籍大学一年级新生申请人数减少 8.6%，非加州籍转校生申请人数减少 11.3%。加州大学系统各学院的新生申请者人数呈上升趋势：其范围从 Davis 分校的 13.5%到 Berkeley 分校的 1.7%不等。在过去五年里，加州大学系统本科生申请人数增长了 21.3%。各学院的转校生申请率上升：Davis 增长 20.2%，Irvine 增长 9.1%。自 1999 年起，转校生的申请率上升 18.2%。各种族群体申请率呈上升趋势：芝加哥新生，15.5%；

非洲裔美国人，12.1%；拉美裔美国人，11.3%；美洲印第安人，1.8%；菲律宾裔美国人，5.8%；其他亚裔美国人，2.1%；白人/其他，4%。少数民族群体的总体分布仍然稳定。公立高中毕业生向加州大学提出申请人数的增长大于高中学生人数的增长：加州公立高中申请者增加8.4%，而加州公立高中毕业生的增长率仅为2.4%。2003年秋季入学申请者中，男性占44.9%，女性占55.1%；新生入学申请者中，男性为44.2%，女性为55.8%；转校生中，男性为47.4%，女性为52.6%。

2004年，预期新生申请人数为73 794人，比2003年秋季减少4.1%①。加州大学2004年秋季接收24 373名转校生，比上一年上升5.7%。加州大学转校申请率上升12.9%，而州外转校生和国际转校生分别下降14.2%和56.1%。除Santa Barbara分校和Santa Cruz分校外，所有学院都减少了对一年级新生的招收名额。学业及其他因素：加州新生申请者的高中GPA成绩稍有增长，而Riverside分校稍有降低。各大学的平均SAT-Ⅰ总成绩上升，2004年申请者的SAT-Ⅱ写作分数高于2003年。此外，各学院申请者的SAT-Ⅱ数学分数上升，A－G课程平均分数下降，其原因有待进一步分析。

另外，自2002年起，加州城乡地区新生入学申请比例保持平衡。2004年秋季乡村新生申请率略有下降。

2. 加州大学2002年—2004年录取情况

2003年秋季，加州大学的录取率增加4%，但由于加州大学各学院竞争激烈，各校录取率的比例稍有下降。

2002年秋季，加州大学8个本科院校招收学生48 369人。冬、春季招收学生3 676人；2003年秋冬、春季共招收学生60 439人，其中秋季招收学生50 291人。此外，加州大学还向未被录取的学生提供了6 472个名额，称为第二次招生。在加州大学的主要教育计划中，加州优秀高中毕业生中有12.5%的学生可以直接升入加州大学，并保证至少可以进入其某一所分校就读。

2002年，加州大学各分校的招收率下降，这是由于大学适龄人口上升和加州大学申请人数上升。为此，加州大学加大了对学生入学资格的审查力度。尽管如此，从全加州大学的范围来看，除了美洲印第安人以外，全美其他各地区的学生及种族群体学生的招收人数有较大增加。

以Davis分校为例，2002年，该学院录取了申请者中63.3%的学生，2003年的比例为56.9%，但从录取的总量上来看，2003年比2002年多招

① 此为2003年研究数据。

收了 448 名学生。Irvine 分校的招收率从 2002 年的 56.6%下降到 2003 年的 53.3%，而实际上却多招收了 1 141 名学生。从全加州大学系统来看，2003 年新生招收率从 Santa Cruz 的 81.8%到 UCLA 的 24.1%不等。

录取的学生要选择更多的大学预备课程，即 A—G 课程以获得更多的学分。学生每年平均应完成 23 个学分，每学年应完成的最低学分数为 15 个学分。加州大学录取的所有学生的 GPA 平均成绩为 3.76 分。而在录取过程中 SAT-Ⅱ科目考试成绩的权重大于 SAT-Ⅰ或 ACT 成绩的权重。SAT-Ⅱ中写作的平均分数上升到 590 分，数学为 610 分。

从整个加州大学系统来看，除美洲印第安人下降了 3.4%以外，其他各主要少数族群学生的招收率均上升，其上升率为：亚裔美国人 0.7%，白人 1.3%，非洲裔美国人 6.9%，芝加哥/拉丁美洲人 8.3%。

2004 年，由于州预算紧张，州 2004 年—2005 年预算要求加州大学 2004 年秋季新生招生人数减少 3 200 人。因此，2004 年秋季录取人数为 46 923 人，比 2003 年下降 6.7%，人数减少 3 368 人。

录取率下降：2004 年秋季加州大学各学院新生录取率为 47.5%，而 2003 年、2002 年秋季新生录取率分别为 50.2%、50.9%。Davis 分校一年中的变化最大，与 2003 年的录取率 81.1%相比，2004 年秋季的录取率为 67.3%。

加州大学录取的所有学生的 GPA 平均成绩为 3.80。在录取过程中 SAT-Ⅱ科目考试成绩的权重大于 SAT-Ⅰ或 ACT 成绩的权重。SAT-Ⅱ中写作的平均分数上升到 600 分，数学为 614 分。

8 所学院中，6 所学院对少数族群学生的招收率上升，2 所学院呈小幅下降。其具体比例为：亚裔美国人 1.9%，白人 8.4%，美洲印第安人 9.2%，非洲裔美国人 15.1%，芝加哥/拉丁裔人 3.2%。

（三）少数族裔招生情况

加州大学实行平等的招生原则。近年来，加州大学少数族裔学生中，除美洲印第安人（3.5%）、芝加哥（1.9%）和拉丁美洲（0.3%）人有所增加以外，其他各少数族裔新生入学申请人数与 2003 年相比呈下降趋势。各少数民族新生中，非洲裔美国人的下降比例最大，为 7%。

各民族/种族转校生申请人数上升，其中美洲印第安人和菲律宾裔美国人转学申请增长比例分别为 25.9% 和 12.6%。

录取的少数民族/种族学生人数由 2001 年秋季的 8 580 人上升到 2002 年秋季的 9 228 人，增长 7.6%。

招收少数民族/种族学生增长最快的是加州大学的 San Diego 分校，其增长率从 2001 年秋季的 11.5%上升到 2002 年秋季的 14.4%。其他增长较快的学院分别是 Santa Barbara 和 Riverside。

（四）收费情况

加州大学的收费主要包括学费、书费、交通费、食宿费和杂费等几大类（见表 4-26）。表 4-27 和表 4-28 是加州大学 2003 学年—2004 学年和 2004 学年—2005 学年的收费统计表。从表中可见，除前面提到的收费项目外，学校还收取注册费、校区费、转校或转班费、医疗保险费等。加州大学的收费具有以下特点：① 本州居民与非本州居民的收费标准不同，本州居民的收费低于非本州居民。2003 学年—2004 学年本州居民学费为 2 135.50 美元，非本州居民学费为 2 375.50 美元。2004 学年—2005 学年本州居民学费为 2 485.50 美元，非本州居民学费为 2 725.50 美元。② 学费、转校费、医疗保险费等在逐年上涨。2003 学年—2004 学年本州居民的这三项收费分别为 2 135.50 美元、34.20 美元和 304 美元，而 2004 学年—2005 学年则为 2 485.50 美元、37.20 美元和 387 美元。此外，加州大学还向预备入学的学生提供学年收费预算表，以便他们为入学准备好足够的费用。

表 4-26　加州大学收费标准表（按学期计算）　　单位：美元

项目	收费
学费	3 260
书费	460
交通费	644
食宿费	1 760～3 620
杂费	860～930

表 4-27　加州大学 2003 学年—2004 学年收费表（按学期计算）单位：美元

项目 \ 收费	本州居民	非本州居民
注册费	356.50	356.50
学费	2 135.50	2 375.50
Berkely 校区费	98.75	98.75
转班/转校费	34.20	34.20
医疗保险费	304.00	304.00
外地居民学费	N/A	6 865.00
总计	2 928.95	10 033.95

表 4-28　2004 学年—2005 学年收费预算　　单位：美元

项目＼收费	住校生	校外生
住宿费	10 744	6 834
膳食费	886	2 348
书籍 & 杂费	1 204	1 240
个人开支	1 298	1 502
交通费	640	1 084
学费	6 730	6 730
预算总计	21 502	19 738

1. 附加费用

(1) 光学院学生。除表 4-26 所列费用外，额外付 4 337.50 美元的专业学位费。

(2) 法学院学生。除表 4-26 所列费用外，额外付教学用具费用 1 500 美元，参加 JD 和 LLM 课程的学生付专业学位费 7 236.50 美元，特殊费用 188 美元。

(3) Haas 学院商务专业的学生。参加 MBA 课程的学生除表 4-26 所列费用外，需付额外的专业学位费 7 430 美元。

(4) 所有参加 UCB－UCSF 联合医学课程的学生，除以上所列费用外，需额外付医疗残疾保险费 30.50 美元；参加该课程的二年级、三年级学生需付专业学位费 6 336.50 美元，特殊费用 188 美元。

2. 杂费

课程材料费是对特殊设置的课程收取的费用。已经注册该门课程并上课五周之后要求退学的学生不予退费。付杂费的专业为：生物工程、生物学、化学、地球太空科学、电子工程学、地理学、综合生物学、新闻、分子细胞生物学、体育、物理学。

3. 注册费

在课程调整期结束前，未能注册至少一门课程的重修生需缴纳 50 美元的迟到注册费。超过缴纳学费期限之后缴纳学费的在读生将付 50 美元的迟交注册费。开课三周之后才选课的学生需缴纳 5 美元的附加费。

4. 退学费

开课两周后退学的本科学生须缴纳 10 美元的退学费。校园账户接受系统将以上全部学费自动转入学生账户，并在学生的校园账户接受系统的月账户结算单上显示。对以上附加费要求减免的学生必须出具证明，证实延误是由于学校的原因而导致的。

（五）学生财政资助制度

加州大学的学生可以从联邦政府、州政府、地方政府及学校获得奖学金、助学金、贷款、勤工俭学等资助。助学金是在对学生情况进行调查、核实的基础上，根据学生经济需要而发放的。奖学金颁发给学业优秀或综合素质优秀的学生。

1. 申请

每年1月可向助学办公室申请下一学年的联邦学生资助。学生也可登录网站申请（http://www.fafsa.ed.gov）。秋季和春季学期的申请截止日期通常是5月。

2. 资格与条件

虽然学校会尽力满足每位学生的需求，但学生不能完全依靠助学计划完成学业，学生及其父母应该承担主要的学习费用。

财政资助分为需要性资助和非需要性资助两类。前者的资助方式包括补助性借贷、助学金、奖学金和联邦勤工助学；后者的资助方式包括非补助性借贷。申请资格按以下公式计算：

需要性资助数＝标准学生支出预算－学生/父母支付能力之总数

加州大学Berkely分校的标准学生支出预算是基于每年对学生年度开支的调查而确定的。

父母支付能力按联邦公式计算，主要包含父母的收入及资产、父母的年龄及所需退休收入、家庭经济不能自立的人数。学生支付能力评估的主要依据是学生所有的积蓄数额。家庭预期支付能力为父母支付能力加学生支付能力的总和。

3. 学生资助的种类

(1) 助学金。助学金不必偿还，根据学生需要，由联邦政府、州政府和学校基金提供。加州大学A、B助学金（Cal Grants A & B）是只针对加州居民提供的助学金。Cal Grant A是针对资金需要及学术成就的助学金，Cal Grant B是针对低收入家庭学生的助学金。加州籍学生还可获得包括注册及体检费用在内的校董事会助学金。联邦佩尔助学金（Federal Pell Grants）可为需要资助的学生提供援助；联邦补偿教育机会助学金（Federal

Supplemental Educational Opportunity Grants）为需要额外资金援助的学生提供帮助；大学助学金（University Grants）为需要资金援助的学生提供帮助。此外，还有 Federal Pell Cal Grants B or C、EOP & CS 或“联邦再教育机会助学金”（FSEOG）等项目。印第安人事务局向那些被部落确认至少拥有四分之一印第安人血统、爱斯基摩人血统的有经济需求的学生发放助学金。退伍军人福利是为退伍军人及其家属提供的资助。

（2）奖学金。从 Cal Bears 奖学金、Cal 机会奖学金、评议员及校长奖学金（Regents's and Chancellor's）等资助计划里，每年约有 5 000 名本科生从 650 所大学和荣誉基金中申请到奖学金。这些奖学金由资助办公室管理。入学成绩优等奖学金发放给 GPA 分数在 3.5 以上的学生；PCC 校长奖学金发放给优秀的高中生，数额从 100 美元至 1 000 美元不等；PCC 普通奖学金发放给那些打算升入四年制大学的有资格的学生。

（3）联邦勤工俭学计划、州勤工助学计划。联邦或州政府为学生提供参与社会服务或公益性工作的机会，学生则通过劳动获得报酬，以此来解决就学过程中的经济困难。

（4）贷款。学生可以申请贷款，但必须满足贷款的条件。由于借贷款项目的不同，利率和偿还数额也不同，牵涉到长期的偿还义务。① 帕金斯贷款（Perkins Loans）。它是长期联邦贷款，年利息率为 5%。还贷时间从学生毕业后 9 个月后或者中途退学之日起。② 联邦直接贷款（Federal Direct Loans）。它是由联邦政府提供的辅助性贷款。贷款最高数额为：一年级学生 2 625 美元/年；二年级学生 3 500 美元/年；高年级学生 5 500 美元/年。学生在校期间，其利息由联邦政府支付。学生还贷时间从毕业 6 个月后或者中途退学之日起开始。利率因贷款时间不等而不同。③ 非补助性质的联邦直接贷款（Unsubsidized Federal Direct Loans）。它与联邦直接贷款相同，但学生必须自己支付所有利息，学生在学校读书期间可以分期还款。④ 联邦政府的父母贷款项目（Federal Direct Loans-Parent Loans to Assist Undergraduate Students，简称 PLUS）。该贷款项目针对学生家长在联邦政府内工作的、学费无法自理的学生。利率每年调整，但不高于 9%。学生是否有资格申请该贷款取决于对其父母的信用评估。如果学生有资格申请此贷款，可借贷到入学所需全部费用的数额。在最后一笔贷款发放之后 60 天起开始还贷。⑤ 短期紧急贷款。学生可申请为期 30 天的短期紧急贷款（教材或其他特别需求），此贷款在每学期开学前申请。

（5）减免学费。符合加州规定的有关条件的本州籍学生，有资格申请减免学费。

（6）奖励。加州大学 Berkeley 分校的奖励项目是针对在创造力和学术成就方面有非凡表现的优等生的。获奖者得到名誉和现金奖励。此奖励对所有专业的学生开放。

第三节 开放性高校案例

据 2004 年统计，美国有社区学院 1 200 余所，其中公立占 62%，私立占 6%左右，在全国无排名。因此，本节在选取样本时采取了随机抽样的方法，任意选取了两所社会信誉较好的社区学院作为个案进行研究。

一、Scottsdale 社区学院①

Scottsdale 社区学院位于亚利桑那州的 Maricopa，是一所得到社会广泛认可的两年制社区学院，是 Maricopa 县的 10 所社区学院之一。Scottsdale 市毗邻凤凰城——美国第六大城市，拥有一流的博物馆、图书馆，举办过许多文化盛事，并培养了许多职业运动员。

Scottsdale 社区学院有充足的理由吸引学生：小班教学，学费低廉，可以转校到美国其他大学，良好的综合英语课程，美丽、安全的校园环境，友好的国际学生服务处，优秀的导师，简便、个性化的招生程序，免费的写作、数学、自然科学和计算机指导，优质的大学校际体育课程，有益的娱乐活动和有趣的夜生活，等等。

Scottsdale 社区学院为帮助学生择业和顺利升入大学做准备，学生可以从以下相关的 70 多个课程设置获得各种学位和证书：酒店和旅游管理、烹调技术、电影/电视制作、商务、护理、计算机信息系统、室内设计及其他。

（一）入学申请

Scottsdale 社区学院采取开放式的招生政策。新生和复读生通过填写入

① 关于 Scottsdale 社区学院的所有数据和资料均来自以下网站：
http://www.sc.maricopa.edu/library:2005-08-07.
http://www.sc.maricopa.edu/students/index.asp:2005-08-17.
http://www.sc.maricopa.edu/library/Policies/colldev.htm:2005-08-17.

学申请取得入学资格，要求必须注明准备就读的目的，如直接参加工作、转学或升学等。

学校招生和注册办公室向学生提供申请信息表、课程计划情况一览表和以下服务：入学帮助、学生课程申请、时间安排、根据学生居住地决定学费、根据学院要求提交成绩单复印件、回复注册证明、重复的手续、修改电话号码、地址及姓名、确定身体合格、核定入学前的学分；跳级课程、大学和中学的连接课程、大学水平测试、大学水平测试课程、转学的学分和军事服役、毕业时学分的核定等。

（二）学费政策及收费情况

1. 学费政策

Scottsdale 社区学院的学费是根据亚利桑那州相关法律、条例的规定和 Maricopa 社区学院管理董事会的规定而制定的。学费由管理委员会管理，该委员会有权调整收费标准。

学生的学费根据学生的居民身份来确定。居民身份分别为 Maricopa 城镇居民、非 Maricopa 城镇居民、非本州居民（包括非移民学生）和一般居民（非城镇类、非本州居民类）等。根据学生居住地收取学费是亚利桑那州和 Maricopa 社区学院管理委员会的规定。在一个以上 Maricopa 社区学院就读的学生，必须向就读的每一所学院交付注册费。亚利桑那州州外学生的学费数目可以咨询该州的公立大学收费系统。

所有学费、评估费、保证金必须在注册当日或在 Maricopa 社区学院管理委员会规定的缴费截止日期之前付清。所有学费和费用付清之后方可办理注册手续。

来自布鲁塞尔、格林里、特纳里夫圣克鲁斯地区的学生被视为非该城镇居民，他们的学费及其他费用以当地监管委员会核实的数额为准。

根据亚利桑那州修正案 15-1802F，“如果美国内政部承认某学生是某印第安部落的成员，其部落的居留地从一个州延伸到另外一个州，那么该生有资格被认定为该州的州内学生”。因此，一般学生和州外学生不属于此类。

根据亚利桑那州修正案 15-1429，居住在州外但学习亚利桑那州社区学院开设的远程课程或参加学分课程学习的学生，其学费不计入以上的学费项目中。

在 Maricopa 社区学院管理董事会授权的范围内，各学院可以自行评估各门课程的学费、评估费、罚金和保证金。

2. 收费情况

收费情况可参见表 4-29。

表 4-29　Scottsdale 社区学院收费表（2004 年—2005 年）　　单位：美元

序号	学生类别	总数
1	城镇居民——居住率——每学分学时 一般学费 53.50 美元，附加费 1.50 美元	55.00
2	城镇居民——旁听率——每学分学时 一般学费 53.50 美元，附加费 1.50 美元，旁听附加费 25.00 美元	80.00
3	非该城镇居民——修满 7 个以上学分学时——每小时为 1 学分 非城镇居民附加费 165.00 美元（仅适用于没有社区学院的县镇） 一般学费 53.50 美元，附加费 1.50 美元	220.00
4	州外居民*（包括 F-1 非移民——修满 7 个以上学分学时）；每小时为 1 学分 州外居民额外收费 165.00 美元，一般学费 53.50 美元，附加费 1.50 美元	220.00
5	未分类学生：州外学生或县镇外学生（修满 7 个以下学分学时）；每小时为 1 学分 一般性学生额外收费 25.00 美元，一般学费 53.50 美元，附加费 1.50 美元	80.00
6	参加“西部大学交流课程”的州外学生（无学分学时限制）；每小时为 1 学分 州外学生额外收费 27.50 美元，一般学费 53.50 美元，附加费 1.50 美元	82.50
7	向亚利桑那州州外学生（包括远程教育）、非本地居民开设的课程 每学分学时总收费 135.00 美元	135.00
8	合作办学收费率：同 Maricopa 签署的培训合同中，州外居民、州外雇员（无学分学时限制）—— 每小时为 1 学分 州外居民额外收费 76.00 美元，一般学费 53.50 美元，附加费 1.50 美元	131.00
9	技能中心每小时收费	4.10
10	考试学分及评估学分：每小时为 1 学分，固定收费	42.50
	合同检查费	21.25

（三）学生财政资助制度

财政资助项目是指利用联邦政府、州政府、私人基金组织提供的经济来源帮助学生完成学业。财政资助项目还为一些家庭提供申请财政资助所需的信息以及一些财政预算的建议，并根据学生的能力资格水平提供贷款、助学金、奖学金、勤工助学等形式的财政资助。

1. 联邦政府学生资助的申请

Scottsdale社区学院在秋季、春季和夏季学期的整个学年都可以免费申请联邦学生资助。学生必须在每年的1月开始提出申请。第一次申请截止时间为6月1日，即在8月的秋季学期开学前。第二次在11月1日，即在1月的春季学期开学前。夏季申请截止于5月1日，即在6月的两次夏季学期开学前。截止日期后收到的申请表仍然有效，但是这些学生开学后才能收到资助金。在截止日期后才提出申请的学生需自己准备支付学费。注册时，学生自付25%的学费，之后向学校出纳办公室申请75%的学费的期票。非本州居民学生必须以现金缴纳全部学费。

申请资助有两种方式：通过联邦学生资助组织的网络申请或填写申请表邮寄到财政资助办公室。

学校从联邦处理器上接收到申请后，要求申请人提供相应信息，如联邦收入所得税复印件。所有信息核实后，再进行后续的手续。

申请人的财政资助文件完成后会收到联邦助学通知书，表格中将列出资助的项目和相应的资助金额。如果申请人申请的是联邦学生资助的贷款，就会收到关于如何完成贷款手续的说明书。

发放助学金之前，学生必须注册课程。助学金是根据学生每学期所申请课程的学分数确定的。财政资助通知书上已经列出了“最低要求学分”。全日制学生每学期要求12个以上的学分（含12个），四分之三时间在校学习的学生要求9个～11.99个学分，一半时间在校学习的学生要求6个～8.99个学分，少于一半时间的学生要求1个～5.99个学分。

收到助学通知书后，申请人可以申请使用这笔助学金/奖学金/贷款。本学期的全部学费和一切费用都可以从这笔助学金中扣除。如果申请人已交过学费，就将得到含学费在内的整个学期的全额款项。如果申请人的资助金不够支付学费和其他费用，必须交付不足部分。如果申请人没有足够的助学金，他可以得到期票并用期票缴付他的费用直到期票到期。本学期剩下的学费和费用必须在最后限期前交清。如果申请人在付清学费后助学金还有剩余，余额将会以支票形式寄给申请人。学校的出纳办公室会在每学期开学前10天寄出奖学金、助学金和联邦贷款的支票。开学后的第一个星期所有课程都会开课，以便课程申请者在正式开学前确定他们是否收到支票。晚开设的课程在开课后才能支付助学金。

联邦政府要求首次贷款者在收到贷款金之前填写一份入学咨询对话。如果没有完成对话，贷款支票最多可以保留 7 天，否则政府就要求把这笔贷款还给借方。春季和秋季学期的贷款在每学期开学时平均分两次支付。如果秋季学期贷款或春季学期贷款是申请人的唯一贷款项目，贷款金额每学期分别在开学和期中平均分两次支付。

入学第一年的第一个学期，Scottsdale 社区学院的首次贷款人的贷款支票在开学后 30 天内寄给贷款人。联邦法律规定，申请人在收到助学金后，要偿还联邦政府所提供的所有资金。

2. 申请联邦政府学生资助的学业要求

联邦法规定学生在获得助学金后，要完成一门课程的学位学习或者获得一门课程的证书。对助学金获得者，根据学业标准在学业上有不同的要求。联邦法律规定，无论是否获得助学金，必须检查申请人每一学期的注册情况。已经获得助学金的学生必须达到以下最低标准：

(1) 从 6 月 1 日开始，根据学业成就标准决定学生下一学年的助学资格。

(2) 评定的时间在随后的春季、秋季和夏季学期（比如 2004 学年—2005 学年，助学资格的评定就在 2004 年的春季、2005 年的夏季和秋季进行）。

(3) 对学分的评估包括贷款协议要求的课程和学分。

(4) 没有达到学业成就标准的学生将收到通知，这些学生可以进行申诉或恢复助学资格。

3. 助学资格

学生必须达到以下标准：① 在上一次评估过程中准备修满 6 个学分的学生，必须在评估期间修够 2/3 的所选修的课程。② 在上一次评估过程中准备修满 6 个学分而没有完成的学生，必须在评估期间修够 2/3 的全部所选修课程。

4. 最高时间资格要求

(1) 超过贷款所要求的学分的学习时间 150%的学生被视为没有达到学业成绩标准，因此没有资格申请助学金。

(2) 一旦确定了最高时间资格要求，则所有评估过的转学学分都将包含其中。

(3) 取得学士学位或更高学位的学生可以不考虑最高资格要求。

(4) 学生可以提起申诉。

5. 重修、旁听、协议、补修课程和夏季学期的规定

(1) 财政资助可以用来支付重修的费用。

(2) 助学金资格决定过程中将不考虑旁听课程、非学分课程、以考试计学分的课程以及表中所列的课程学分。

(3) 贷款协议资助的课程要进行学业成就评估。

(4) 所有补修的学分将纳入学术成就资格的评估中。

(5) 在同一学年里夏季注册将视为一个学期。

6. 申诉程序

因一些情有可原的因素导致失去助学资格的学生可以申诉。有关申诉程序的具体规定如下：

(1) 所谓情有可原的因素包括：个人生病或发生事故，家人病危或死亡或其他一些无法人为控制的因素。

(2) 所有的申诉应以书面形式寄交到该生提出助学申请的助学办公室，还应该附上相应的证明文件。

(3) 文件包括讣告、离婚证明、医生证明、律师证明、社会服务部门证明、监狱证明等。

(4) 所有的情况和条件应该能保证学生有能力顺利完成学业，否则申诉不会被批准。

(5) 申诉的结果包括批准、暂缓通过或拒绝。

(6) 学生将接到申诉结果或与申诉限制、申诉条件相关的通知。

7. 恢复助学资格

(1) 失去助学资格的学生，如果在一个学期内至少修满 6 个学分 /学时，达到了所要求的学分 /学时数，或是达到了最低累计学业成绩标准，可恢复其助学资格。

(2) 上课超过 6 个学分 /学时者，其该学期的学分将被评估。

(3) 不考虑恢复在其他院校上课的学生的助学资格。

(4) 满足恢复助学资格的条件者可向助学办公室提出申请。

二、Bellevue 社区学院①

Bellevue 社区学院于 1962 年开始筹建。1966 年 1 月首届招收 523 名学生。Bellevue 社区学院的主校区位于 Bellevue 城东南 6 英里处，占地 96 英亩，绿树成荫，学院北校区位于 Bellevue 城 1070 号 Northup 路，主要是为继续教育提供服务。今天，Bellevue 社区学院已成为华盛顿州第三大高校，每学期招生超过 22 000 人。Bellevue 社区学院专升本的升学率居华盛顿的社区学院之首，同时，还设置广泛的继续教育和在线教育项目。

（一）入学

每学期网上申请入学的截止时间为：春季入学，2 月 25 日；夏季入学，5 月 17 日；秋季入学，8 月 11 日；冬季入学，11 月 12 日。

申请时须缴纳 25 美元申请费。学生可用自己的签证或信用卡在网上交费。学生在提交申请时可附上 E-mail 地址，若申请被接受，则会立即得到通知。入学的申请被接受后，学生即可申请课程。不过，有些专业只在每年秋季学期招收学生，而且不是每个合乎条件的学生都能被接受。

无论学生是第一次申请入学还是第二学期开学到班级注册，都要遵循一定的步骤。这些步骤都可以上网查询。具体内容如下：① 学期日历：可查询每学期开学日期，放假、收假时间及入学注册截止日期。② 申请入学：入学资格、费用及申请截止日期。③ 评价：提供数学、英语成绩或 GED 成绩。④ 注册：挑选班级，在线注册。⑤ 毕业：查询如何修学分、拿学位等信息。⑥ 成绩：可查询成绩、奖学金获取情况及其他个人信息。⑦ 费用：查询学费、其他学杂费及远程课程费用等。

（二）收费情况

学生必须按时缴纳学费及各项费用才能注册。夏季学期的缴费时间从学生注册每门课程的第一天算起，为期 7 天；或从开学第一天算起。秋季学期

---

① 关于 Bellevue 社区学院的所有数据和资料均来自以下网站：
http：//www. bcc. ctc. edu/schedule/search.
http：//www. bcc. ctc. edu/lmc/catalogtutorial/history2. html.
http：//www. bcc. ctc. edu/lmc/catalogtutorial/subjectadv2. html.
http：//www. bcc. ctc. edu/lmc/mediasearching. html.
http：//www. plato. com/downloads/implementations/bellevue. pdf.

缴费预计到 8 月 11 日截止，超过此日期则收费方法和夏季学期相同。总之，学生注册之日也即学生缴费之日。

有关 Bellevue 社区学院的收费情况可参见表 4-30。此外，本州学生所修学分超过 18 分时，须额外支付 65.90 美元。非本州学生所修学分超过 18 分时，须额外支付 237.60 美元。以上收费标准依信托局或华盛顿州立委员会所作的规定而定，并以最后发布的结果为准。

表 4-30 Bellevue 社区学院 2004 年—2005 年收费情况 单位：美元

学分 \ 收费	本州学生	非本州学生
1	76.35	248.05
2	152.70	496.10
3	229.05	744.15
4	305.40	992.20
5	381.75	1 240.20
6	458.10	1 488.30
7	534.45	1 736.35
8	610.80	1 984.40
9	687.15	2 232.45
10	763.50	2 480.50
11	779.00	2 499.80
12	794.50	2 519.10
13	810.00	2 538.40
14	825.50	2 557.70
15	841.00	2 577.00
16	856.50	2 596.30
17	872.00	2 615.60
18	887.50	2 634.90

（1）延迟缴费。若学生在每个学期开学后 10 天才办理缴费，则每门课程须额外交 106.32 美元。

（2）综合费用。学生无须额外缴纳综合费用，此费用已含在学生注册时交的费用当中。综合费用包含许多服务性费用，如停车费、打印费及商品价目表等。

(3) 科技费。用于支付学生上网、发 E-mail 及应用其他电脑软件技术所需的费用。

(4) 未缴费引起的退学。学生若没有在注册课程的 7 天内缴纳各项费用，学院有权禁止学生上课。若学生因此而被停课，校方会书面或通过 E-mail 通知他们。若学生要继续学业，则须交 15.94 美元重修费。

(5) 其他收费。有些课程需要缴纳实验费、办证费、上网费等。这些费用在各学分课程中已列出，一般不允许拖欠。自费项目及远程教育课程的费用在学分课程中列出；继续教育的费用在继续教育课程中列出。

(6) 学费及退款。如果学生退学或退出所修课程，学校给予退款，其金额视退出的课程而定。退款时收取 7.43 美元的管理费。因为纪律问题被勒令退出课程的学生，则不予退款。此退款不针对自费学生及不修学分的继续教育课程。学校在开课后三天开始办理退款手续。学生可提前联系财务部门办理退款。学校校历也会列出每学期退款的截止日期。退款少于 25 美元的将不予办理。学生在校期间若有欠款将在办理退款时扣除。任何超过 8 学期的退款余额将被没收。① 在秋冬和春季学期退款情况如下：在第 5 个教学日内 100%退款（除去 7.43 美元费用）；在第 20 个教学日内退一半（除去 7.43 美元费用）；在第 20 个教学日后将不予退款。② 在夏季学期退款情况如下：在第 3 个教学日内 100%退款（除去 7.43 美元费用）；在第 12 个教学日内退一半（除去 7.43 美元费用）；在第 12 个教学日后将不予退款。

(7) 免除学费。经州社区和技术学院委员会批准，Bellevue 社区学院理事会同意免除某些特定群体学生的学费，但继续教育课程和自费课程不在此内。① 一般可享受免除学费者。包括越南战争或东南亚战争退伍军人、海湾战争退伍军人。对于 1964 年 5 月 8 日—1975 年 5 月 7 日间在东南亚服役的本地学生，可免除现在的学费与 1977 年夏秋季的稳定税率下学费的差额，并且这些学生必须是在 1990 年 5 月 7 日前在华盛顿州的一所学院注册过的。对于在海湾战区服役过的本地学生，可免除现在的学费与 1990 年—1991 年间的学费差额；已故或残疾法律官员和消防员的子女免除全部或部分学费以及服务费和活动费；已故战俘和失踪士兵的子女免除全部或部分学费以及服务费和活动费。② 非本地学生免除学费的情况（地区差额）。享有免除学费待遇的非本地学生是受国会抚养者和高等教育雇员。受国会抚养者免除全部或部分学费地区差额。在华盛顿定居并任职的高等教育雇员，可免除全部或部分学费地区差额。这也适用于其配偶及子女。③ 不同身份者免除学费情况。老年人、正式学生或旁听生：学费以及注册费用每班不超过5美元的服务费和活动费，可全部或部分免除，但只限于两个班。州雇员：对于有资格的州雇员，其学费、注册费及相关费用不超过20美元的服务费和活动费可全部或部分免除。

（三）财政资助

1. 财政资助的对象与种类

(1) 资助对象。攻读 Bellevue 社区学院学位或文凭的所有学生，不论种族、肤色、血统、性别、年龄、婚姻状况或在身体、感官或精神方面有疾病，均可申请经济资助。

(2) 资助内容。包括在校的各项开销，如学费、书费、交通费、住宿费等。

(3) 资助形式。资助形式有拨款、免除学费、勤工俭学、贷款、提供奖学金等。① 奖学金。基本奖学金包括：Ayoyama 妇女基金、BCC 民族学生基金、Key Bell 奖学金、波音公司奖学金、Nancy Bean Costco 信息技术基金、Courter 家庭内部规划基金、Art Erschler 篮球基金、健康员工基金、Overlake 医院民族学生基金、西雅图时代公司奖学金、瑞典医院民族学生基金、US 银行信息技术基金、Polly Schulz Whitehead 奖学金。两年制奖学金包括：空军 ROTC 奖学金、美国印第安奖学金、工业安全基金、伊丽莎白 Greenshields 基金（专为艺术类学生所设）、自由之家奖学金、钓鱼迷少数民族基金、犹太妇女基金、Redmond 商业女性基金、SMPS 学生基金、P. E. O 妇女会－Geraldine E. Kelsch Memorial 基金、P. E. O 妇女会－Ruth C. Bartells Memorial 基金、黑人及少数民族／种族基金、WFAA—民族委员会基金。四年制奖学金包括：大学妇女联合会基金、华盛顿东部大学专升本奖学金、教育基金奖学金、北伊利诺大学奖学金。其他奖学金项目有：美非奖学金、美国本土奖学金、日本奖学金、西班牙奖学金、美国华人奖学金。② 其他学费资助项目。“工作优先”项目：此项目是华盛顿州福利项目，旨在帮助那些贫困家庭就业或谋求更好的工作，为他们的孩子提供更好的生活环境。再就业培训项目：该项目提供资金和其他资源，帮助失业人员再培训，为再就业创造条件。个人可视情况选择短期的专业项目培训。华盛顿工作信息项目：这是一个联合组织，旨在为华盛顿州的就业需求服务。Bellevue 社区学院是该联合组织指定在 King Country 服务的机构。它可提供就业培训指南，或帮助联系其他服务机构以获取工作岗位。学费分期付款计划：通过该计划，学生可通过三次分期付款缴纳学费。每期付款需缴纳 50 美金建立账户。账户一经建立，学生务必在每个学期开学前 2 个月缴费。特殊学生资助服务：该项目可为那些学院资深学生、低收入学生或残疾学生提供学术及个人资助。如提供家教服务、技能学习、电脑出租、跨学院就读等。

2. 申请资助的条件及程序

领取学生资助表前，学生必须先填写学生资助申请表。如果成绩单需要核实，学生应填写核实单并附上所要求的文件，提交到学生资助办公室，办公室据此决定是否需要提交其他表格；如有特殊情况，学生需向学生资助办公室提交证明；学生也可以参加社区学院举办的申请资格评估，并向财政资助办公室提交评估结果，财政资助办公室据此决定该生是否具备资助申请资格。

学生可以从以下途径获取申请表：① 全国大多数社区学院或技术学院。② 全国大多数中学。③ 拨打财政资助热线 1（800）466，3243。④ 登录网站 http://www.fafsa.ed.gov 查询。⑤ BCC 邮购。邮政编码：003769。

若想秋季入学，务必于每年 1 月提交资助申请书。申请财政资助是个漫长的过程，得花 3 个月甚至更长的时间。Bellevue 社区学院财政资助办公室必须遵循州府制定的各项规章办事。只有具备了所有必需的材料，才能得到财政援助。财政资助办公室将对学生所提供的各项信息加以核实，并就存在的问题提出质询。财政资助办公室以申请表到达的时间顺序为准评估申请。若学生的申请在截止日期前到达，办公室会在秋季学期开学前评估；此后到达的申请将错过秋季学期开学前的评估，待所有按时到达的申请评估完成后才能评估。这种情况下，学生要么只能先付秋季学期的学费，要么等到冬季开学。因此，学生务必于就读学期的前 3 个月提交申请。

财政资助的申请资格包括以下内容：① 必须具有中学文凭、CED 成绩或通过"申请资格考试"；② 必须是在 Bellevue 社区学院修学分（至少 45 个学分）、攻读学位的学生；③ 必须是美国公民或合法的非美国公民；④ 如果是 1960 年后出生的男性，必须在选拔机构中备案；⑤ 未拖欠任何贷款和还款；⑥ 依照财政资助申请程序办事。

学生可根据计划就读的学期，在网上填写联邦学生资助申请表（FAFSA）。如学期是 6 月 30 日至 7 月 1 日，则须在 1 月 2 日提交申请，同时提交本人身份证号、署名及父母署名。把 FAFSA 结果送交 Bellevue 社区学院，署名Ⅳ学校，邮政编码：003769。如果需要，还须提交额外证件。已获得教育部认可可以申请财政援助的学生必须提供一份认可表，并附已签名的前一年个人所得税的复印件。若已婚，须同时附配偶签名的前一年个人所得税复印件，并附父母签名的前一年个人所得税复印件。

第四节　高校招生考试制度的特点

一、报名和招生形式灵活多样

美国大学的报名方式多种多样，可以网上报名、邮寄报名、本人亲自到校报名等，目的主要是方便学生。招生形式也是灵活多样，生源竞争激烈的高校更是如此。美国的高校一般都有自己的招生处或办公室，有专门的招生官员以及联络员负责招生事宜，采用各种形式和方法宣传学校，吸引学生来校就读。美国各高校招生联络员的方法值得学习，招生联络员通常由在校的大学生担任，他们熟悉学校的情况，对学校有感情，对招生工作有热情，在招生工作中可以现身说法，很有感染力和说服力，比起纸质的宣传材料效果往往好得多。美国的大学除正常招生外，还有提前录取、跳级考试等形式，被一所大学录取的学生仍然可以报考另一所大学，学生有很大的选择余地。另外，被提前录取的学生再也不用担心报考大学的事，因而可以在中学剩余的时间专心学习功课，这对提高中学的教学质量大有好处。

二、录取条件各异

（一）对考试成绩的要求

实行第一类招生政策的哈佛大学和达特茅茨学院均要求学生提供年级平均成绩（GPA）和SAT或ACT成绩。在录取时，就GPA和SAT或ACT成绩而言，大学更看重前者，因为它反映的是学生平时的学习情况。而SAT或ACT成绩只是某一次的成绩，测试内容只是某些知识点或某些能力，具有偶然性，反映的情况远不及前者全面和稳定。因此，虽然这两所大学都要求申请者必须提交SAT或ACT成绩，但其分数并不是录取学生的唯一条件，高分并不能确保录取，低分并非意味必然落选，而且少数边远地区的优秀申请者根本没有此项成绩，但也有可能被录取。实行第二类政策的加州大学和密歇根大学虽然也要求学生提供GPA和SAT或ACT成绩，但在录取时只作为一般参考。不过，在GPA和SAT或ACT成绩之间，第二类学校同样更看重GPA成绩。实行第三类政策的Scottsdale社区学院和Bellevue社区学院则不要求学生提供任何成绩。

（二）除考试成绩外的其他要求

除考试成绩外，三类高校还要求学生提供能证明他们能力的各种材料和推荐信。对于这些材料的重视程度依次排序为第一类大学、第二类大学和社区学院。尤其是第一类大学，除考查学生的高中学业成绩外，录取委员会最看重的是申请人的社会交际能力、课外活动、工作经历以及个人的坚强性格、战胜逆境的能力等。

三、申请、录取及注册情况

哈佛大学2002年申请人数19 609人，录取人数2 066人，注册人数1 638人，录取率为10.5%，注册率为79.2%；2003年申请人数18 161人，录取人数2 068人，注册人数1 634人，录取率为11.4%，注册率为79%。达特茅茨学院2003年申请人数10 193人，录取人数2 090人，注册人数1 068人，录取率为20.5%，注册率为51.1%；2004年申请人数11 855人，录取人数2 155人，注册人数1 077人，录取率为18.2%，注册率为50%。从以上数据可见，第一类大学的录取率均低于20%，注册率均高于50%。即是说，只有十分之一或五分之一左右的申请者能获准入学，可见要上这两所大学，竞争是异常激烈的，这也说明选拔性越高的高校录取率越低，竞争性也越强，而学生的就读率相对较高。

加州大学八个校区2003年申请人数99 991人，录取人数50 291人，意向注册人数33 198人，录取率为50.3%，意向注册率为66%；2004年申请人数98 658人，录取人数46 923人，意向注册人数34 161人，录取率为47.6%，意向注册率为72.8%。密歇根大学2003年申请人数25 934人，录取人数13 814人，注册人数5 157人，录取率为53.3%，注册率为37.3%；2004年申请人数21 293人，录取人数13 304人，注册人数6 007人，录取率为62.5%，注册率为45.2%。以上数据表明，第二类大学的录取率在50%左右，有大约一半的申请者可以入学，竞争性相对于第一类大学较为缓和。需要说明的是，由于加州大学只有意向注册人数，而无实际注册人数，因此无法统计加州大学的实际注册率。但从密歇根大学来看，其注册率低于第一类大学。实行开放性入学政策的社区学院则是百分之百地录取了所有申请者。但遗憾的是，没有社区学院学生注册情况的相关数据。

美国大学招生奉行平等原则。一些大学在不同程度上对少数民族／种族都实行过优惠政策，一是为了体现教育公平，二是为了增加校园文化的多样性。第一类大学中，哈佛大学录取的少数民族学生占学生总数的 34.1%，达特茅茨占 32.5%，这可能与这类高校大量招收国际留学生有关；第二类大学中，加州大学的少数民族学生占学生总数的 19.1%，密歇根大学占 13.6%；第三类大学中，Bellevue 社区学院少数民族学生占 27%，这可能与这类院校收费低廉、只要申请即可入学以及主要培养中低层次的专业技术人员和社区服务人员的教育目标等因素有关。Scottsdale 社区学院的资料中没有这方面的统计数据。从以上数据来看，一类大学少数民族学生的比例是最高的，这可能跟著名大学对任何背景的优秀学生都提供高额财政资助和倡导多元校园文化的招生理念有很大关系。

四、收费情况

（一）一类大学

哈佛大学 2004 学年—2005 学年学费为 27 488 美元，医疗费 1 264 美元，学生服务费 1 908 美元，住宿费 4 974 美元，膳食费 4 286 美元，个人开支预算 2 570 美元，总计 42 490 美元。

达特茅茨学院 2004 学年—2005 学年学费及活动费为 30 465 美元，住宿费 5 400 美元，膳食费 3 600 美元，教材费 2 386 美元，总计 41 851 美元。

（二）二类大学

加州大学 2004 学年—2005 学年学费为 5 856 美元，其他费用以最高的住校生计算，住宿费 10 744 美元、膳食费 886 美元、书籍和杂费 1 204 美元、个人开支 1 298 美元、交通费 640 美元，总计 20 628 美元。

密歇根大学各专业的学费不同，另外，高起点学生与低起点学生、全日制学生与非全日制学生、本州学生和外州学生的各类收费均不一样。2004 年秋季学期，美术设计、音乐、自然资源与环境、医护等综合学科低起点的全日制学生的学费为全校最低，本州学生收费 3 966 美元，外州学生收费 12 877 美元；高起点的工程与 LSA 计算机科学全日制学生的学费最高，本州学生每学期 5 495 美元，外州学生每学期 14 598 美元。此外，还收取住宿费 7 030 美元，书费 956 美元。预计个人开支为 2 076 美元。学费最低的综合学科的本州学生一学期开支总计 14 128 美元，最高的工程与 LSA 计算机科学的本州学生一学期开支总计 14 657 美元。

（三）社区学院

由于社区学院的学生流动性大，中途休学、退学或工作后重读的情况都有，情况较为复杂，因此社区学院一般按学生修读的学分数来收费。Scottsdale 社区学院一个学分本州居民收费 55 美元，外州居民收费 220 美元。Bellevue 社区学院一个学分本州居民收费 76.35 美元，外州居民收费 248.05 美元。可见，社区学院的收费相当低廉。

从以上大学的收费情况看，美国大学的收费主要有以下几个特点：① 私立大学与公立大学收费不同，私立大学收费高，公立大学收费较低。② 本州学生与外州学生收费不同，本州学生收费低，外州学生收费高。③ 学校学术声誉的高低不同，收费不同。学术声望越高的学校收费越高。那些排名居前的大学收费非常高昂，常常是收费低廉的社区学院的 20 倍～30 倍。但名校仍然拥有大量优质的生源。④ 好的专业与差的专业收费不同，就业好的专业收费高些，就业差的专业收费低些。⑤ 学位课程与非学位课程收费不同。学位课程的收费常常比非学位课程高出一倍以上。

除以上问题外，在收费方面还有以下三个问题值得关注：

第一，美国大学的收费没有统一的规定和标准，各个大学有权自己制定收费标准。社区学院的学费多数是由当地社区学院管理委员会统一制定收费标准。美国大学的学费不是恒定不变的，总的趋势是年年看涨。学费上涨的问题经常成为社会关注和批评的焦点。

第二，社区学院一般都规定学生必须交完学费及各项学杂费方能注册。学生若没有在注册的时间内缴纳各项费用，学院有权禁止学生上课。若学生想继续学业，则必须缴纳重修费。如果学生退学或退出所修课程，学校可以退款，但退款时要收取管理费。如果学生是由于违纪被勒令退出课程，则不予退款。目前，中国大学生欠交学费的情况较为严重，美国社区学院的这一做法我国可以在一定程度上加以借鉴。

第三，美国各大学在学生注册之前都为学生提供学生入学后各项开支的预算表，一方面，可以使学生了解大学开支的情况，以便做好财政上的准备；另一方面，可以衡量自己的经济承受能力，如果需要，可以在入学时及时提出财政资助申请，获得必要的资助，以便顺利完成学业。这一点，也是值得我们学习的。

五、财政资助

从以上六个案例可以看到，美国大学的财政资助主要有奖学金、助学金、贷款、勤工助学和减免学费等形式。美国大学的财政资助来源于联邦政府、州政府、地方政府、大学或学院、企业以及个人捐款等。联邦政府的资助是面向全国所有层次的公、私立高校的，比如在以上的六所大学和学院的学生都可以免费申请“联邦学生资助”。

收费高的大学，通常也为学生提供高额的资助，这样可以吸引优秀学生尤其是学业优秀但家庭经济条件并不理想的学生来校就读。比如哈佛大学和达特茅茨学院就向学生提供全额学费的资助。而且在本章提到的六所大学中，学生的受资助面都很宽，只是得到的资助额度和方式不同。一般来讲，四年制大学比两年制大学更容易获得财政资助，而且在两年制大学就读的学生即使获得财政资助以后还得接受校方严格的监督，如果没有修满规定的学分，可能被取消受资助资格。

美国大学的财政资助资格审查非常严格，这一方面是为了保证让真正需要资助的学生得到资助，顺利完成学业；另一方面也是为了确保获得贷款的学生及时还贷，保持良好的信誉。比如在哈佛大学，要想获得资助，申请人就必须提交CSS个人情况调查表、联邦学生资助申请表、前一年联邦所得税申报表副本、外国学生的财产声明、分居或离婚父母中无监护权的一方提交的无监护权的声明以及商业/农业经营情况附表（个体经营者提交）等。在学校对这些材料审查无误并测算出学生家庭支付能力和学生支出预算之差之后，才会批准申请人的资助申请。因此，学校对申请人的家庭及经济状况非常了解，基本上能保证资助与学生需要相符。

第五章 美国高校招生考试制度之理论分析

上述几章对美国高校招生制度的历史、现状进行了回顾和梳理，并根据大量的数据、资料和个案进行了数理统计分析和实证研究。本章将对美国高校招生制度进行理论探讨。高校的招生制度是一个涉及教育、社会、政治、经济和文化等方方面面的广博的系统，其内涵是任何一个单一学科都无法包容的。因此，要对美国高校招生制度进行全面研究，仅从任何一个单一学科的视角出发，都是难以做到的。只有利用多学科的研究方法，对美国高校的招生制度进行综合分析，才能比较全面地对其加以认识。本章主要运用多学科的研究方法，从教育学、政治学、社会学、经济学和文化学的视角，对美国高校的招考制度进行理论分析。

第一节 高校招生考试制度之影响因素分析

一、教育学的观点

（一）教育理论的影响

关于什么样的人能够进入高校这一问题，美国曾存在过三种教育哲学：贵族哲学、英才哲学和平等主义哲学。这三种教育哲学直接影响了美国招生制度的演变。贵族哲学认为成为高校的学生应以谁付得起学费和具有相应的社会地位为前提。这一哲学主要在美国南北战争以前占统治地位，因为当时的高等教育主要是培养神职人员和世俗社会所需的专业人员和公职人员，学校规模很小，学生人数不多，因此接受高等教育只是少数贵族子弟的特权。南北战争后，英才哲学渐占上风。英才哲学主张高等教育是赢得的权利，而不是少数人生来就有的权利，高校招生应以学习能力和努力学习的愿望即学习成绩为基础。英才哲学趋向于民主的高等教育。1862 年《莫里尔法案》通过以后，各类院校如雨后春笋般建立起来，到 20 世纪初，大学有了充足的生源。因此，大学开始实行选拔招生制。第二次世界大战以后，平等主义哲学盛行。平等主义哲学主张高等教育是每个公民的权利，高校应该敞开大门，向每个适龄学生提供平等的接受高等教育的机会。当时的情况是美国的经济和科学技术已处于世界领先地位，而其职业中心正从生产工业转向销售和服务性行业，美国不仅需要大批高科技人才，更需要大批受过训练的半专业人员和拥有较高技术的熟练工人，在此情况下，美国开始实行开放性招生制度。事实上，美国现行的三种招生制度兼有精英教育和大众教育的特点，从它们身上仍能看到这三种教育哲学的影子①。

20 世纪 90 年代以来，对美国高校招生制度影响最大的教育理论当属多元智力理论。由霍华德·加德纳在 1983 年提出的多元智力理论（the theory of multiple intelligences）被认为是在挑战传统智力理论方面最彻底、在世界教育领域影响最深远的理论。加德纳的多元智力理论的核心是，智力是在某种社会或文化环境的价值标准下，个体用以解决自己遇到的真正难题或生产及创造出有效产品所需要的能力；智力是多元的，由一组而不是一种能力构成，这组能力中的各种能力不是以整合的形式而是以相对独立的形式存在；七种智力构成了多元智力理论的基本结构：言语—语言智力（verbal-linguistic intelligence）、音乐—节奏智力（musical-rhythmic intelligence）、逻辑—数理智力（logical-mathematical intelligence）、视觉—空间智力（visual-spatial intelligence）、身体—动觉智力（bodily-kinesthetic intelligence）、自知—自省智力（intrapersonal intelligence）、交往—交流智力（interpersonal intelligence）。在 1998 年，加德纳又在上述七种智力之外增加了第八种智力——认识自然的能力。加德纳的多元智力理论主要包括四个方面的含义：第一，每一个体的智力都具有自己的特点和独特的表现形式；第二，智力强调的是个体解决实际问题的能力和生产及创造出社会需要的有效产品的能力；第三，个体智力的发展方向和程度受到环境和教育的影响和制约；第

① 唐滢：《中美两国大学招考制度比较思考》，《湖北招生考试》2003 年第 8 期，第 55～58 页。

四，多元智力理论重视的是多维地看待智力问题的方法[①]。多元智力理论的提出在教育界引起了强烈的反响，并很快成为当今美国教育教学改革的理论基础之一。作为大规模统一入学考试的SAT和ACT考试，其功能之一即是评价中学生及其就读中学的教学质量，当然也不可避免地受到了该理论的影响。基于多元智力理论，人们对SAT和ACT考试和高校的录取标准提出了质疑：SAT和ACT考试是“千人一卷”，主要考一些教学中共性的要求，怎么兼顾受教育主体的差异性？如果我们承认这种差异性，是不是也应该尊重这种差异性？由这种差异性所导致的学生成绩的差异是否应该左右高校对学生的录取、左右学生参与高等教育的机会？首先，就智力因素而论，学生的智力类型和外在表现之间存在差异，但它们之间并无优劣之分，在人才类型需求多样化的今天，尊重学生个性的发展应该成为平等教育的责任。如果我们认同智力的多样性，就应该允许和鼓励多样化的存在，只有这样才能满足高校对多元校园文化的内在需求。其次，学生现有学习能力的差异不应该成为学生受到不平等待遇的依据，因为这种差异并非由学生自身造成，而是源于外部世界与个体相互作用的结果，而且学业水平上的差异可以以类型上的多样化加以弥补。标准化考试主要考一些共性的要求，很难兼顾受教育主体的差异性。因此，如果在教育过程中教师和家长都注意学生个性的发展，而在评价学生时又只用一种统一的标准来衡量，学生和家长都难以接受。而知识本身也具有灵活性、多样性和复杂性，只有采用多样化的测量标准才有利于发展学生的各种潜能和创造力。美国的教育历来强调尊重学生个性发展，其教育目的是个人本位的，一切教育活动都应该考虑是否有利于学生个性的张扬[②]。在此背景下，SAT和ACT考试进行了多次改革，其目的都是要更好地反映学生的个性。比如，在2005年3月首次举行的新SAT考试中增加了写作测试，其目的就是引导学校和考生重视写作能力的培养，更加强调知识以外能力的意义。此次改革不仅提出要测试学生应用中学所学知识的能力，而且明确提出要测试学生进入大学后解决问题的能力。再就高校的录取标准而言，许多高校实行的是综合录取标准，尤其是针对特长生、女性和少数民族/种族的特殊录取标准，应该说都是兼顾学生智力和个性多样

① 霍力岩：《多元智力理论及其对我们的启示》，《教育研究》2000年第9期，第71～76页。

② 唐滢：《美国标准化考试反思》，《湖北招生考试》2005年第6期，第17～21页。

化的具体表现。

就影响美国高校少数民族/种族招生政策的理论而言，美国历史上曾出现过文化剥夺理论、文化中断理论、社会阶层理论和文化模式理论等解释。但从历史的进程看，我们不难发现，美国高校少数民族/种族招生政策曾在不同时期，并在不同程度上受到过“同化主义”和“多元文化”思潮的影响。第二次世界大战以前，尤其是20世纪60年代以前，在美国占据主导地位的是“同化主义”。对少数民族实行的是同化政策，少数民族只能学习英语和主流文化。这一时期，美国少数民族高等教育发展缓慢。五六十年代以后，美国民权运动兴起，少数民族开始为争取教育平等权而斗争。“同化主义”政策再也行不通了，因此美国开始实施“多元文化”主义，尊重少数民族学习本民族语言文化的权利，在大学开设少数民族研究课程。对美国少数民族高等教育发展产生过重要影响的肯定性行动计划也是在这一时期确立并全面实施的。美国少数民族高等教育随之进入快速发展时期。肯定性行动计划不仅极大地增加了少数民族接受高等教育的机会，而且对提高少数民族的社会经济地位也发挥了积极的作用。根据《美国新闻与世界报道》1995年的调查，1965年—1995年间，美国黑人家庭达到中产阶级水平的比例从18%上升到40%，黑人在管理和技术领域中的就业率增加了两倍。但是，肯定性行动计划只是在一定程度上缩小了少数民族与白人间的差距，缓解了种族矛盾，并没有从根本上改变少数民族受歧视的地位①。近年来，美国少数民族高等教育出现的新危机，就充分证明了这一点。不少反对肯定性行动计划的人认为，既然少数民族的社会经济地位已经提高了，就应该取消对他们的优惠政策。因为根据社会阶层理论，少数民族子女不能接受良好高等教育的原因是他们没有好的家庭背景，但在这一前提已经改变的情况下，少数民族高等教育政策也应随之改变。

（二）教育制度的影响

美国的教育制度是在特定的社会历史和现实的矛盾冲突中构建和发展起来的。尽管世界上许多国家都将美国的教育视为理想模式，美国也在不断地推销自己，但我们应该看到，美国的教育制度首先是美国的，具有鲜明的民

① 王军：《世界跨文化教育理论流派综述》，《民族教育研究》1999年第3期，第23～27页。

族特点，深刻反映着美国的政治制度、经济体系和文化传统。以下主要分析美国教育制度的特点对高校招生制度的影响。

许多学者认为多样性是美国高等教育最突出的特点，美国高校的自治和竞争促进了这一特点的形成和发展。美国的高等教育制度具有明显的分权特色，各州在宪法规定的范围内可以充分根据本州、本地区的特点，行使各自的权力。而且各州与各学区和各大学之间的关系也非常松散，它们都享有一定的自主权。这种分权使美国高等教育保持了多样性，在招生问题上也不例外。美国各高校都有自己的招生机构，它们的招生原则、标准和理念各具特色，招生的方式五花八门，运作的过程各不相同，表现出极大的灵活性和多样性。这种灵活性和多样性正是美国高校招生过程的鲜明特色。不过，多样性的执行有可能损害统一性，破坏招生的公平性。

统一性是美国教育的又一个显著特征。在 20 世纪 80 年代以前，这一特征并不外显，人们把它比喻成“一只看不见的手”，因为联邦政府对高等教育的统一控制主要是通过立法、资格认可、评估和财政拨款来实现的。但是，从美国 20 世纪 80 年代的教育改革开始，应该说统一性的特点已经清晰彰显。1983 年高质量教育委员会发表的《国家处在危险之中：教育改革势在必行》的报告，揭开了 80 年代美国教育改革的序幕。该报告要求“凡是要取得高中毕业文凭的学生最低限度应有‘五项新基础课’的基础，即在他们 4 年的中学期间要学习以下课程：4 年英语、3 年数学、3 年自然科学、3 年社会科学和半年计算机科学”。1987 年，联邦教育部在确立联邦普通教育的标准时接受高质量教育委员会的建议，补充 2 年英语、2 年体育和半年艺术为必修课，这样中学必修的核心课程增至 8 门。1991 年 4 月，布什总统签署了《美国 2000 年教育改革战略》，这份纲领性的文件提出了美国教育改革的 4 项“教育战略”、6 个“国家教育目标”和“新的世界标准”，即英语、数学、科学、历史和地理 5 大核心课程的国际标准。1991 年，全美教育标准与测验委员会（NCEST）成立。1991 年—1993 年，联邦教育部先后资助了英语、数学、科学、历史、地理、艺术、公民和外语等学科全国性的课程标准的制定①。1994 年 3 月，克林顿政府提交给国会的报告《2000 年目标：美国教育法》获得通过，此法案提出要建立全国性的课程和测评标

① 柯森：《美国九十年代教育改革的特点》，《背景教育研究》1997 年第 6 期，第 39～41 页。

准，为学校的目标管理和质量管理提供明确的参照体系，并通过这一途径来强化联邦和各州对学校的控制。这标志着布什政府提出的全国教育标准法律化，该报告对核心课程提出了具体要求，即在原来英语、数学、科学、历史和地理五大核心课程的国际标准的基础上增加了外语和艺术 2 门课程，并为英语、数学、科学、外语、艺术、公民与政府、历史与地理、经济学 8 门课程制定了卡内基标准单位，即学分，以保证教学质量①。1996 年美国公布了全国科学课程标准。1999 年，美国教师联盟提出，各州课程标准必须包括 4 门核心科目：英语、数学、科学和社会科学②。

布什总统早在 1991 年 9 月《财富》杂志主办的教育高峰会议第四次年会上发表的演讲中就指出，教育改革不仅是地方的事，更是国家的事，并呼吁建立全国统一的课程和测评标准，在共同的目标和标准下，推动全国的教育改革。对于一个在历史上一直由地方控制教育的国家来说，这无疑是一种划时代的变化。有学者评论说："这种变化并不意味着要剥夺宪法赋予地方具体管理辖区教育事务的权利，但它反映了联邦政府与各州政府之间已达成的共识，即在教育问题已经演变成一种影响深远的社会危机的今天，教育改革的问题应该提高到国家的层面来对待。"③ 联邦政府的这一系列教育改革政策无疑对高校招生的标准产生了直接影响，许多高校，尤其是一些著名高校在招生要求中对申请入学者的英语、数学、科学和社会科学 4 门核心科目的修业年限提出了明确的规定，未达要求者原则上不予录取。美国教育的统一性对高校招生标准的影响由此可见一斑。

（三）高校分类及排名的影响

高校分类及排名对美国高校招生制度有如下影响：首先，高校分类对招生选拔性强弱程度有制约作用。美国高校现行的招生政策主要有高选拔性、一般选拔性和开放式三种形式。实行第一类招生政策的高校对申请人进行严格的筛选，这类高校录取的新生一般都有较高的智商和较强的学习能力，因

---

① 谢宁：《美国克氏〈2000 教育目标法〉评价》，《比较教育研究》1996 年第 4 期，第 46～48 页。

② 胡庆芳：《绝不让一个中学生掉队——美国高中课程改革研究》，《全球教育展望》2002 年第 3 期，第 32～37 页。

③ 柯森：《美国九十年代教育改革的特点》，《背景教育研究》1997 年第 6 期，第 39～41 页。

而入学后的淘汰率较低；实行第二类招生政策的高校只对考生进行不太严格的筛选，但入学后的淘汰率较高；实行第三类招生政策的高校向所有有意接受高等教育的人开放，凡申请者全部录取，社区学院主要实行此种政策。由此可见，高校招生选拔性的强弱明显受到其层次和类型的影响。其次，高校的分类对收费有影响。从总体上讲，在美国个人用于大学教育的费用占国民生产总值的比例是世界上最高的，大约占国民生产总值的 1.2%，高于高等教育公共经费所占 1.1%的比例。但不同层次和类型的高校收费标准差异较大，比如公立大学和私立大学的收费就有较大差别。一般来说，私立高校的收费明显高于公立高校。如果按照收取的学费和杂费的总额计算，以 1991 年度—1992 年度为例，公立高校本科生平均为 1 665 美元，私立高校则为 9 498 美元。1996 年度—1997 年度，公立高校本科生在学费和住宿费等方面的支出为 6 534 美元，而在私立高校却为18 071美元。再从收费的涨幅看，私立高校也高于公立高校，在 1987 年—1997 年间，公立高校的涨幅为 20%，私立高校为 31%。按照学费与国民年平均收入的比值计算，美国私立高校的学费大约是国民年平均收入的 1 倍～1.3 倍，而公立高校则为 0.4 倍（本州学生）和 0.6 倍（外州学生）①。再次，高校的排名对生源产生影响。一所高校的排名位置越居前，它的学术声誉就越高，对考生的吸引力就越大。排名靠前的高校往往有充足的生源，可以招收到大批优秀学生。有了优秀生源的保障，大学就能保证教育质量，培养出高素质的人才，就能在科研领域取得尖端成果，保持甚至提升其在美国整个高教系统中的层次和地位，并使其招生工作实现良性循环。因而，美国高校的排名同其招生工作是相互影响、相互制约的，是一种互动的关系。

二、文化学的观点

一个国家或民族的文化传统对其教育有直接的影响，主要体现在两个方面。一是民族文化影响各民族成员对教育重要性的评价。各民族成员以自己在传统文化中形成的价值观来评价教育的形式和内容。他们往往从自己的生产生活等实用方面来认识教育。一般来说，由于教育作为上层建筑与一个民族的社会经济基础密切相关，因而文化越发达的民族，对教育作用的评价越

① 高军：《论美国高校的层次和类型对其招生的影响和特点》，《湖北招生考试》2003 年第 10 期，第 58～60 页。

高；而文化越封闭、生活越贫困的民族，对教育的评价越低，越容易忽视对子女的教育。二是民族文化影响民族成员的价值观。现代人类学和民族学的研究表明，民族成员是一定文化的载体，他们对事物的接受是有选择的，而其选择的标准，就是他们从家人、同伴和周围环境中所学到的价值观念。这一客观事实决定了民族文化必然通过民族成员的价值观来影响教育的效果，从而对教育的入学率、保持率、毕业率等产生影响。

美国高等教育学家奥斯卡·汉德林在其著作《美国大学与美国文化》中论及美国文化与美国高等教育的关系时认为，“在过去三百年中，美国与其他国家相比，整体文化与高等教育之间的关系更为密切，它们相互结合而发展。美国高等教育的一个突出特点是多样化，但各类高校在发展演变过程中有些共同的趋势，这些趋势深深地受着美国人所关注的问题和价值观念的影响，并且经常不断地发生着微妙的变化”①。但是，由于美国是移民国家而且历史比较短暂，似乎没有自己固定的性格和特征，因此很难回答到底什么是美国文化。学界普遍的观点是，美国的主流文化主要由宗教文化、共和文化和个人主义文化等三种文化传统构成，它们对美国高等教育的产生、发展和改革起着不可忽视的作用。作为高等教育组成部分的高校招生制度不可避免地也受到了上述文化的影响。我们认为，个人主义文化和共和文化对美国高校招生制度的影响更为直接和显著。

个人主义文化是在美国城市化和工业化的进程中形成和发展起来的，构成了美国最具典型意义的文化特征。到 19 世纪中叶，个人主义在美国占据了统治地位，影响到了美国社会、政治、经济和文化的方方面面。19 世纪法国著名社会哲学家德托奎维尔对美国的个人主义作出了如下深刻的分析：在美国，个人主义“使每个公民把自己从群体中分离出来，隐退到自己家庭和朋友的圈子中，在这个小的社会中形成自己的兴趣，他们心安理得地让大社会去关照自己……他们形成了在孤立中去考虑自己的习惯，幻想自己掌握自己的命运”②。在个人主义文化传统的影响下，社会、学校和家长都鼓励年轻人张扬自我、发展自己独特的个性和才能，并且希望高校承认和接受那些成绩平平但在某方面有特殊才能的学生。由于这些学生往往能在某方面为学校争得荣誉，因而高校也认为应该或者说很乐意接受这些学生，并为他们

① 王英杰：《美国高等教育的发展与改革》，人民教育出版社，2002 年，第 158 页。
② 王英杰：《美国高等教育的发展与改革》，人民教育出版社，2002 年，第 168 页。

制定了特长生的特殊招生政策。这种做法是高校迎合个人主义文化传统的具体表现，也满足了学校自身发展的需要。因此，个人主义文化传统对高校招生政策的影响是显而易见的。

共和文化的核心是自由、平等、参与和民主，这一价值观念是伴随美国的历史发展逐渐形成的。杰弗逊早在《独立宣言》中就把建立“所有参与者相对平等的自我管理的社会”作为自己的理想，希望“给所有人以平等和公正，不管他们来自哪个国家，有什么样的宗教和政治信仰”[①]。美国的青少年是在共和文化的熏陶下成长起来的，他们希望成为自己思想的主人，对自己的行为负责。进入高校或退学自谋出路，选择专业或转换专业完全由自己做主，学生的家长和教师也鼓励学生自立，共和文化已经成为一种普遍的社会价值取向而深入人心。计算机行业巨头比尔·盖茨和钢铁大王洛克菲勒可以说是这方面的典型例子，他们自己选择了自己的生活道路，并获得了巨大的成功。高校为满足青年人这种自主选择的需要提供了种种方便。因此，在美国只要是想接受高等教育的青年人几乎都可以找到适合自己兴趣、水平与学术倾向和经济承受能力的高校。入学之后要转校或转专业也极为容易。因此，可以说共和文化促进了美国高校招生制度的灵活性和多样性。

三、经济学的观点

经济因素对高校招生制度的作用主要反映在高校招生政策和策略、学费及财政资助政策以及收费对学生就学的影响等方面。

第二次世界大战以后，美国经济经历了持续的空前繁荣时期，特别是在20世纪60年代GNP连年大幅增长。但到了70年代中期，美国经济开始走下坡路，1980年GNP出现负增长。此后，经济不景气与好转局面交替出现。进入90年代以后，美国经济出现了20多年来前所未有的大好局面：经济持续增长，失业率和通货膨胀率降低。伴随美国经济形势的不断变化，美国高校的招生制度也在不断地进行调整，以适应新的形势，为自己赢得更好的生存和发展空间。

（一）经济因素对高校招生政策和策略的影响

第二次世界大战以后，随着经济和科学技术的迅速发展，美国社会迫切

① 王英杰：《美国高等教育的发展与改革》，人民教育出版社，2002年，第163页。

需要大量的各级各类人才，中等教育的普及使得高中毕业生大量增加，随着20世纪40年代婴儿潮出生的孩子开始陆续进入高校，50年代兴起的大规模民权运动使得高等教育民主化的要求空前高涨。在以上因素的推动下，美国高校迎来了新的大学生入学高潮。自1958年到1968年，美国高校的在校生人数由322万猛增到692万，平均年增长率为7.9%。高校的在校生在18岁～24岁人口中所占的比例由21.2%上升到30.4%[①]。在校生人数的激增，导致高校在学生的选拔和财政资助等方面面临新的挑战。60年代初，许多两年制的社区学院开始实行“开放入学”、“免费入学”或降低学费的政策，使许多过去没有机会接受高等教育的青年大批涌入社区学院。到了60年代末期，高校出现了严重的财政危机，它们在办学方向、招生计划等方面被迫进行调整。这场高等教育危机是伴随着整个美国的社会危机、经济危机和公众的信任危机而来的。60年代初期，美国卷入越南战争，导致国内频繁出现反战示威游行，加之民权运动、妇女运动和学潮风起云涌，加深了美国社会的危机。迫于越南战争和经济危机的压力，联邦政府自1968年起放弃了高等教育的优先发展战略，大幅度削减了对高等教育的财政拨款。此外，由于劳动力市场不景气，大学文凭普遍贬值，人们认为接受高等教育已经不能保证满意的就业机会。因此，这一时期，高校学生的注册率明显下降。高校学生注册的年增长率由1960年—1965年最高时的10.6%下降为1965年—1970年的7.7%、1970年—1975年的5.4%、1975年—1980年的1.6%。另外，高等教育适龄人口占总人口的比例下降也严重影响了高校的生源。1970年18岁～19岁大学生占适龄人口的比例为35%，而到了1980年，这一比例下降为28.8%[②]。

面对严重的财政危机，加之适龄青年入学人数减少和教育设施的相对过剩，高校之间、各系科之间展开了激烈的生源大战。这场生源大战导致自20世纪70年代以来，美国高校与学生之间的关系发生了重大改变，出现了“学生消费者至上”的局面。“所谓‘学生消费者至上’，是以把学生与学校的关系作为买方与卖方为前提的，是一种注重和保障学生权益的‘市场管理哲学’。”[③] 为此，高校采取了应对措施：第一，扩大招生的对象和范围，大

① American Council on Education, Fact Book, 1980, p. 37.

② 黄福涛：《外国高等教育史》，高等教育出版社，2003年，第342页。

③ 黄福涛：《外国高等教育史》，高等教育出版社，2003年，第343页。

量招收非传统学生（注：非传统学生指年龄在22周岁以上的学生以及非正规教育计划的学生）、妇女和少数民族/种族学生、低收入家庭的学生和成绩一般或较差的学生。第二，增加财政资助的力度。第三，增加专职招生工作人员，采取各种措施鼓励和吸引高等教育的潜在对象。第四，利用各种媒体做招生宣传。

（二）收费和财政资助政策对学生入学的影响

美国高校的收费除学费外还有各种名目的杂费，如书籍费、课外活动费、健康保险费、交通费、住宿费、伙食费、停车费等。另外，学生的消费还包括汽油费、汽车维修费、日用品费、手机费等。因此，美国家庭要供一个孩子上大学的费用是非常昂贵的。

美国高等教育的办学体制是公私并存，但私立高校占多数。而私立高校的办学经费中，学生缴纳的学费占有相当大的比例。各高校的学费没有全国统一的法定标准，都是根据自己的具体情况制定的。私立高校的收费标准多是在参照公立高校收费的基础上，根据自己的具体情况来制定的。美国大学的收费增长迅速，这在过去和现在都是如此。早在20世纪60年代，联合国教科文组织就高等教育的入学问题进行了研究，在其针对美国的报告中有这样一段话："最近一项研究分析了32年（1928年—1960年）中96所大学和学院的收费情况。这些学校被划分为：公立学校——大型和小型；私立学校——大型和中型；男子学校；女子学校。1928年到1960年间，公立学校的学费和杂费（公立大学中的非住校生除外）已经增长了约200%。私立学校的增长率更高，大约在275%到350%之间。食宿费用的增长幅度要小得多，在80%到125%之间。"[①] 从80年代早期开始，美国各高校的学费逐年上涨，即使在排除通货膨胀的因素后，学费仍有大幅上涨。据统计，自1986学年—1987学年至1996学年—1997学年的十年间，美国私立高校的生均学费和住宿费（以1997年的美元计）上涨了20%，私立高校则更是高达31%[②]。再看1995学年—1996学年，全美约有7%的四年制院校的收费超过了18 000美元，大约49%的院校的收费低于4 000美元，可见各高校间收费的差异很大。

---

① Frank Bowles, Access to Higher Education (Volume Ⅰ), UNESCO and International Association of Universities, 1963, p. 620.

② NCES, Digest of Education Statistics, 1998, p. 11.

高校收费、财政资助和教育机会对学生及其家庭的影响之间的关系相当复杂。不断增加的高校收费可能会使学生接受教育的机会不断受挫，但我们看到的却是高校收费和招生人数一直都在同时增长这样一种矛盾的现象。事实是高额的收费确实阻碍了一些学生被收费较高的学校录取，但他们选择了不太昂贵的受教育途径，比如公立大学、州立大学、社区学院、合作专业、成人教育等，因此收取高额学费的高校实际上只是限制了来自低收入家庭的学生。与此同时，学生可申请到的奖学金、助学金和贷款数都有明显的增加，因为教育委员会相信，高等教育机构从根本上应为社会各阶层服务，任何个人都不应该因为其家庭经济状况不佳而丧失受教育的机会，其上学的机会也不应该因为必须支付学费而被延误。但是，这些现象还是无法掩盖不断上涨的高校收费带来的真正影响。美国教育部在 1960 年 7 月至 10 月间对此问题进行了调查研究，随后公布的研究报告指出，在接受根据《国防教育法》提供的贷款的学生中，40％的人来自年收入不超过 4 000 美元的家庭，7 人中有 5 人的家庭年收入为 6 000美元或低于 6 000 美元（1960 年美国家庭人均税后收入为 6 170 美元）。在贷款人中，有 81％的人为大学教育积攒了 250 美元或不足 250 美元的存款；而另一方面，5 人中有 3 人用仅仅 251 美元或更少的贷款来接受高等教育。这份报告还称，约有 30％的贷款人认为“从家庭收入以外的渠道（如贷款、奖学金、兼职等）获得支付所有教育费用的款项”是必要的。“10 个贷款人中有 8 人多一点能支付他们至少一半以上的大学教育费用。”因此，要经过很长一段时间的沉重负债，这些人才能还清贷款，这成为许多人难以克服的障碍。事实上，60％的贷款人都计划通过从事教育活动来还清贷款。根据国家的一项政策，通过教书，贷款人每年可以免除贷款总额的 10％～50％的债务①。尽管如此，应该说，虽然高校的收费在不断上涨，但在各种资助政策的帮助下，只要有足够的学习动机，对自己和未来有足够的信心，许多人都可以实现上大学之梦。

20 世纪 80 年代末，研究人员就高校收费和资助政策对高校学生入学的影响进行了研究。他们发现，八九十年代在美国高校学费迅速增长的背景下，学生的入学率不仅没有下降，反而有所上升。但是否因此就可以得出“高校收费没有影响学生的入学”的结论呢？研究发现：① 高校的收费和资

① Frank Bowles, Access to Higher Education (Volume Ⅰ), UNESCO and International Association of Universities, 1963, pp. 618-619.

助政策对学生的入学率确实存在影响。② 高校收费与资助都会对学生的入学意愿产生影响。③ 低收入家庭学生比中上层学生对高校收费和资助的反应更加敏感。④ 高校收费与资助对黑人学生的影响比对白人学生的影响更大。⑤ 高校收费与资助对准备上社区学院的学生的影响要大于对准备上四年制学院的学生的影响①。另外，还有研究发现，在高校学费迅速增长的情况下，入学率反而有所上升反映出两个情况：① 越来越多的人认识到高等教育对受教育者个人回报的贡献，提高了公众接受高等教育的热情。比如，1975 年本科毕业生的平均收入是高中毕业生的 1.54 倍，到 1992 年则上升到了 1.74 倍。② 虽然高校学生的整体入学率在上升，但不同种族、阶层和不同收入水平家庭的子女接受高等教育的机会不均等。

四、社会学的观点

社会学主要从教育机会均等的角度关注高校的招生制度。1966 年，美国教育社会学家詹姆斯·科尔曼领导的课题组在美国进行大量的实证研究后撰写的《教育机会均等的观念》被称为当代世界关于教育机会均等的三项最重要研究报告之一。报告指出，影响教育公平的主要因素不仅是学校教育制度，更重要的是不同社会阶层的经济地位和文化背景。社会学主要从社会分层、社会资本和少数民族/种族等视角研究高等教育机会均等的问题。

（一）社会分层对高等教育机会均等的影响

美国有学者认为，社会分层对学生参与高等教育有直接的影响，通常出身上层社会的人比出身下层社会的人的升学机会更多。休厄尔在 1971 年的一项研究中曾对随机抽样的几名中学生进行了长达 14 年的追踪调查。他根据样本的社会经济地位将他们分为 4 级，结果发现，经济地位高一级的样本比低一级的样本接受高等教育的可能性大 4 倍，大学毕业的可能性大 6 倍，读研究生或接受专业训练的可能性大 9 倍②。鲍尔斯在《不平等的教育和社会分工的再生产》一文中列举了美国 20 世纪 60 年代不同收入家庭的学生进入大学的情况。

---

① D. E. Heller, Student Price Response in Higher Education: An Update to Leslie and Brinkman, Journal of Higher Education, 1997 (6), pp. 624-659.

② 伊恩·罗伯逊：《社会学》，黄育馥译，商务印书馆，1991 年，第 515 页。

表 5-1　1967 年美国不同收入家庭中学毕业生入学情况

家庭收入（美元）	进入大学的比例（%）
3 000 以下	18.8
3 000～3 999	32.3
4 000～5 999	36.3
6 000～7 499	41.1
7 500～9 999	51.0
10 000～14 999	61.3
15 000 以上	86.7
总　计	46.9

资料来源：张人杰主编：《国外教育社会学基本文献》，华东师范大学出版社，1989 年，第 227 页。

由表 5-1 可见，中学毕业生读大学的比例随家庭收入的增加而递增，家庭收入低的中学毕业生与家庭收入高的中学毕业生相比，前者进入大学的比例远远低于后者。可见，社会分层对高等教育机会均等有直接的影响。

（二）少数民族/种族高等教育机会均等的问题

教育机会均等是指公民不论其种族、民族、性别、社会地位、财产状况、宗教信仰等，在受教育方面都享有平等的机会。这不仅是国际社会普遍公认的教育理想，而且已经被美国教育法确立为基本原则。美国是一个多民族的国家，人口结构呈现多样化的特点，具体体现在民族、种族的多样性，民族文化的多样性，民族价值取向的多样性，少数民族经济地位的多样性以及少数民族接受高等教育层次、类型的多样性等方面。这些因素导致各少数民族在接受高等教育机会方面呈现出不同的走向。比如，由于特殊的文化背景，亚裔人的 SAT 和 ACT 成绩在各民族中是最高的，因此高选拔性院校录取的学生中亚裔人的成绩往往也是最高的，甚至超过白人。但在接受高等教育方面，亚裔人几乎没有享受任何优惠。而西班牙裔人的成绩历来是最差的，因此在录取时对他们的照顾常常是最多的。美国高等教育的入学机会中存在明显的种族差异，白人中学毕业生比其他人种的中学毕业生更容易进入大学。据美国教育部的统计，1993 年—1995 年，白人的平均入学率比黑人和西班牙裔人高出 9 个百分点。此外，少数民族/种族的学生尤其难以进入高选拔性高校，因为这些学校录取标准较高，学费也高。因此，少数民族/种族问题一直是美国高等教育面临的一大难题，而且情况也相当复杂。

为促进高等教育机会的均等，美国先后出台过向少数民族/种族倾斜的“肯定性行动计划”，并通过一系列的行政手段、经济手段等来推动教育机会均等的进程。这些政策和措施有：加强补习教育，提高少数民族学生的学习能力；聘请少数民族教师，开设民族学科专业；加大对少数民族学生的财政资助，提高少数民族学生完成学业的能力；开办专门的少数民族院校，促进少数民族高等教育的发展等等。

总体来讲，尽管美国在高等教育的入学机会均等问题上还存在这样或那样的问题，但美国在大学招生中，依托社会中介组织和考试机构的运作，通过多次考试、多次选择和采用较为全面客观的录取标准，加之众多的大学，丰富的高等教育资源，较好地实现了入学机会的均等。当然，我们应看到在这种公平之中也存在局限性。比如在录取过程中存在透明度低、暗箱操作、缺乏监督等问题。各大学的录取原则是公开的，但对如何驾驭录取中的各种因素，考生哪个条件占多大权重则是保密的。各大学互不通气，更谈不上外界监督。再如，一些移民和边远地区、少数民族的学生，由于受教育水平低，基础教育较差，在升学的竞争中处于不利地位。实际上他们仍未能摆脱其父母受教育程度的影响，这对他们来说是不公平的。

（三）社会资本对少数民族/种族参与高等教育的影响

科尔曼认为有三种资本可以促进教育过程：金融资本、人力资本和社会资本。金融资本基本等同于货币价值，人力资本等同于教育资本，社会资本则是指社会关系和家庭、家庭与学校的关系网所带来的资本。美国学者严文蕃认为，少数民族/种族学生高等教育入学率低可能不仅仅是因为金融资本和人力资本的作用，缺乏知识以及进入高等教育过程中所需的社会关系网，即社会资本也可能是造成他们入学率低的原因。卡波阿诺认为，家庭的社会资本与提高学生的成绩、就业率以及降低辍学率都有关。严文蕃以社会资本理论为框架，提出家庭内部及家庭与学校之间的社会关系和社会网所产生的资源，对美国少数民族学生高等教育入学机会产生显著影响。以美国长期跟踪调查研究的两万多名学生为样本，严文蕃运用因素分析法测定社会资本的各个指标，同时分别从学生水平和学校水平两个维度进行多层次分析。多层次分析结果表明：① 在学生水平上，家庭的社会经济地位、中学的专业成绩和中学选修的课程对美国少数民族学生的高等教育入学机会产生显著影响。② 在学校水平上，学校社会经济地位的平均水平、天主教的私立学校以及家庭的教育期望也深刻影响着美国少数民族学生的高等教育入学机会。

在美国，关于是否应该增加少数民族高等教育入学机会的争论很多，争论的焦点是，采取各种措施提高少数民族的入学率，无疑是促进少数民族高等教育公平之举，但对非少数民族而言，是否有失公允？就此争论，我们认为应该澄清两个问题：第一，是否应该给予少数民族招生的优待？根据科尔曼的研究结果，影响教育公平的主要因素是不同社会阶层的经济地位和文化背景。历史上，少数民族/种族长期在政治、经济、文化等方面处于被剥夺的地位。哈佛大学哲学大师罗尔斯提出，如果公平的起始状况（收入和财富分配）不同，处于不利地位者的利益就应该用“补偿利益”的办法来保证①。我们赞成罗尔斯的观点，因为这种做法可以补偿少数民族过去受到的不公平待遇。第二，对少数民族的优待是否意味着对非少数民族的歧视？我们认为，这两者并非非此即彼的关系，优待少数民族只是为了促进民族平等，并不等同于歧视非少数民族，并没有构成“逆向种族歧视”。有鉴于此，采取措施增加少数民族高等教育入学机会的做法是公平的，应该坚持。

高等教育机会均等的问题涉及教育公平和平等，美国著名高等教育学家布鲁贝克认为要兼顾这两者似乎是一个两难的问题，在讨论“高等教育为谁服务”的时候，首先应该关心的是公平的问题，但他并不反对平等，他主张在这两者之间寻找一种平衡②。

五、政治学的观点

美国联邦政府和州政府对高校招生制度的干预主要是通过财政手段和介入考试管理等方式来实现的。

（一）联邦政府对高校招生制度的影响

联邦政府对高等教育只拥有宪法规定的权力，如开支权、税收权、贸易权和民事权利的强制执行权等，这些权力使联邦政府能够扩展其管辖范围，参与到教育事务的管理中。因此，联邦政府在教育领域中只能扮演第二位的角色。但是，由于在现代社会中，大学已经从游离于社会的边缘走向了社会的中心，成为科学新思想和重大技术发明的源泉，对国家的发展和社会的进步具有战略性的影响，而国家的发展也成为大学教学和科研的出发点和最终

① Philip G. Altbach & Kofi Lomotey, The Racial Crisis in American Higher Education, State University of New York Press, 1991, p. 17.

② 布鲁贝克：《高等教育哲学》，郑继伟，等译，浙江教育出版社，1987年，第73页。

归宿。所以，国家不可能对高等教育的发展漠不关心、放任自流。进入20世纪中期以来，世界各国都加强了政府对高等教育的干预，即使像美国这样的以自由市场经济为主体的国家，也不断以各种方式去强化政府对高等教育的干预和影响，并把高等教育的发展纳入国家的总体发展战略当中。

20世纪50年代中期至70年代中期是美国高等教育迅速发展的时期，也是联邦政府大规模干预高等教育的时期。这一时期，联邦政府通过了《国防教育法》和《高等教育法》，为学生提供了大量的奖助学金和贷款，使大学生人数直线上升，从而克服了苏联卫星上天给美国带来的危机，实现了高等教育的大众化，并开始迈向普及化。此外，联邦政府还通过法庭裁决，强制高校在招生和教职工雇佣方面遵从联邦法令，不允许搞种族、性别和年龄等歧视，使少数民族和妇女有了更多就学或在高校就业的机会。70年代以后，由于经济不景气，里根执政以后减少了对高等教育的干预，出现了还权于地方的趋势。但事实上，里根政府也并没有削减对高校的科研资助，相反，还增加了对与国防有关的科研的资助，只是减少了对学生的资助和对教育、文学等社会和人文学科的资助。以后的各界政府都没有放松对高等教育的干预和控制，而是加强了各种干预。联邦政府的干预带来了高等教育的大发展，促进了高等教育民主化，密切了高校与社会的联系，加速了国家的经济发展，缓和了社会矛盾。但与此同时，这种干预在一定程度上也破坏了美国高等教育多样性的特点。

学生资助是影响到全美几乎每一所高校的联邦政府的高教政策。虽然联邦政府极力通过财政手段参与到高校教育事务中，但传统的制度还是限制了其作用的发挥。从学生资助的机制看，在19世纪，联邦政府介入高等教育事务主要是以州政府为中介。到20世纪初，联邦政府开始绕过州政府直接面向高校。最近几十年，联邦经费几乎都是通过各种渠道直接流向高校和学生本人。联邦政府对学生的资助以独立的方式进行，资助形式多样：或直接向学生发放奖助学金或贷款；或通过第三方向学生个人发放担保性贷款；或通过高校机构发放助学金或贷款；或与州政府机构签订协议，通过州政府机构发放助学金和贷款。对于高校是否有资格接受联邦政府的资助，各资助项目中都有明确的规定。高校接受资助的首要条件是该学校必须是联邦政府承认的认证机构认可的高校。

根据1972年的《高等教育法》修正案，联邦政府创设了一系列的助学金项目。联邦政府主要有以下学生资助项目：第一个项目是在尼克松总统执政期间设立的基本教育机会助学金（Basic Educational Opportunity Grants），作为一个基本的学生资助项目，为所有需要帮助的学生提供直接的帮助，这就是现在的佩尔助学金（Pell Grants）。1992 学年—1993 学年，该奖学金为 400 多万后中学教育机构的学生提供了 60 多亿美元的助学金。第二个项目是州学生激励助学金（State Student Incentive Grants），设立该奖学金的目的是推动各州开展学生资助活动。此外还有学院工读项目（College Work-Study）、补偿教育机会助学金（Supplemental Educational Opportunity Grants）、国防学生贷款（National Defense Loans，现称帕金斯贷款）、担保性学生贷款（Guaranteed Student Loans，现称斯坦福贷款）等，主要资助来自中低收入家庭的学生，但资助对象的评定是一个难题。1978 年，卡特总统执政期间通过了《中等收入学生助学法案》（Middle Income Student Assistance Act），规定无论家庭收入和需求如何，所有学生都可以申请佩尔助学金和其他贷款，从而扩大了资助的范围。根据 1980 年的教育修正案，联邦政府又建立了本科学生父母贷款项目（Parent Loans for Undergraduate Students）和学生补偿贷款项目（Supplemental Loans for Students），进一步加大了对学生的资助①。

表 5-2　1992 年—1993 年全美学生资助项目及经费　单位：百万美元

项　目	经　费
联邦政府资助项目、普通资助项目	
佩尔助学金	6 162
补偿教育机会助学金	630
州立学生奖励助学金	70
学院工读助学金	760
帕金斯贷款	897
斯坦福贷款、本科学生父母贷款、学生补偿贷款	14 998
小　计	23 517
特别资助项目	
退役军人资助金	971
军事助学金	384

① 杨晓波：《美国联邦政府的高等教育政策》，《外国教育研究》2003 年第 10 期，第 31～36 页。

续 表

项 目	经 费
其他助学金	160
其他贷款	418
小 计	1 933
联邦政府总助学金	25 450
非联邦政府助学项目	
州政府助学项目	2 126
高校及其他助学项目	6 971
总 计	34 547

资料来源：杨晓波：《美国联邦政府的高等教育政策》，《外国教育研究》2003 年第 10 期，第 31～36 页。

进入 20 世纪 80 年代，在共和党执政时期，里根和布什政府推行“小政府，大社会”的政策，开始削减对高等教育的投入，加之美国经济衰退，联邦政府对学生的资助力度锐减，这种状况一直持续到 90 年代初才开始有所回升。从表 5-2 可见，1992 年—1993 年，后中学教育机构接受的学生资助的总金额为 345.47 亿美元，其中联邦政府资助的总金额为 254.5 亿美元，占到了总量的 73.67%。而非联邦政府的学生资助包括州政府、高校和社会资助等合计为 90.97 亿美元，仅占 26.33%。

（二）州政府对高校招生制度的作用

美国是一个法制化社会，一切权利源于法律，一切行为以法律为准绳，教育法是美国各级政府发展教育事业的标准。联邦政府的教育法是非强制性的，只有在提供经费时才具有强制性，而州的教育法则具有强制性，主要是规定各种制度、政策和标准。各州在制定教育法的时候受到联邦宪法的限制。各州的各种法令对本州的高等教育，尤其是公立高等教育起控制和调节的作用。由于各州的法律法规不同，各州的公立高等教育系统、机构、制度、政策等都千差万别。通常，各州的立法机关都设有下属机构来负责管理本州的高等教育事务，比如高等教育管理委员会、高等教育协调委员会、教育财政委员会、管理者董事会等。这类机构在有的州以法令形式建立，在有的州则以宪法形式建立。以宪法形式建立的机构具有较高的自治权和自主性，州政府和立法机关几乎无法干涉机构内部的事务。而以法令形式建立的州级机构则受到州政府首脑和立法机关较多的干涉和控制，这类机构具有计划、项目评估及审批、预算草案拟定以及信息管理等职能和权力。由州法令建立的高校被看作“州政府机构”、“公共企业”，这类高校必须遵守各政府机构都要服从的州法律法规，同时，它们也享受政府机构享有的各种优惠。相比之下，州政府对私立高校的管理权就要小得多，州政府只是在职权范围内用法令法规和行政规章制度来调节和影响私立高校①。

州政府具有调节、投资、计划、协调、评估及监督高校的功能，这些功能主要通过州政府的各种下属机构来实现。就政府、市场和高校三者的关系而言，州政府扮演着资源提供者、管理调节者和顾客支持者三重角色。州政府作为资源提供者为高校提供设备和运作资金，为高校达成各种目标提供各种原则规章，但不太关注市场；作为调节者，州政府负责调节顾客与顾主的关系，即市场和高校的关系，以保持游戏规则的公平性，比如控制学费的水平，监督高校履行社会职责等；作为顾客支持者，州政府的主要目标是充分满足顾客的入学需要，并将投入高校的部分经费转移到学生手中，增加学生选择高校的自主性，从而加强市场对高校的影响力。

州政府对公立高校的学费政策和学费收入的使用都有直接的影响，但这种影响因州而异。在一些州，立法机关是学费政策的专门决策者，而在另外一些州，学费政策是由州长及其他行政人员来决定的。关于学费收入的使用，各州的做法也不一样。一种做法是，将公立高校的学费收入直接缴入州政府的金库后，再重新分配给各高校；另一种做法是，由高校收取学费并存留自己使用；还有一种做法是，高校将学费交给州政府，自己只留用学生缴纳的杂费。在许多州立大学中，杂费越来越引起人们的注意，因为杂费比学费的增长幅度大得多。

在美国公立高等教育的历史上，维持低学费或不交学费的原则一直是州政府扩大高等教育机会的公共政策和手段。这一公共政策在 20 世纪 60 年代至 70 年代末高等教育大众化的进程中发挥了巨大的作用。1973 年，卡内基高等教育委员会和经济发展委员会根据“成本分担理论”，不约而同地向州政府提出应该从低学费政策转向成本分担政策，即由政府、学生及其家长共同承担接受高等教育所需的成本，学费应该占高等教育成本的三分之一。80 年代早期，由于受经济衰退的影响，州高等教育财政收入短缺，公立高校经费严重不足，在此情

① 杨晓波：《论美国公立高等教育公共性的实现机制》，北京师范大学博士学位论文，2002 年，第 44～45 页。

况下，州立法机关和公立高校开始考虑从“成本分担理论”中寻找出路。在80年代早期，公立高校的学费平均增长了20%。到80年代后期，州政府对高等教育的财政支持有所回升，学费增长的速度也随之下降，大约为15%。而90年代初期的经济衰退又进一步强化了学费作为公立高等教育财政来源的主要途径这一政策观点。90年代初期，公立高校学费平均增长三分之一，占到了公立高校收入的20%①，真正成为公立高校收入的重要来源。

州政府的学生资助项目与联邦政府的相比处于非常次要的地位。由表5-3可见，虽然各州学生资助在州高等教育总经费中所占的比例在过去的三十年中一直处于上升趋势，但直到1998年，州学生资助的经费也只占到州高等教育总经费的6.90%，比例很小。60年代中期到70年代，州政府大量投资以扩大公立高校，州政府的学生资助项目也随之有所发展，但力度不大。因此，这一时期州学生资助的经费只占到州高等教育总经费的3%左右。1972年，高等教育修正案要求建立州学生激励奖学金项目，此举促进了各州高等教育学生资助项目的发展。90年代，中等收入家庭开始出现无法承担学费上涨所带来的负担的情况，州政府便以学生资助的方式来解决此类问题。但州学生资助项目中有五分之一不是以经济需求资助为目的的，这五分之一的经费主要用于资助优秀学生和有特殊需求的学生。为了解决中产阶级所关注的学费的可承受性问题，各州政府纷纷采取措施，将原来主要针对中低收入家庭子女为对象的资助项目逐渐扩大到中产阶级家庭子女，以满足他们的需要。

表5-3 美国高等教育财政经费构成：1970年—1998年 单位：亿美元

年份 经费及比例	1970	1975	1980	1985	1990	1995	1998
州高等教育总经费	65	120	192	286	392	429	494
按1999年美元计算的州高等教育总经费	290	378	404	441	504	465	498
州高等教育学生资助总经费	2	4	8	12	17	28	34
联邦政府高等教育学生资助总经费	7	15	55	90	99	117	130

① William A. Kaplin & Barbara A. Lee, The Law of Higher Education: A Comprehensive Guide to Legal Implications of Administrative Decision Making, Jossey-Bass Publishers, 1995.

续　表

经费及比例 \ 年份	1970	1975	1980	1985	1990	1995	1998
四年制公立高校学费	325	432	738	1 228	1 696	2 705	3 111
按 1999 年美元计算的四年制公立高校学费	1 450	1 361	1 551	1 895	2 180	2 935	3 139
州高等教育学生资助总经费占州高等教育总经费的比例	3%	3%	4%	4%	4%	7%	7%
州高等教育学生资助总经费占联邦高等教育总经费的比例	29%	27%	15%	13%	17%	24%	26%
联邦政府高等教育学生资助总经费占州高等教育总经费的比例	11%	13%	29%	31%	25%	27%	26%

资料来源：N/A，Trends in College Pricing，1998，College Board Publications，1998. Donald A. Gillespie，Nancy Carlson，Trends in Student Aid：1963 to 1983，College Board Publications，1983。E. R. Hines，State Higher Education Appropriations，1997-1998，State Higher Education Executive Officers，1998。

州下属的高等教育机构还在各高校间起协调作用。比如，一些州的高等教育协调委员会通过政策手段协调高校关系，促进高校间的相互交流。他们还要求各类高校之间通过各种关系建立联系，相互承认学分，为在两年制社区学院就读的学生升入四年制大学或为在四年制大学就读的学生实现大学间的转学、转专业提供方便。

此外，以州长为代表的政治权力对高校招生制度也有着极大的影响力。他们运用手中的权力，往往可以增加或减少对高校的拨款，影响对学生的资助政策。在一些州，州长及有关行政人员负责制定学费政策，他们负责确保学费的上涨不超过州政府政策规定的最高限额。有时，他们甚至直接领导州高等教育系统，参与和干预高等教育的公平等问题。

总之，州政府在高校的招生规模、高校的学费转移支付、少数族裔的入学和学业成功以及学生的经济承受能力、学生资助等方面都具有直接而显著的影响。

（三）政府介入考试管理

考试作为国家有效开发和合理配置社会人力资源的基本手段，对社会具有强大的辐射力，因而政府越来越多地介入考试管理之中。这些考试包括高校的招生考试、中学的毕业考试和各州的标准化考试等，对高校的招生都有直接或间接的影响。政府介入考试管理的理由主要有以下几点：第一，政府介入招生考试的管理可以限制考试管理过程中出现的过度分化的现象，化解社会矛盾。比如招生中的地区差异、性别差异、种族差异等。第二，考试是推动教育政策的一种方式，有助于处理新的、随时可能发生的矛盾冲突。比如，为限制地区性课程差异，建立国家统一的课程标准，美国政府要求建立全国性的评价标准，控制地区性差异的扩大以提升国家整体的教育水平。这是政府企图通过考试来实现教育改革的很好例子。第三，根据国家、社会和经济利益的需求，中学毕业考试可以控制高中毕业前后学生的动向，减少社会动荡的因素，尤其当高等教育的机会有限时更是如此。国家行政对考试活动的控制和影响，一方面，通过颁布考试方针、政策、法规来规范、指导和约束考试及其管理行为，使考试活动在国家预设的轨道上运行，服从并执行国家意志。另一方面，通过组建专门的考试机构，配置专职的考试管理人员，直接代表国家意志，组织、实施具体的考试活动，引导考试活动发展的规模、速度和方向。其根本目的在于使考试为巩固国家政权服务，促进国家经济、科技、文化、教育、军事、外交、社会诸方面的健康发展。从这种意义上说，考试管理活动是一种政府意志行为，具有浓厚的政治色彩，是国家行政的延伸和具体化，从而也决定了国家行政与考试管理之间的关系，必然是制约与被制约的关系。

第二节　高校招生选拔中的几个问题

一、关于入学选拔

20 世纪 50 年代以前，美国的中学生只要拿到中学毕业证书就可以上大学，因此对各高校来说几乎可以不考虑入学要求和选拔等问题。50 年代以后，美国中等教育迅猛发展，对高等教育的需求也急剧增大，需要大学不断扩大招生规模。但是，当时美国的高等教育发展相对缓慢，规模较小，致使许多合格的中学生不能进入大学。这种状况改变了中学和大学之间的关系，为大学选拔合格学生的任务不再完全由中学来承担，高校开始参与入学选拔工作。这一转变随之引发了一些问题，这些问题主要分为两类：一类是大学在进行入学选拔时出现的问题；另一类是因为选拔要求引起的问题。

（一）大学招生选拔引发的问题

当中学毕业生的数量超过了高校招生的人数时，高校必须采取更为严格的筛选办法来选拔学生。为此，大学采取了两种方法，一是实施入学考试，二是改革中学毕业考试。实施入学考试时可能出现考试难度加大或录取分数提高或分数成为衡量考生水平的唯一标准等问题，使高校的入学竞争日趋白热化。对于高校而言，这些手段和方法无疑是可行的，也是必要的，但它们无可避免地会给教育和社会带来一些负面影响。其中最大的影响是，导致人们过分重视入学考试，而不是让学生在一个井然有序，能满足所有学生利益、实现所有学生价值的中学教育环境中学习，使中学教育沦为应试教育。此外，被大学拒之门外的学生可能会重新学习中学课程以便再考。他们可能会回到原来的中学或到一些专门的培训学校补习，这至少会带来两个问题，一是在培训学校补习费时、费力、费钱，有些负担不起的学生可能会中途放弃；二是补习的学生可能会占用其他学生更多的学习空间和时间。因此，高校在选拔学生时必须谨慎。

（二）不同选拔标准造成的影响

长期以来，大学都是高等教育的唯一形式，然而随着经济社会的发展和高等教育普及化的到来，大学开展了许多新的项目，并成立新学院来扩大招生，在招生碰到困难时，它们往往被迫降低要求以吸引学生。

普通大学的院系是最具吸引力的，而不同院系专业的差别也会导致选拔标准的不一致。一般而言，医学、工程、科技等专业要求最高，经济、贸易、法律、文秘次之，师范教育、技术和职业培训项目再次之。技术和职业培训项目被看作高等教育的延伸，它们包括农、林、公益、乡村发展、公众健康、图书馆管理学、护理、医疗技术、电子技术及其他将学生培养成为熟练、半熟练专业技术人员的项目等。

然而，这种不同的选拔标准给除普通大学以外所有其他的高等教育形式都造成了负面影响。为了突出大学的竞争力，大学的一些要求无形中诋毁了师范和技术类教育，影响了它们的招生数量。那些别无选择进入师范或技术教育学校的学生会感到失望、自卑；而那些本想成为教师或技术人员的学生也觉得他们应该进入普通大学。当这种差别日趋明显时，那些学习师范或技术教育的学生毕业后不愿从事所学专业，因为觉得这些行业薪水少、地位低，他们希望找到能获得更高回报的职业，如在政府部门就职等。这种情形势必会影响到工业的发展，降低中、小学教育的质量。

（三）选拔中的潜在要求

在选拔过程中，许多被默认的要求往往具有很大的影响力。比如，有一类潜在要求与经济有关，家庭经济状况好的学生可以上大学或上好大学，反之，则不能。这种经济差别导致的问题有时会因为资助项目而有所缓解，但不能从根本上解决问题。另　类潜在要求是自我的，可能是个人的意见、建议或判断。然而，当人们带着偏见去看待来自不同社会阶层、宗教团体和民族或种族的学生时，其危害性是极大的。还有一类潜在要求是针对性别而言的。在选拔中，女性受到歧视的现象并不少见。有调查显示，女性受教育的程度会影响到她们孩子的智力发展水平。因此，女性在选拔中受到歧视的现象已经不仅仅是一个教育问题，还是一个影响到全社会的问题，但其解决办法最终依赖人们态度的改变而非规则的改变。

二、学生入学决定的影响因素

入学过程体现的是中学与大学之间的一种相互关系，无疑会受到大学的入学要求和选拔机制的影响，也受制于学生对入学的准备和选择意向。学生的选择及他们期望达到的教育层次很大程度上取决于学生获得的信息和建议。学生准备的程度和质量不仅决定他们是否有能力达到入学要求，而且决定着选拔的有效性。

过去，当学生人数很少时，影响学生作出入学决定的因素主要是家庭的建议。但随着学生人数的增加，影响学生作出入学决定的因素增多，主要因素如下：

第一，学生的选择意向。学生在中学学习的入学考试科目可能会影响他对将来所学专业的选择。如果专业选择正确，学生就可能成功进入大学，这样的选择极少受到批评。然而，如果决策不当，就可能导致升学失败。如果这种失败者过多，就可能导致某些专业毕业生供过于求或某些专业的毕业生供不应求。对于学生过剩的专业，大学往往提高入学要求，而对供不应求的专业则降低入学要求。这些做法有时虽可取得满意的效果，但并不能解决根本问题。这些问题掺杂在学生的选择意向中，影响着学生的入学选择和他们对今后职业的看法。

第二，准备课程的选择。学生一旦作出选择，他们将来的专业也就被限定。因此，如果一个学生立志学习基础学科，如语言、历史、哲学、社会学等，那么他学习数学和科学的机会就受到限制。同样，如果一个学生决定学习数学、科学等学科，那么如果他想改变这种选择就需要花费大量的时间。由于学生在大学可能要就读的专业已经被规定或很大程度上在中学的准备阶段就已经被限定，因此进入高校后，在中学倾向于学习语言、历史或相关科目的学生可能会就读于文科专业或学习医学，他们通常没有机会学习科学、数学或工程技术专业；反之，在中学倾向于科学、数学等科目的学生，便不再有机会学习文科专业。

第三，学生的态度。人们认为学生的态度是造成某些专业过冷、过热和入学的高失败率的主要原因之一。有四种态度被认为会影响入学过程：一是倾向于将来收入多、地位高的专业。这种倾向源于他们对舒适安逸的追求。然而，这种状况是高等教育本身的分化造成的。一方面，高校提供了将来收入高、地位高、受社会尊重的一些专业，如医学、法律、工程等；另一方面，高校也提供一些专业性不太强、要求不太高的专业。这些专业相对来说收入低、地位低，自然不会成为学生的首选。二是不愿就读将来可能干体力活或到边远地区工作的专业，如城乡发展、土地开垦、资源开发、农林业、社会公益等。学生的这种态度，一方面是因为国家把教育的重点放在了发展城市；另一方面是因为许多学生来自城市，他们往往认为教育的目的和体力劳动无关。而有一小部分学生虽然来自农村，但他们在大学学习一段时间后，也可能会觉得受教育者从事体力劳动不体面。三是只想着如何达到考试要求，而不愿学习考试以外的知识，为考试而考试。这在升学考试竞争激烈的情况下尤为突出。由于学生在准备阶段接受的是应试教育，训练的是机械记忆，学生在中学习惯于教师的包办式指导，来到大学他们就会觉得迷失了方向。而大学教育则要求学生有发展思维的能力，许多大学教师认为学生不愿意也不会思考，能力低下，学生自己应该承担责任。但也有人认为，在教育体系中脱离大纲、脱离实际的行为剥夺了学生的权利，可能导致学生在选择意向和准备阶段作出错误的决定。四是学生只想享受权利、逃避责任。这种强烈的权利欲反映出学生的一种思想，即在高等教育中他们是享有特权、比别人优越的群体，而且高等教育的体制让这种权利明确化和合法化。这种权利让学生体会到政治权力的强大，认为政治权力在教育政策的制定中扮演重要的角色。然而，学生对政治特权的这种认识又反过来促使他们表现出叛逆的性格。当然，我们也应该承认，这种状况从某种意义上说是高校制度人为造成的，学生的表现是对这种制度的一种反抗。

第四，准备阶段的问题。其中主要有两个问题：① 准备不充分。准备不充分通常被认为缺乏进入大学的实际知识、技能和智力。实际上，准备不充分有三种表现形式：一种形式是中学扩大招生，但相应的设施、设备、师资无法跟上，影响教学质量，最终导致入学考试失败率上升。另一种形式是由学生群体的社会结构变化引发的。中学放宽入学要求，增加了入学学生背景的多样性，原来那些社会和经济地位较高的学生则可能不适应学校的这些变化，他们认为自己的智力和潜力比其他学生高，因而仍遵循原有的行为规范。这种准备不充分实际上是由文化差异引起的。还有一种形式是中学课程和大学课程设置上的脱节。由于知识的更新和教学技术的发展，大学课程的内容已经变化，而中学教学大纲却保持不变。这种课程设置的滞后导致学生准备不充分，因而考试通过率降低。② 过度准备。想进入大学的人数快速增长，而准备阶段和大学的有关项目却对此没有任何反应，这就会导致过度准备。这种情况往往发生在备考人数众多而相应的大学甚少的情形下。这种竞争会导致水涨船高的现象，致使实际的入学条件高于正常的条件。其后果之一是，那些本已做好充分准备的学生不得不重新学习一些补充课程以便通过考试；后果之二是，那些通过额外准备而考入大学的学生会发现大学里一些基本课程是他们在中学里就学过的。这样一来便产生了两个问题：一是正常的中学教学受到那些提供备考训练的培训学校的冲击，致使中学教学质量降低，名誉受损。二是高校不能及时调整其课程与入学要求间的关系，致使入学的学生至少浪费一年的时间来学习重复的内容，破坏了高校的声誉。过度准备的问题是由于中学和高校衔接不好而产生的。解决问题的方法是，一方面让中学了解大学入学的实际条件并尽量满足这些条件，另一方面大学要重申这些条件并提高基础课程的标准。

三、财政资助对教育机会的影响

在财政资助中有三个值得关注的问题，一是受资助人的家庭经济状况，二是性别，三是财政资助的时机。

我们在研究中发现，家庭收入相对较低的学生较容易获得助学金，却很难得到奖学金。霍兰德和肯特认为，“不管学生经济上的需要是否是评定奖学金的标准，来自社会经济地位较高的群体的学生比来自社会经济地位较低的群体的学生更常获得奖学金。这也许是因为前者想要进入的是那些昂贵的

‘名’校，而后者则满足于那些收费较低也不那么著名的学校”。具有讽刺意味的是，如果我们将社会经济地位较高和较低的学生的经济需要相比较，就会发现，社会经济状况较好的学生是由于选择了更为昂贵的大学而比社会经济状况较差的学生有更高的“经济需要”。因此，奖学金在某种意义上成为那些来自较高的社会经济阶层的子女进入名校的基金，否则就很难解释为什么低收入家庭的子女很难获得奖学金这一问题了。

男性与女性相比，男性更容易获得奖学金。许多高校更愿意向男生发放奖学金，以便吸引更多优秀的男生，或者吸引更多的男生以保证招生中所期望的所谓性别平衡，这也许就是为什么女性获得奖学金较少的原因。

财政资助的时间也很重要，如果财政资助来得太晚就不能及时满足学生的求学需求，学生求学的愿望也许就会因此而发生变化。如果学生们在上小学的时候就已经知道了财政资助方面的一些信息，那么那些成绩较好、学习兴趣较高、天赋较好的学生就会找到解决经济困难的途径而准备上大学，而那些有较高资质的学生中也会有更多人可以为上大学做好必要的准备。

四、高校的地理位置与入学选择的关系

毫无疑问，学生在选择高校时，高校的地理位置是他们考虑的因素之一。由于美国的高校分布得十分广泛，因而这种关系的具体程度不甚明了。但有几项研究已经得出了这样的结论：在拥有高等教育机构的地区，上大学的人也多一些。伯戴认为：“人们已经发现，一个人所居住的地方与他上大学的机会有直接联系。”拉塞尔认为：“从许多调查研究中都可以找到肯定的证据，证明住在与高等教育机构之间的通勤距离以外的年轻人报名上大学的人数要比住在通勤范围以内的学生人数少得多。”伊利诺伊州曾经就此问题作过一项研究，研究以 1955 年的在校大学生为对象。研究发现，学生人数排名位居前四分之一的 21 个（或 78%的）城镇，要么是它位于到某所高校的易于通勤的距离之内，要么是在本镇就有一所高校①。初级学院（后称社区学院）的情况也大致如此，居住在初级学院所在地范围以外的年轻人进入初级学院学习的比例，比起居住在范围以内的年轻人就读初级学院的比例明显要小。因此可以肯定，上大学与否与学生居住地附近有无大学有关。考虑

① Frank Bowles, Access to Higher Education (Volume Ⅱ), UNESCO and International Association of Universities, 1963, pp. 622-623.

费用、就学方便等方面的原因，这一结论是合乎情理的。与此同时，拥有大学的社区更有可能吸引率先意识到大学教育价值的本社区的居民。如果这一结论成立，那么在通勤距离之外的大学在录取学生时，距离也许会成为障碍。

第三节　高校招生考试制度之思考

一、自主招生、学生资助——大学办学自主权与政府关系的折射

美国大学享有高度的招生自主权，这与美国大学秉承英国大学自治的传统有关。然而，美国的高校在财政拨款、学费、学生资助等方面又受到来自政府强大的控制和干预。在研究美国高校的招生考试制度及其实践的过程中，我们明显地感觉到大学自治与政府干预两种力量之间的博弈，而这种矛盾的关系常常处于此消彼长的状态，西方人用"钟摆原理"来形容这对关系。

大学自治在西方又叫学术自治，指大学应当独立地决定自身的发展目标和计划，并将其付诸实施，不受政府、教会和其他任何社会法人机构的控制和干预。大学自治是西方国家一种古老的高等教育管理理念。大学自治原则赋予大学广泛的办学自主权。埃里克·阿什比认为，大学自治的要素主要表现在六个方面：① 在学校管理中抵制非学术干扰的自由；② 学校自主分配经费的自由；③ 聘用教职员并决定其工作条件的自由；④ 招生的自由；⑤ 课程设置的自由；⑥ 决定考试标准与方式的自由[①]。那么，美国的大学是不是都享有这些自主权呢?

近现代以来，随着社会经济、科学与文化的发展，高校的职能发生了新的变化，这种变化深刻地改变了大学与社会的关系，大学从游离于社会的边缘逐步走向社会的中心，并成为促进社会发展与进步的核心机构，对国家的发展直至安全产生重要影响。大学社会职能的扩大，使政府不可能让高等教育放任自流，各国政府都对大学办学加以高度重视，在不断加大对高校教育

① E. Ashby & M. Anderson, Universities: British, Indian, African: A Study in the Ecology of Higher Education, Weidenfeld & Nicolson, 1966, p. 296.

财政投入的同时，通过各种途径和方式越来越多地对大学的办学施加影响。至19世纪后期，西方发达国家先后确立了高等教育的国家干预职能，无论是公立大学还是私立大学，都无法置身于国家政府权力的影响之外，只是所受干预和影响的程度不同而已。至此，“大学与政府之间的关系成为高等教育管理关系的核心”①。大学自治的传统受到来自政府控制和干预的强烈挑战，大学则为捍卫自身的自治地位进行着不懈的努力。

由于第二次世界大战以后经济增长的需求与推动、民权运动的高涨、教育民主化的观念深入人心以及人力资本理论的勃兴等原因，战后二十年里，西方发达国家高等教育获得高速发展，进入其发展史上的黄金时期。这一时期，呈现出以下显著特点：高等教育从精英教育走向大众教育；高等教育机构的发展趋向于多样化；为保证接受高等教育机会的均等，政府投入大量增加，伴随而来的是政府对高等教育干预的日益加强，加之市场调节与社会参与的渗透，几种力量交织在一起，最终形成了高校、政府、市场和社会四者相互依存、相互促进和相互制约的运行机制，其中政府起着主导作用。

从1637年建立哈佛大学开始，美国高等教育就继承了波罗尼亚、牛津和巴黎大学的大学自治的传统，后来建立的公立大学也取得了公共法人的地位。历史上，联邦高级法院对达特茅茨学院案的裁决、密歇根最高法院对密歇根大学地位的裁决以及伊里诺伊最高法院1943年关于州立大学的公共法人地位的裁决等，都坚定地捍卫了大学的自主权和法人地位。但是，美国高校的发展也毫无例外地受到了政府的干预。美国联邦政府对高等教育的影响和干预以宏观控制为主，主要通过立法，规定高等教育的政治方向及其服务于本国国防建设、经济发展、社会公平的目标。美国1944年的《退伍军人权利法案》、1958年的《国防教育法》、1965年的《高等教育法》、1978年的《中等收入家庭学生资助法》等，一方面规定联邦政府应向学校拨款，另一方面又规定了高校在接受这些拨款时必须接受的条件。也就是说，大学在接受这些资助的同时，也必须接受政府的意志。美国大学尤其是研究型大学的科研经费大部分由联邦政府资助，在大学自愿接受政府干预的过程中，政府与大学实现了利益双赢。政府通过财政拨款，确定高等教育发展的战略重点，制定教育发展规划，协调高等教育发展的总体规模、速度与布局。联邦

① 别敦荣：《落实和扩大规定学校的办学自主权》，《高等教育研究》1999年第5期，第33～35页。

政府的所有拨款都带有明确的政治、教育和社会目标，对专业设置、招生数量、招生对象、奖学金和贷款政策、教职工人数编制和要求等做出明确规定。在这种机制下，高校一方面获得了巨额的拨款，并在教育民主化运动、经济和科技发展、市场机制的激励和推动下，步入了高等教育发展的黄金时代，同时又面临国家越来越多的宏观和微观控制，大学的自主权日益削弱。

应该说，美国高等教育自主权的不断减小，是国会、联邦政府、州政府共同作用的结果。美国国会通过的《民权法》及其后来的修正案规定：任何获得联邦政府资助的专业、课程，在招聘职员和招生时，不得有种族、民族和肤色的歧视。联邦政府对执行《退伍军人权利法案》的拨款到 1956 年止，为 55 亿美元；执行《高等教育法》对高校科研经费的拨款从 1940 年的 0.4 亿美元增加到 1953 年的 1.38 亿美元和 1979 年的 34 亿美元。不过，通过拨款，联邦政府对大学的控制和干预日渐增强，本来属于高校自主权范围的招生、专业和课程设置、学校管理、财务运行、科研等，都打上了政府的烙印。即使像哈佛大学这样的名校也不敢不遵守这些规定，否则同样会受到取消政府拨款的警告。美国公立高校学生的人数从 1950 年的 110 万发展到 1980 年的 900 万，州政府起到了主要的作用。1950 年至 1980 年期间，州政府的拨款从 4.9 亿美元增至 176 亿美元。州政府对高等教育的控制也同时加强。20 世纪 60 年代末，38 个州通过或起草了总体规划，对高校专业的设置、招生人数、学校编制、预算与支出进行控制与监督。1982 年，只有 3 个州没有成立州一级高等教育管理机构。卡内基促进教学基金会在题为《高等教育管理》的报告中认为："美国大学各学院再也不是人们认为的完全独立的机构，而是成为全州的一个单位而已。"① 尽管如此，由于大学自治传统的影响，政府对大学办学的影响和干预也并不是随心所欲的，而是有限的、审慎的。政府作为国家利益和社会公共利益的总代表，高等教育财政的最大投入者，为了维护社会公共利益，如公平、正义等，促进社会文明进步，必然会在一定范围内以一定的方式对高等教育进行管理和控制，但这种干预是审慎的，干预的限度是保持大学自治与政府利益平衡的关键。美国现代大学的发展历程到处可见这种"审慎干预和控制"，也正是这种"审慎干预和控制"，才使美国逐渐形成自己独具特色的高等教育体系，并涌现出一

① 王一兵：《大学自主与大学法人化的新诉求——全球化知识经济带来的挑战》，《高等教育研究》2001 年第 3 期，第 10～15 页。

大批世界一流大学。美国政府对大学自治的有限干预主要表现在两个方面，一是政府对大学的干预是基于尊重大学的法人主体地位和自我管理权利之上的干预。美国的大学，无论公立还是私立，从创立之日起，就具有独立的法人主体身份，拥有依据自身章程进行自我管理内部事务的权利。它与政府之间存在法律意义上作为平等主体的契约关系，这一关系赋予大学自我管理内部事务的权利，政府对高等教育行使管理权时，必须以尊重与维护这一权利为前提。二是政府对大学的干预大多是宏观和指导性的间接干预，而非微观和指令性的直接干预，这在前文已经提到。“美国大学所享有的独立法人地位和自治权利，决定了政府只能通过对高等教育的宏观调控，运用法律、政策、资助、计划、监督和评价等手段来表明政府对高等教育发展的预期和要求，以利益机制引导大学进行组织内部的调适，从而实现干预大学发展的目的。政府与大学组织之间构成实质上的‘委托—代理’关系。大学根据双方的‘契约’，以自主的方式实现‘委托人’的‘委托目标’，政府则根据‘代理人’的‘委托目标’完成情况，对‘代理人’实施不同的激励，从而保证目标任务的实现。”①

“因此，政府的有限干预与大学学术自治之间的内在张力，构成了高等教育分权管理体制赖以建立和运行的基础。政府尊重大学的法人主体地位是大学学术自治得以实现的前提，大学学术权利的获得又可以在一定程度上制约政府的过强干预，二者的均衡与协调是大学组织发展的需要，也是国家政府的利益所在。”② 尽管政府对大学的控制与干预日趋加强，但大学自治的基本信念并没有被动摇，大学依然享有较为广泛的自主权，大学自治仍然是政府对大学施加影响的重要前提。因此，有学者认为，“如果说 20 世纪政府通过各种手段控制了大学，在政府干预与大学自治的互动中，钟摆是向政府一方移动，那么，自 20 世纪最后一个 10 年开始，钟摆又开始向大学倾斜”③。在新的历史条件下，大学将获得更多的自主权，同时也将承担更大

① 孔垂谦、文辅相：《西方现代大学学生自治的制度环境基础：一种政治社会学分析》，《北京大学教育评论》2004 年第 10 期，第 90～107 页。

② 王一兵：《大学自主与大学法人化的新诉求——全球化知识经济带来的挑战》，《高等教育研究》2001 年第 3 期，第 10～15 页。

③ 王一兵：《大学自主与大学法人化的新诉求——全球化知识经济带来的挑战》，《高等教育研究》2001 年第 3 期，第 10～15 页。

的责任，面临更大的压力，受到更多的监督。

综上所述，由于美国高校的招生考试制度是大学管理的组成部分，因而大学自治与政府干预这一对矛盾也始终贯穿其中。从美国高校招生考试的历史来看，大学招生的自主权始终受到政府的尊重，高校决定自己的招生政策、招生计划和招生实践。而就影响高校招生的学费政策、学生财政资助政策而言，大学则受到政府，尤其是联邦政府的干预，联邦政府在向高校大量投入经费的同时，也实现了对高校一定程度的控制，但从政治学的角度来考虑，这又是客观合理的，是由政府所承担的责任和义务所决定的。在这一过程当中，最关键的是大学和政府实现了双赢。高校在获得经费投入的同时并没有因此而完全失去自治，而政府在实现对大学的干预的同时，也不可能对其实现完全的控制，否则大学会因此失去活力，沦为政府的依附，这是大学和政府都不愿看到也不会接受的结果。

二、入学考试（SAT、ACT）——国家和大学意志的体现

“考试应该体现谁的意志?”这是有关考试的本质特性的界定，其实质是关于考试的价值取向问题。这个问题是当前中国考试研究与实践、考试改革和发展中一个较为敏感的热点话题，对此问题的研究，具有一定的理论价值。

价值是一个哲学范畴。研究考试的价值，就是要从哲学的层面去回答“考试有什么作用”的问题。对价值本身的界定，不同的哲学流派有不同的认识。马克思主义认为，“价值这个普通的概念是从人们对待满足他们需要的外界事物的关系中产生的”。价值是客体和主体需要之间的一种特定关系。它“是人们所利用的并表现了对人的需要的关系的物质属性”，因此价值具有客观社会性。“同时价值又只有在主体的需要中才得以体现，因此价值不能脱离主体而存在。价值观，即价值取向，是主体对客体需要的关系在主体观念上的反映，也就是主体的价值判断。不同的主体，对客体需要的不同，产生不同的价值判断，表现为不同的价值观。”①

考试的价值观是关于考试现象的最基本的观点，它决定了对考试目的的认识、对考试功能的选择以及对考试活动的评价。

① 喻岳青：《应答实践对理论的呼唤》，《高等教育研究》1999 年第 6 期，第 37～41 页。

美国高校的入学考试，SAT、ACT 考试是美国大学委员会委托 ETS 和 ACT 两个民间社会考试机构组织实施的大规模全国统一考试，其目的是测试学生的知识和学业能力。美国绝大多数的高校都要求申请人参加这两个考试，考试成绩是它们选拔合格学生的依据，只是不同层次和类型的高校使用这两个成绩的方式以及它们在录取条件中所占的权重不一样。这两个考试主要测试联邦政府统一规定的对中学课程的共性要求。SAT、ACT 考试的目的非常明确，即为高校选拔人才，主要体现考试的筛选功能。

从 SAT、ACT 考试的性质、内容、目的和功能来看，它们首先体现的是高校的意志，其次是国家的意志。原因有二：第一，考试是测量人的生理、心理属性的工具。作为一种测量工具，它必然要体现使用者的意图，是使用者意志的体现。SAT、ACT 考试的使用者是美国的几千所高校，体现的当然是高校的意志。考试中心必须根据高校的要求和需要设计考试，只有各高校认可其考试成绩，考试才具有生命力，才能够生存与发展。因此，如果 SAT、ACT 考试不能体现高校的意志，这两个中心就很可能难以生存。为此，ETS、ACT 考试中心根据用户的需求和考试理论、考试技术的发展，近年来一直在不断改革自己的考试。对此问题，本书第三章有详细的论述。当然，这些改革还不仅仅是为了满足用户的需要，也是市场竞争的需要。第二，从 SAT、ACT 考试的内容来看，对国家统一规定的中学课程共性要求的测试占了相当大的比例，国家统一规定的中学课程共性要求是国家意志的体现，从这个意义上说，SAT、ACT 考试体现的也是国家的意志。另外需要指出的是，无论有多少考试机构在运作，也无论它们怎样运作，只有国家认可的考试才具有权威性。如果 SAT、ACT 考试不为美国政府所承认，不但谈不上它们的权威性和可信性，恐怕连合法性都会存在问题。因此，只要有国家的存在，只要存在人才上的差别，作为鉴别人才等次和选拔手段的考试将永远属于国家（政府）行为。

综上所述，我们认为，正是由于 SAT、ACT 考试既体现了用户的意志，又体现了国家的意志，它们才得以长久生存并焕发出旺盛的生命力。

三、特殊招生政策——对高等教育公平性原则的回应

高等教育的公平性是全社会关注的焦点。美国高校招生政策中的特殊政策涉及的对象有少数民族/种族、女性、经济贫困者和残疾人等弱势群体，这些人在高等教育机会面前往往处于劣势，因此特殊招生政策对高等教育机

会均等的实现是一种有益和有效的补充。美国是一个移民国家，多民族、多种族构成了其显著的人口结构特征，所以在特殊招生政策中，对少数民族/种族的政策涉及面更广，对社会的影响更大，因而也更为敏感。

教育机会平等的概念是一个历史范畴，它是随着工业革命和机器大工业时代的到来而产生的。教育机会平等的内涵是不断变化和丰富的，最初人们关注的是入学机会的平等。义务教育普及之后，人们开始重视教育年限、学校类型、课程内容等方面的教育机会的平等。后来，人们又注意到了受教育过程的平等。“教育机会平等”这一概念内涵的变化是从表面到深层，从起点到过程、结果，不断丰富的逻辑过程，而这种逻辑过程与历史过程又是一致的，体现了历史和逻辑的统一。瑞典的胡森从历史与逻辑一致的原则出发，揭示了教育机会平等概念的内涵。胡森认为教育机会平等有三个含义，即教育起点的平等、教育过程的平等和教育结果的平等①。

教育机会均等的实质是教育公平。教育公平是具有社会性的概念，其存在形态与社会发展的历史阶段和社会政治经济特征紧密联系。随着现代社会的发展，人们对教育公平予以了更多的关注。教育机会均等是教育公平中重要的一元，是实现教育公平的关键因素之一，在当代世界高等教育中占有显著的位置。比如联合国教科文组织在《21 世纪的高等教育：展望与行动世界宣言》中就有多处提及和强调教育公平。该宣言的第二部分“重新展望高等教育”的首条便是“平等接受高等教育”：“根据《世界人权宣言》第 26 条第 1 款，能否被高校录取应根据那些想接受高等教育的人的成绩、能力、努力程度、锲而不舍和献身精神，而且一个人在一生中的任何时候均可被录取，其以前所获得的实际能力应得到应有的承认。因此，任何人不得因其种族、性别、语言、宗教，也不得因其经济、文化或社会差别或身体残疾而被拒绝接受高等教育。”②

高等教育机会均等是指每位公民都均等地享有接受符合其能力发展要求的高等教育的机会。联合国教科文组织在《21 世纪的高等教育：展望与行动世界宣言》中指出：“应积极为一些特殊目标群体的人，如土著人、在文

① 潘懋元：《多学科观点的高等教育研究》，上海教育出版社，2001 年，第 279～280 页。

② 赵中建：《全球教育研究发展的研究热点——90 年代来自联合国教科文组织的报告》，教育科学出版社，1999 年，第 46～47 页。

化方面和语言方面处于少数的人、处境不利的人、生活在被占领土上的人和残疾人接受高等教育提供便利条件，因为这些群体，无论是作为整体和个人，都拥有可能对社会和国家的发展具有重要价值的经验和才干。特殊的物质帮助和特殊的教育帮助可以帮助这些群体克服在接受和继续接受高等教育方面所遇到的障碍。”①

许多国家把平等接受高等教育的权利作为一种普遍的人权写入了国家的基本法律之中，法律成为保障这种权利的有力武器，成为保证高等教育公平实现的重要手段之一。美国在 1964 年颁布的第一个《高等教育法》中明确规定为学生提供平等的接受高等教育的机会，特别是为有资格但无经济能力的弱势群体提供上大学的经济支持。但是，“由于教育上的不平等实际上是社会和经济不平等的反映，是统治阶级利益的反映，通过法律手段完全保证受教育权利的普及化在现实中仍然是难以达成的”②。

在解决受教育权不平等的问题上，美国教育法强调排除族裔差别的不平等因素，这与美国作为移民国家的背景是相适应的。根据该教育法，美国出台了“肯定性行动计划”等一系列政策，并通过行政手段、经济手段等来推动教育机会均等的进程，但发展的道路并不是一帆风顺的，有时甚至会出现反复和倒退。

（一）“肯定性行动计划”的产生及其发展

南北战争以前，黑人没有基本公民权和教育权。南北战争以后颁布的宪法第 14 条修正案赋予少数民族和白人平等的权利，少数民族高等教育逐渐发展起来。1849 年，美国第一所黑人学院——艾弗里学院在宾夕法尼亚州建立。1896 年，联邦最高法院对普来塞诉讼案的裁决，确立了“隔离而平等”(separate but equal) 的种族政策，这一政策也成为美国少数民族高等教育的基本原则。少数民族与白人实行分校教育，但事实上少数民族并未真正享有平等接受高等教育的权利。第一次世界大战以后，美国民权运动兴起，少数民族开始争取真正的平等权利和机会。1954 年联邦最高法院对布朗案作出裁决，认定黑人与白人分校教育违反了宪法第 14 条修正案的有关

① 赵中建：《全球教育研究发展的研究热点——90 年代来自联合国教科文组织的报告》，教育科学出版社，1999 年，第 48 页。

② 翁文艳：《美国与日本教育公平的理论与实践的比较研究——兼论学校选择制度》，北京师范大学博士学位论文，2002 年，第 22 页。

条款，“隔离而平等”的做法是违法的。1964 年，国会通过《公民权利法》，重申公民不分种族、性别、肤色和民族，均平等地享有权利，禁止向实行种族歧视的大学提供联邦资助。1965 年的《高等教育法》和 1972 年的《高等教育法修正案》规定，向贫困学生提供基本教育机会助学金。1965 年，约翰逊总统签署总统令，实行“肯定性行动计划”，对少数民族和妇女在入学、就业等方面给予优先权利，并通过联邦拨款推动这一计划①。“肯定性行动计划”采取的主要措施有：对少数民族实行特别招生计划，对少数民族学生进行财政资助、加强补习教育，聘用少数民族教师，开设少数民族学科专业等②。这一政策后来成为美国基本的少数民族政策，从而对美国少数民族高等教育政策产生了巨大的影响，极大地推动了少数民族高等教育的发展。但是，20 世纪 70 年代以后，反对“肯定性行动计划”的呼声日见高涨。近年来影响最大的是 1996 年美国第五巡回上诉法院对得克萨斯州霍普伍德诉讼案的裁决，该裁决禁止该州的公立大学在决定招生和财政资助时考虑种族因素，而且私立学校也可以沿用此法。20 世纪末，有不少州，如加利福尼亚、科罗拉多、马里兰、密歇根和俄勒冈等，通过法案或制定政策，限制在大学招生、财政资助和雇佣上考虑种族因素，进行政策倾斜。这表面上是追求平等合理，实际上是取消了少数民族过去经过艰苦斗争得到的权利。特别是美国人口第一大州加利福尼亚州，1996 年以微弱多数通过 209 法案，禁止在公立大学或政府机构中运用种族本位倾向。这在该州大学及社会上引起强烈反响。少数民族学生为捍卫平权法案，开展了多种形式的斗争，甚至发生了校园暴力冲突。

上述几个州在政策上的变化反映了一种发展趋向。随着少数民族人口的不断增加，特别是像加利福尼亚州这样白人与其他民族人口在人数上基本持平的地区，越来越多的白人难以容忍过去给少数民族的种种权利。加利福尼亚州的表决助长了各州投票表决类似所谓新的平权法案。1998 年，地处西部沿海的华盛顿州公民针对禁止在公务中受人种或性别因素影响的提案进行投票表决，结果该提案以 59％赞同票获得通过。该法案对大学立即产生影

① 刘宝存：《美国少数民族高等教育——进展·问题·前瞻》，《比较教育研究》2001 年第 7 期，第 24～25 页。

② 刘宝存：《肯定性行动计划与美国少数民族高等教育的发展》，《民族教育研究》2002 年第 2 期，第 51～56 页。

响。如华盛顿大学1999年在大学招生中禁止考虑人种和性别因素。结果该校黑人报考法学院的人数锐减了41%，西班牙裔人报考人数减少21%。加利福尼亚州一所大学的现象特别典型。一位黑人被法学院录取，结果在报到时发现新生中只有他一名黑人。最后，这位黑人另外择校，一走了之。现在不仅存在少数民族起诉白人种族歧视的案件，而且白人起诉受到歧视的案件也时有发生。如伊利诺伊大学有白人状告校方，认为把大学的一些工作或位置专门留给妇女和少数民族的做法不公平。因此，美国少数民族高等教育的发展正面临新的挑战①。

（二）加强补习教育，提高少数民族学生的学习能力

"肯定性行动计划"降低了少数民族学生的入学标准，使他们获得了接受高等教育的机会，但他们中有很多人基础较差，难以适应大学课程的学习要求。于是许多高校都设立了补习教育计划，学生入大学后先补习中学课程，学习成绩达到基本的学力要求后再上大学课程。补习课程主要是数学和英语两科。据美国高质量教育委员会的调查，仅1975年至1980年间，在公立四年制高校上数学补习课程的学生就增加了70%。1997年，在纽约市立大学系统高级学院招收的新生中，有一半（约13 000人）需要某种程度的补习，其中三分之二是少数民族裔学生②。补习教育在美国虽然颇有争议，但在提高少数民族学生的学习能力、降低辍学率方面确实发挥了重要作用。

（三）聘请少数民族教师，开设民族学科专业

"肯定性行动计划"实行以前，美国少数民族教师很少能在大学任教。据统计，1920年以前只有3名黑人在白人大学任教，1938年增至6人，到1961年也只有300人。由于"肯定性行动计划"消除了少数民族在就业上的障碍，1976年黑人在白人大学任教的人数增至7 000余人。1985年，全国共有黑人专任教师19 451人，其中11 178人在白人院校任职，8 273人在黑人院校任职，在白人院校任职的黑人教师占教师总数的5%。自20世纪60年代起，一些大学开始开设黑人研究、印第安人研究、亚裔人研究、西班牙裔人研究、阿巴拉契亚山地研究等课程。至1971年，设立黑人研究课程计划的白人大学已达500所③。

---

① 乔玉全：《21世纪美国高等教育》，高等教育出版社，2000年，第189页。

② 瞿葆奎：《美国教育改革》，人民教育出版社，1990年，第586～617页。

③ 巴兰坦：《美国教育社会学》，刘慧珍，等译，春秋出版社，1989年，第63页。

（四）加大对少数民族学生的财政资助，提高少数民族学生完成学业的能力

美国一直实行交费上大学，尤其是私立大学学费昂贵。许多少数民族学生因为经济原因而辍学。为改变这种状况，美国加大了对经济上处于弱势的少数民族学生的资助。从 1958 年起，美国先后设立“国防贷款”（后改称“帕金斯贷款”）、“工读方案”（work study program）、“教育机会助学金”（后改称“补助教育机会助学金”）、“国家担保贷款”（后改称“斯坦福贷款”）、“基本教育机会助学金”（后改称“佩尔助学金”）、“联邦直接贷款”和类似“工读方案”的“全国信托服务方案”等贫困学生资助计划。以上各项资助都是“基于经济需要的资助”（financial need based aid），面向贫寒学生，资助额按申请者的经济困难程度和需要确定。虽然这些资助并不是专门为少数民族学生设立的，但少数民族学生受益最大。

（五）开办专门的少数民族院校

作为一个专门领域，少数民族院校对少数民族高等教育的发展、少数民族传统文化的传承和创新，以及对促进少数民族成员的社会阶层的流动都发挥了积极作用。

美国现有 103 所传统黑人院校。传统黑人院校指 1964 年以前建立的且黑人学生数达到 50%以上的黑人院校。传统黑人院校扮演着社会公平的代言人和发展社会资本的角色。据 2001 年的统计数据，传统黑人院校在校生人数为 30 万，在任教职员工 6 万。美国黑人中 28%的学士学位、15%的硕士学位和 9%的博士学位是由传统黑人院校授予的。黑人中 75%的军官、80%的联邦政府法官和 85%的医生是在传统黑人院校中接受的本科教育①。全美有西班牙裔高校 175 所，占美国后中学教育机构的 6%。这类院校是指全日制拉美血统（西班牙裔）美国学生占 25%以上的高校。2001 年这类院校招收西班牙裔学生 140 万人，为西班牙裔学生总数的 50%。此外，还有两年制的印第安部落学院，培养中低层次的专门人才②。

---

① M. C. Brown & J. E. Davis, The Historically Black College as Social Contract, Social Capital, and Social Equalizer, Peabody Journal of Education, 2001 (1), pp. 31-49.

② B. V. Laden, Hispanic-serving Institutions: Myths and Realities, Peabody Journal of Education, 2001 (1), pp. 31-49.

美国政府制定的这些政策和措施，对提高少数民族/种族接受高等教育的机会，促进高等教育公平起到了积极的作用，少数民族特殊招生政策是其中有益的补充。但是，我们也要看到，美国要实现少数民族/种族真正意义上的高等教育平等，等待他们的将是漫漫长路。

四、考试科学研究——考试发展的助推器

美国历来重视对考试理论的研究并取得了丰硕的成果，在考试理论的引领下，其考试和考试管理的高效、科学、规范和公正得到了世界范围的广泛认可。这一切，都得益于美国考试界研究者和工作者们开拓性、创造性和卓有成效的工作。

本书中提到的考试理论主要是指考试基本理论和考试应用理论。梁其健等人在《考试管理的理论与技术》一书中将考试理论界定为：考试基本理论包括考试学原理、考试哲学、考试心理学、考试伦理学、考试史和比较考试学等；考试应用理论主要涵盖考试管理学、考试统计学、考试评价学、考试行政学等范畴①。我们基本赞同这一划分，因此采用这一界定。

美国对考试基本理论的研究主要涉及考试哲学、考试的历史、考试社会学、考试政治学、考试经济学等，研究内容包括考试的产生、存在与发展，考试的本质，考试的价值，考试与社会公平，考试与社会分层，考试与社会资本，考试与人力资源开发利用，考试与经济等问题，这些研究成果使人们对考试的本质、功能、价值取向等有了进一步的认识。比如在考试史的研究中，对中国科举考试的研究就是一个很好的例子。美国不仅有大量的论著涉及科举，而且有多种专门的科举研究论著问世，其研究内容也很丰富，最为集中的论题是科举与社会阶层流动的关系、科举考试的公平性，以及科举考试与学校教育的关系。不仅如此，美国科举学以实证研究和多学科研究为主要方法，形成了自己鲜明的研究特色②。美国学术界对中国科举考试研究的深度和广度，都达到了很高的水平。再如，美国对大学入学考试与社会分层的关系、社会资本对高等教育机会的影响、学生资助对学生入学的影响、招生自主权问题所反映的高校与政府的关系等的研究使人们对考试与教育、政

① 梁其健、葛为民：《考试管理的理论与技术》，华中师范大学出版社，2002年，第48页。

② 唐滢：《美国的科举学》，《厦门大学学报》2004年第4期，第85～92页。

治和经济的关系有了进一步的认识，对于政府调整这些关系、制定新的政策等可以起到很好的咨询和参考作用；对应用理论的研究主要集中在教育测量理论、教育评价理论、考试管理理论、考试统计学理论、考试评价理论等方面，其中最突出的成果有经典测量理论、项目反应理论、概化理论、试题库理论等，这些理论的出现和应用带来了世界性考试方式和手段革命性的变革，应该说在此方面，美国做出了世界性的贡献。与此同时，他们也积累了很多有益的经验和深刻的教训，因而美国的考试及其管理水平走在了世界前列。这一切都是因为美国正确地处理了考试理论研究与考试实践的关系。

考试理论研究与考试实践是辩证统一的关系。这是因为，首先考试实践工作者既是考试实践的主体，又是考试认识的主体，既是研究探索着的实践者，又是实践着的研究探索者。他们身上兼有理想和行动、认识和实践的双重属性，在现实考试活动中，虽有两者间重心的转移或状态的变换，但并不改变这两种角色职能作为考试活动的主体。其次，考试理论与考试实践是密切联系的，实践性是考试理论的本质特性。考试实践永远走在考试理论的前面，它不仅有普遍性的优点，而且有直接的现实性的优点；不仅是考试理论产生的源泉，而且能把考试理论变为现实，还是考试理论认识的方向。而考试实践无论是作为考试理论认识的基础、源泉，还是作为检验考试理论认识的标准和运用考试理论认识成果的领域，它都自始至终贯穿于考试理论认识的过程中。因此，考试理论源于实践、指导实践而又丰富发展于实践，它与考试实践是辩证统一的关系①。

考试实践是考试活动存在的方式，考试认识和考试评价活动是人类考试意识发挥作用的方式。考试认识和考试评价属于考试理论的范畴，与考试实践活动密切相连。回首人类考试活动发展的历史，迄今人类考试出现过三次飞跃。一是公元前 2 世纪到公元 7 世纪，中国古代论文式考试模式的创建与形成时期；二是公元 19 世纪中后期至 20 世纪 80 年代，美国标准化考试模式的创建、发展与推广时期；三是 20 世纪 90 年代以来，以开放化、远程化、无纸化、信息化为显著特征的网络考试模式形成时期。考试史上的这三次飞跃，都是在考试理论的推动下实现的。

这三次飞跃有两次发生在美国，一是标准化考试，二是网络考试。标准

① 廖平胜：《考试理论研究与考试实践的辩证统一》，《湖北招生考试》2003 年第 12 期，第 1 页。

化考试的创建、发展和推广应用，是建立在皮尔逊、克特雷、高尔顿等人对于统计学、数理统计方法及其应用的研究，冯特、高尔顿、卡特尔、比纳等人有关心理测量学、差异心理学、智力测验的研究，以及费许、菲奢、莱斯等人对客观测验研究等早期理论研究成果的基础之上的。更重要的是20世纪初以来，心理、思维、行为、测量、评价、统计等学科理论的长足发展，信息论、系统论等新老“三论”向考试领域的渗透，信息处理心理学、模糊数学、考试科学等学科理论研究在人类思维机制、认识模型、知行原理方面的创新，使考试实践获得了新的认识论和方法论的指导，深化了人类对人的大脑信息加工机制，以及人的知识、能力、技能的形成，关联与外化特点的理性认识，为考试在方法上提供了理论支撑①。

目前正处于发展中的网络考试，以认知原理、系统原理、有序原理、控制原理和反馈原理为根据，将情景虚拟、远程监控、传感交互、双向视频、高分辨率显示、图文自生成、现代统计分析等高新技术整合成符合考试运行规律的网络考试技术体系。它是信息时代考试理论及相关科学技术快速发展、人类自我认识日益深化的产物。

人类考试的历史和美国的经验告诉我们，没有考试理论指导的考试实践只能是低水平的、简单重复的实践。考试实践的发展，永远不会超出人类对考试理论认识所达到的水平。人类考试演变的历程既反映了人类考试的科学化进程，也揭示了人类考试的发展规律：考试要创新，理论须先行。

① 陈桂生：《“教育理论与实践关系问题”的再认识》，《湖南师范大学教育科学学报》2005年第1期，第8～10页。

第六章　中美两国高校招生考试制度之比较思考

第一节　中美高校招生考试制度之比较

近年来，中国正在进行高等教育改革，而高校招生考试制度被认为是高等教育改革的突破口。中国素有“考试的故乡”之称，曾在中国历史上存在过 1 300 年之久的科举考试被一些学者称为中国的第五大发明，它对中国历代政治、经济、文化的发展，对周边国家甚至欧洲许多国家的考试制度都产生过深刻的影响。毋庸置疑，中国的普通高校招生全国统一考试制度（以下简称“高考”）为国家选拔了大批优秀人才，然而，由于种种原因，时至今日，高考制度本身存在的诸多弊端逐渐显露，而且在考试理论和技术等方面已落后于世界先进水平。

一、中国普通高校现行招生考试制度

（一）普通高校的招生考试模式

长期以来，中国基本实行统一高考制度，由教育部统一计划、统一组织、统一实施。考试内容以中学教学大纲为准绳，考试科目主要有政治、语文、数学、外语、历史、地理、物理、化学、生物等。自 1977 年中国恢复高考以来，高考改革的步伐就始终没有停止过。为改革长期以来高考科目与内容设置僵化死板的弊端，先后进行了文理分科考试、标准化考试、增设高中毕业会考、“3＋X”模式、“3＋2”模式等改革。其中影响较大的是 1998 年 12 月，教育部正式推出的“3＋X”高考科目改革方案。“3”是指语文、数学、外语，作为必考科目，其中英语增加听力测试，听力成绩占英语总分的 20％。“X”是指各高校根据自己的办学层次、类型和特点提出的要求，

从物理、化学、生物、历史、地理、政治等6个科目或综合科目（包括文科综合、理科综合、文理综合或专科综合）中，自行确定1门或者几门考试科目。考生根据自己所报考的高校，参加该高校所需科目的国家统一考试。综合科目主要考查学生理解、掌握和运用中学所学知识的能力，目的在于防止中学生过早偏科，促进中学素质教育的发展。在考试内容方面更加注重对能力和素质的考查，实现从知识立意到能力、素质立意的转变，命题范围遵循教学大纲又不拘泥于教学大纲，试题设计增加应用性和能力型题目。1999年，"3＋X"模式试点首先在广东进行。语文、数学、外语3科为必考科目，政治、历史、地理、物理、化学、生物6科为选考科目。考生根据自己报考的高校确定的科目，来选择考试科目。但试验结果发现，有97％的考生选择了"3＋1"模式，即除3门必考科目外，考生只从6门选考科目中选择1门作为考试科目。这样不仅没有实现扩大学生选择高考科目自主权的初衷，反而造成了过早分班和更为严重的偏科。针对这一问题，广东省进一步完善了2000年的"3＋X"方案。新方案在原有物理、化学、生物、政治、历史、地理6门选考科目的基础上，增加了综合科目考试作为必须选考的科目，并要求各高校在"X"中选考2门或2门以上科目。综合科目考试以测试能力为主，主要考查学生政治、历史、地理、物理、化学、生物等6个科目的知识以及考生对这6个科目相关的基础知识、基本技能的掌握程度和运用这些基础知识分析、解决问题的能力。2002年，"3＋X"科目设置在全国31个省（区、市）全面实施。"3"指语文、数学、外语3门必考科目，综合科目包括文理综合、文科综合、理科综合考试等，指建立在中学文化科目基础上的综合能力测试。以理科综合为例，综合能力包括理解能力、推理能力、设计和完成实验的能力、获取知识的能力和分析综合的能力。学生可以在语文、数学、外语3门科目以外的其余6门上述科目中任选若干门，组合方式灵活多样。综合科目的开设在一定程度上有利于学科交叉和考测能力，但目前综合科目考试的内容存在只是将相关学科内容进行简单拼合的现象，还不能很好地体现考查学生综合能力的目的。

（二）普通高校的招生制度

中国高考历史上曾实行过三种招生录取制度：一是分段录取制度，即根据总分或总平均分，把学生分在若干分数段内，按统一的分数段，从高分到低分依次录取。录取时按政府划分的重点和非重点大学分两批，统一组织录取，各高校几乎没有招生自主权。二是根据自愿、按比例投档的录取制度，即按学校招生计划数的120%的比例向招生学校提供档案，学校在此范围内挑选学生。对学校退回的多余考生档案，省招生办公室检查认为不合理的，可要求招生学校重新予以录取。三是学校负责、省招生办公室监督的录取制度，即在最低录取控制分数线上，调阅考生的档案数由学校决定，录取与否由学校决定，遗留问题由学校处理，省招生办公室实行必要的监督。此外，我国还实行保送生制度。保送生指德、智、体一贯优秀，或德、体较好，智力突出的应届高中毕业生，他们不参加全国统考，由招生院校进行简单的面试，即可决定录取与否。近年来，我国在招生录取制度方面也进行了改革，主要有以下措施：

1. 试行自主招生

自主招生是中国为适应高等教育大众化而推出的一项重要举措。自主招生是指高校在教育部及其相关主管部门的宏观调控下，遵循公平、公正、负责的原则，以人才市场需求为导向，从自身教育教学资源的条件出发，独立自主地拟订招生计划和组织选拔录取的招生制度。它相对独立并区别于以统一高考为唯一参照的传统的招生录取制度，其目的是打破“以分为纲”的大一统局面，使那些学习成绩并不突出，但在某一学科或领域具有优异才能和发展潜力的学生不受高考分数的限制，通过接受高等教育，充分发展其才能和潜力，最终成为社会需要的人才。自主招生以公平为基点，体现了“不拘一格降人才”的科学人才观①。2003年，教育部决定在北京大学等22所重点高校率先开展自主选拔录取改革的试点工作，自主招生的比例为高校招生总数的5%。到2005年，全国已有42所高校实行自主招生。自主招生政策的出台，是符合高等教育大众化和社会进步的客观要求之举，但在执行的过程中却出现了一些不公平的现象。比如，各试点院校大多明确制定了招生地区和具有推荐考生参加自主招生资格的中学的条件，这些地区主要集中在经济和教育较发达地区的周边省市，生源所在中学为省、地区、直辖市重点中学，这种地区间和中学间的区别对待，显然将教育资源处于劣势的边穷地区的适龄青年和绝大部分普通中学拒之门外。

2. 春夏两次高考的试点

2000年，教育部批准在北京、上海和安徽进行“春季考试、春季招生”

---

① 张继明：《从高等教育大众化角度审视高校自主招生》，《湖北招生考试》2005年第16期，第68～72页。

改革试点，这一改革打破了每年一次高考的制度，增加了考生选考的机会，扩大了高校招生的自主权。春季高考的时间为 12 月底，统考科目有语文、数学和外语，招生对象为具有高中毕业证书（包括同等学力者）、身体健康者，年龄、婚否不限。考试成绩和报考资格线公布后，考生根据自己的情况提出入学申请，申请的高校数不限。2 月中旬，各高校完成春季招生工作，新生在 2 月底入学。考生可以被多所高校录取，选择一所高校入学，也可以放弃入学，参加夏季高考。

3. 改革保送生制度

1998 年，教育部对上海、四川、河北、黑龙江、北京和湖北等 6 个省市的保送生进行了综合能力测试的试点，测试包括语文、数学、政治、历史、地理、物理、化学、生物等 8 个科目。其中语文、数学两科单独命题，各占全卷比重的 20%，其余 6 门课程采取综合命题，不划分比例，共占全卷比重的 60%。命题指导思想是强调学科之间的渗透、交叉和综合；强调理论与实际的结合，学以致用；强调人与自然、社会协调发展的现代意识。1999 年，保送生综合能力测试在全国所有的省、自治区、直辖市展开。为规范保送生制度，教育部于 2001 年颁布了《普通高校招收保送生工作办法》，规定保送生资格为：省级优秀学生；全国中学生学科奥林匹克竞赛省赛区一等奖和获得全国决赛一、二、三等奖的获得者；“三年制高中理科试验班”中的优秀毕业生；外语学校优秀毕业生；公安英烈子女等。并且从 2001 年起，取消保送生的综合能力测试。

4. 改革招生的技术手段

过去由于地域和家庭差异及信息渠道不畅，人们获取招生信息存在困难和差异性，招生录取管理中科学化程度和现代化手段的应用远远不能满足高校招生的需要。针对这种情况，1998 年教育部在天津、广西等地进行了计算机网上录取的试验。2001 年，全国有 31 个省、自治区和直辖市共计 1 443 所高校实现了网上录取。2005 年，全国各省、自治区、直辖市几乎都实现了网上录取。网上录取是高校招生手段革命性的变革。录取手段的改革不仅节约了大量的人力、物力和财力，大大提高了录取工作的效率，而且扩大了高校招生录取工作的透明度，实现了招生录取工作公平、公正、公开的目标。远程异地录取实行“学校负责，招办监督”的管理体制，即在政治思想考核和身体健康检查合格，统考成绩达到同批录取学校控制分数线的考生中，由高校负责提出调阅考生的档案材料，并确定录取人选，省市招生办公室负责监督①。

5. 放开高考的年龄限制

2001 年，教育部取消了高考原有的 25 岁以下的年龄限制和婚否的限制，允许各个年龄层的人自由报名参加高考。这一改革，是公民平等享有高等教育权利的体现，也成为构建终身教育体系的制度保证。

6. 学费政策、财政资助政策

自 20 世纪 80 年代起，中国的经济体制全面改革，高等教育随之获得快速发展，伴随而来的是高校教育经费的严重不足。虽然政府对高等教育的投入每年都有所增加，但由于办学成本的增加，政府的拨款在高等教育经费中所占比例越来越小，仅靠政府拨款已不能适应改革发展形势的需要。在此形势下，中国从 1989 年起开始试行高校收费政策，1997 年在全国高校实行收费，2000 年教育部进一步完善了有关政策，调整了收费标准。

收费标准由各省自行制定，主要依据是中共中央、国务院印发的《中国教育改革和发展纲要》的规定："提高非义务教育阶段学生学费标准。学费和杂费收取办法，由各省、自治区、直辖市政府和直接管理学校的中央部门在考虑群众承受能力的基础上确定。"根据这一规定，各地制定了不同的收费标准，但在制定收费标准时具有较大的随意性。

现阶段，中国高校收费的宏观政策及收费项目、收费管理由教育部提出建议，经国家发改委、财政部审核后报国务院批准实施。各地高校具体收费标准的制定或调整由省、自治区、直辖市教育行政部门提出方案，同级价格主管部门会同财政部门进行审核，三部门联合报省、自治区、直辖市人民政府批准后执行。中央部委直属高校和中央其他业务部门所属高校的学费与住宿费标准，实行属地化原则。未经国家发改委、财政部、教育部或省级政府批准，高校无权自行设立收费项目、自行提高收费标准。目前，国家批准的高校收费项目只有学费和住宿费。

教育部规定，高校每年收取学费的标准，既要参照年均培养成本，还要充分考虑政府财政拨款情况和当地经济发展水平及社会、学生家庭或个人的承受能力。每年收费标准的确定，要因地因校制宜，不同地区、不同学校、不同专业，允许采用不同的收费标准，收费标准可以逐年有所提高，但每年

① 胡甲刚：《高考改革的五年回顾与前瞻》，《教育与管理》2003 年第 1 期，第 72～75 页。

提高的幅度不能过急过大。在收取学费具体操作方面，应按学年或学期收取，不得跨学年预收。除经中央有关部委和省级政府批准的项目与标准外，任何单位或个人都不得另行擅自向学生家庭或本人收取其他费用。此外，国家还规定，对学习农林、师范、体育、航海、民族等特殊专业的学生减免学费①。

在稳步推进高等教育收费制度的同时，为了让经济困难的大学生顺利地入学并完成学业，在原有政策的基础上，教育部和财政部进一步改革与完善了一系列旨在资助经济困难大学生的政策和措施。这些政策和措施主要包括“奖、贷、助、补、减”等内容。

(1) 奖学金。中国奖学金和学生贷款制度的确立源于20世纪80年代，是在原人民助学金制度的基础上改革发展而来的。1989年7月31日国家教委和财政部联合发布了《普通高等学校本、专科学生实行奖学金制度的办法》和《普通高等学校本、专科学生实行贷款制度的办法》，并规定这两个办法于1989年9月1日起执行。奖学金分为优秀奖学金、专业奖学金和定向奖学金三种类型。① 优秀奖学金。以品学兼优为评定标准，分为一、二、三等奖学金，分别按本、专科学生人数的5%、10%和10%评定，总共有25%的获奖面。② 专业奖学金。凡录取为师范、农林、民族、体育和航海专业的学生均享受专业奖学金。在校学习期间，德、智、体、美、劳全面发展的优秀学生可获得较高等级的专业奖学金。专业奖学金也分为三等，一、二等分别按学生人数的5%和10%评定，剩下的85%的学生均获三等专业奖学金。③ 定向奖学金。定向奖学金是有关部门和地区为鼓励立志毕业后到边疆地区、经济贫困地区和自愿从事煤炭、矿业、石油、地质、水利等艰苦行业的学生而设立的。此项奖学金的资金不从国家预算中支出，而是在预算外或自筹资金中开支。鉴于定向奖学金的这种特殊性质，它的设立要经有关部门批准，财政部门审查后方能执行。定向奖学金的评定需要经过学生本人申请、学校批准等相当严格的程序。凡领取定向奖学金的学生一律不再享受优秀奖学金和专业奖学金②。此外，还有高校自己设立的各种奖学金以及

① 唐滢：《高等教育收费制度与少数民族高等教育发展》，华中科技大学硕士学位论文，2001年，第20页。

② 唐滢：《高等教育收费制度与少数民族高等教育发展》，华中科技大学硕士学位论文，2001年，第22页。

社会企事业单位或个人在学校设立的各种专项奖学金。据统计，2003 年，全国高校各类奖学金发放的总金额约为 33 亿元，接受资助的学生达到 450 万人次①。

（2）贷款。根据《贷学金制度实施办法》，贷学金是国家向困难学生提供的无息贷款。在此办法实施之初，每人每年申请贷款额最高不得超过 300 元，少数学生在获得奖学金后如生活仍有困难，也可以申请贷款。在贷款的偿还办法上，在 1990 年 7 月 6 日颁发的教财〔1990〕049 号文件中，国家教委、财政部提出了免还贷款的六项条件以及还款的优惠条件，这使部分困难学生解除了还款负担的后顾之忧，原来不愿贷款的学生也愿意贷款了。1998 年，国家助学贷款、教育储蓄和教育保险制度建立，国家助学贷款于 1999 年在全国八大城市试点，仅贷款给本、专科学生。2000 年 9 月，国家助学贷款扩大到全国范围，并拓展到研究生阶段的学费和生活费贷款。家庭经济确有困难的学生可通过中国工商银行、中国农业银行、中国银行和中国建设银行等金融机构申请低息贷款，其利息的一半由国家补贴②。目前实行的贷款有三种形式：国家助学贷款、高校利用国家财政资金对学生办理的无息贷款和一般性商业助学贷款。据统计，到 2004 年 6 月底，国家助学贷款累计发放总额已达 52 亿元，贷款学生约 83 万人；高校对学生的无息借款金额约为 6 亿元，借款学生约 23 万人；商业贷款总额达 21 亿元③。

（3）勤工助学。高校通过组织贫困学生在校参加适当的劳动，取得一定的补助性生活费用。勤工助学岗位主要有校内的助教、助研、助管岗位，以及参加学校的其他服务性劳动。勤工助学活动始于 1988 年末部分院校学生自发的经商活动。1989 年 9 月 22 日国家教委颁发了《关于加强对高校学生勤工俭学活动管理的几点意见》。文件指出："为维护学校教学和生活秩序，保证学生完成学习任务，不提倡学生从事经商活动。对于为了方便师生生活和解决少数学生实际存在的经济困难，在课余从事以勤工俭学为目的的盈利

---

① 张保庆：《规范高校收费，全面落实贫困学生资助政策》，《中国高等教育》2004 年第 19 期，第 3～6 页。

② 唐滢：《高等教育收费制度与少数民族高等教育发展》，华中科技大学硕士学位论文，2001 年，第 23 页。

③ 张保庆：《规范高校收费，全面落实贫困学生资助政策》，《中国高等教育》2004 年第 19 期，第 3～6 页。

性服务，由学校根据情况决定是否允许，并加强管理。"1993 年 8 月 27 日国家教委和财政部联合发布的《关于进一步做好高等学校勤工助学工作意见的通知》（教财〔1993〕62 号）指出："高校组织学生开展勤工助学活动，是高校收费制度改革的一项重要配套措施。这项活动不仅有利于学生德、智、体全面发展，而且可以使学生通过参加劳动取得相应报酬。这是对广大学生，特别是家庭经济困难学生的有效资助办法，支持他们安心在校完成学业。"1994 年 5 月 10 日，国家教委、财政部发布了《关于在普通高等学校设立勤工助学基金的通知》（教财〔1994〕35 号），指出："设立勤工助学基金的目的，在于使高校勤工助学活动具有稳定、可靠的经费来源，使这项工作逐步走向经常化、规范化，使家庭经济困难的学生，尤其是特困生得到有效资助，以完成学业。"关于勤工助学基金的来源，该通知规定了四个方面：① 在教育事业费中，根据国家任务学生数，按每生每月 3 元～5 元标准提取经费；② 从学杂费收入中划出 5％的经费；③ 从学校预算外收入中划出一定比例的经费；④ 基金增值①。2000 年，全国高校共设立勤工助学岗位 33 万个，发放勤工助学补助 5.4 亿元②。2003 年，高校通过勤工助学制度资助学生约 150 万人次③。

（4）特殊困难补助。特殊困难补助是各级政府和高校针对贫困家庭学生遇到一些特殊性、突发性困难而给予的临时性、一次性无偿资助。教育部和财政部明文规定，高校每年应从所收学费中提取不少于 10％的资金，专项用于资助经济困难的学生。1994 年—2001 年，国家先后动用总理预备金和紧急财政拨款 10.5 亿元，专项用于资助中央部属高校中经济困难的学生。此外，许多地方政府也拨出专款或设立专门基金资助贫困家庭学生。据统计，2003 年，各方面支出的特殊困难补助总金额为 4 亿元，补助学生约 90 万人次。2004 年，全国部分地区粮油副食品价格上涨，为解决高校贫困家庭学生的生活困难，国务院决定对普通高校中 5％的特别困难学生每人每

① 唐滢：《高等教育收费制度与少数民族高等教育发展》，华中科技大学硕士学位论文，2001 年，第 24 页。

② 陈川、罗树坤：《中国与美国大学生资助政策比较研究》，《教育财会研究》2002 年第 5 期，第 46～51 页。

③ 张保庆：《规范高校收费，全面落实贫困学生资助政策》，《中国高等教育》2004 年第 19 期，第 3～6 页。

天补助 4 元的伙食费，补助时间暂定一年。全国共补助约 7 亿元①。

(5) 减免学杂费。减免学杂费是指减收或免收学杂费。教财〔1993〕51 号文件明确指出："对生活特别困难的学生，各高校可根据困难的程度减免其学杂费。"对那些特别困难、确实交不起学杂费的学生，尤其是其中的孤残学生、少数民族学生、烈士子女、优抚家庭子女等，学校还执行了国家制定的减免学杂费制度。2003 年，全国共减免学费 4 亿元，享受减免的学生约 20 万人次②。

(6) 提倡"绿色通道"制度。为保证刚考入大学的贫困学生能够顺利入学，近年来，教育部规定各普通高校必须建立"绿色通道"制度，即对被录取入学而又经济困难的学生，一律先办理入学手续，然后再根据核实后的情况，分别采取不同办法予以资助。2003 年全国通过"绿色通道"办理入学手续的高校学生约 28 万人③。

(三) 关于少数民族的招生政策及实践

1949 年以前，国民党政府实行的是民族歧视和"大汉族主义"的教育政策，少数民族高等教育几乎是空白。截至 1949 年，全国没有一所正规的少数民族高校。中华人民共和国成立后，中央政府制定了一系列发展民族教育的法规、政策和措施，使少数民族高等教育获得较快发展，少数民族大学生人数逐年上升。《中华人民共和国教育法》第 9 条规定："中华人民共和国公民有受教育的权利和义务，公民不分民族、种族、性别、职业、财产状况、宗教信仰等，依法享有平等的受教育的机会。""公民依法享有接受高等教育的权利。国家采取措施，帮助少数民族学生和经济困难的学生接受高等教育。"这就从法律上保证了包括少数民族在内的公民平等地接受高等教育的权利。教育部、国家民委《关于加强民族教育工作的意见》规定："高考招生，应对少数民族学生实行择优录取和规定比例适当照顾相结合的办法，在各民族自治地方，少数民族学生录取的比例应力争不少于少数民族人口比

① 张保庆：《规范高校收费，全面落实贫困学生资助政策》，《中国高等教育》2004 年第 19 期，第 3～6 页。

② 张保庆：《规范高校收费，全面落实贫困学生资助政策》，《中国高等教育》2004 年第 19 期，第 3～6 页。

③ 张保庆：《规范高校收费，全面落实贫困学生资助政策》，《中国高等教育》2004 年第 19 期，第 3～6 页。

例。”中共中央、国务院《关于印发中国教育改革和发展纲要的通知》规定，内地省、市开展对民族地区教育的对口支援。从中国政府制定的法律、法规和政策措施中可以看到，政府从尊重少数民族自主发展高等教育的权利、实行双语教学、创办民族院校、加强少数民族师资队伍建设、对少数民族学生的招生和财政资助给予特殊照顾等方面，积极开展工作，大力发展少数民族高等教育，提高少数民族接受高等教育的机会。

为扩大少数民族接受高等教育的机会，中国制定了相关法规，采取了许多措施。1981 年国家教委在《高等学校招生工作的规定》和 1987 年《普通高等学校招生暂行条例》中规定：对边疆、山区、牧区少数民族聚居地区的少数民族考生，可根据当地的实际情况适当降低录取分数。对散居在汉族地区的少数民族考生，在与汉族考生同等条件下优先录取。各民族自治区在贯彻落实这一政策时，结合当地情况制定了具体的办法。辽宁省据此政策规定：民族自治县少数民族考生均降 10 分投档、录取。实行双语教学的市县，蒙古、朝鲜族考生进入分数段后降 5 分投档、录取。广西壮族自治区规定：少数民族考生如经过降分照顾后仍没有达到最低录取分数线的，可以低于最低分数线，每个民族县择优录取 10 人。贵州省 1979 年规定：对少数民族考生降低两个分数段（20 分）录取。1980 年后改为降低 10 分录取。甘肃省从 1980 年开始实行降分录取政策，对长期居住在民族自治州、县的汉族考生，照顾 50 分录取；对散居少数民族考生，降 10 分录取。1994 年全国高校实行招生并轨改革后，仍然规定少数民族地区考生可以降 20 分录取①。对少数民族考生采取降分录取，体现了国家的民族政策，增加了少数民族青年接受高等教育的机会，促进了少数民族高等教育事业的发展。由表 6-1 可见，中国少数民族大学生人数已从 1953 年的 0.55 万人上升到 2001 年的 40.97 万人，增加约 70 倍。

表 6-1　全国少数民族大学生人数（1953 年—2001 年）　　单位：万

年份*	少数民族大学生人数
1953	0.55
1964	2.00
1982	5.37

① 黄骏：《对中美“少数民族高等教育”的重新审视》，《江苏高教》2002 年第 2 期，第 122～125 页。

续　表

年份*	少数民族大学生人数
1990	13.79
1997	21.68
2000	31.73
2001	40.97

*1953 年、1964 年、1982 年、1990 年、2000 年为五次全国人口普查年份。

资料来源：《中国教育年鉴》编辑部：《中国教育年鉴 1949—1981》，中国大百科全书出版社，1984 年；《中国教育年鉴》编辑部：《中国教育年鉴 1982—1984》，湖南教育出版社，1986 年；《中国教育年鉴》编辑部：《中国教育年鉴 1991》，人民教育出版社，1992 年；《中国教育年鉴》编辑部：《中国教育年鉴 1998》，人民教育出版社，1998 年；《中国教育年鉴》编辑部：《中国教育年鉴 2001》，人民教育出版社，2001 年；《中国教育年鉴》编辑部：《中国教育年鉴 2002》，人民教育出版社，2002 年；《中国人口年鉴》编辑部：《中国人口年鉴 2000》，中国社会科学院人口与劳动经济研究所，2001 年。

为提高少数民族学生的入学率，从 1980 年开始，我国在部分重点大学开办了少数民族预科班，即在参加高考的少数民族考生中，降 30 分录取进入预科班。开办预科班的主要目的是根据少数民族学生的特点，采取特殊的教学方法，以提高少数民族学生的汉语水平和巩固其文化基础知识，加强基本技能的训练，为升入高校的本、专科学习打下基础。学习时间分一年、两年两种。学习成绩合格者直接升入本、专科有关专业学习。国家的这一政策在各个民族省份得到了贯彻执行。广西从 1980 年以来在 9 所高校举办大学民族预科班，每年招收 650 人。贵州省从 1983 年到 1997 年，4 所高校已招收民族预科生 2 000 余人①。教育部、国家民委规定对民族预科生实行统一大纲、统一教材、统一考试。民族预科班必须统一开设基础汉语、阅读与写作、数学、英语 4 门课程，由国家制定统一的教学大纲。预科班结业时，由省教育厅组织统一考试，考查学生在预科班学习的情况。

为解决少数民族大学生因家庭经济困难无法完成学业的问题，中国从 1950 年开始，对少数民族大学生实行学习期间的生活补助金制度。1950 年政务院《培养少数民族干部试行方案》规定：为了保障少数民族学生的经济

① 王红曼：《论我国的教育政策及其成就》，《民族教育研究》2002 年第 1 期，第 35～41 页。

生活条件，考入高校的民族学生，一律享受公费待遇。1977 年教育部、财政部等部门联合下文规定：民族学院的学生全部享受人民助学金。1987 年，两部又发布文件将助学金改为奖学金和贷款制度，规定家庭经济有困难，不能部分或全部解决在校学习期间生活费用的少数民族大学生，由中国工商银行提供低息贷款。少数民族大学生毕业后，如果分配到边疆少数民族地区工作 5 年以上，可以免还贷款。除国家统一的优惠政策外，一些民族地区政府还制定了具体政策①。

二、中美两国高校招生考试制度之比较

（一）统一性与多样性

相比而言，中国高校实行的是高度统一的招生考试制度，美国则是相对统一的大学入学考试制度。总体来看，除个别省市外，中国高校的招生计划、考试时间、考试科目、命题、标准答案及评分标准由国家统一制定，试卷印制、考试、阅卷、录取和监督工作由各省、自治区、直辖市负责，整个过程都在国家的统一管理和领导下进行。在中国，凡想以统招生身份进大学者，几乎都必须参加高考，高考成绩几乎是高校录取时的唯一标准，高考的内容以全国统一的中学教学大纲为准绳。而美国由于历史的原因和地方分权的教育管理体制的特点，长期以来一直没有由官方统一举行的高校入学考试、统一规定的中学教学大纲和中学毕业考试要求。美国 50 个州中有 47 个州没有统一规定的中学毕业考试。全国大规模的大学入学考试——SAT、ACT 考试，是受美国大学委员会的委托，由两个民间考试机构举办，考试的内容与中学课程关系不大。这两种考试都不是一次性的，而是从高中或初中开始就一路考下来的，有的科目甚至进入大学以后还要考。各大学一般都要求申请者参加其中一项考试，但要求考试的科目不同，考试成绩在录取要求中的权重也不一样。一般而言，实行高选拔性政策的高校对考试成绩有较严格的要求，在录取时比较看重考试成绩；实行一般选拔性政策的高校对考试成绩有要求，但在录取时对成绩并不太重视；而实行开放性政策的高校，凡申请者均被录取，考试成绩对录取不产生任何影响，学校要求提供考试成

① 严文蕃、唐滢：《中美少数民族高等教育政策与实践比较研究——对美国“肯定性行动计划”和中国少数民族高等教育政策的新思考》，潘懋元：《“中华高等教育改革”国际学术研讨会论文集》，厦门大学出版社，2004 年，第 261～268 页。

绩主要用于申请者入学后分专业、分班等。此外，美国还有国家统一的中学课程标准，这些标准和要求在 SAT、ACT 考试中都有所反映。

（二）招生自主权

中美两国高校在招生自主权上有很大的差异。在新中国高考的历史上，高校几乎没有招生的自主权。根据《高等教育法》规定，高校拥有根据社会需求、办学条件和国家核定的办学规模，制订招生方案，决定招生的具体数量和人员，确定招生范围和来源，自主调节系、科招生比例等方面的权力。扩大高校招生自主权，是为了减少或避免政府对高校具体招生事务的直接行政干预，使高校本着对自身发展负责的原则，来制定具体的招生标准与实现质量保证，这也是世界各国高等教育体制改革的共同趋势。近年来，教育部虽然进行了高校自主招生的改革，但这种自主招生的权力是非常有限的。其一，改革高校的范围很小，主要集中在几十所重点大学；其二，高校自主招生的比例很小，只有 5%，而且前提是这 5%还必须是在最低录取控制分数线以上才有效；其三，考生必须参加统一的高考，考试成绩仍然是决定录取与否的主要标准。中国的自主招生还处于起步和试验阶段，但对于扩大高校的办学自主权和高校自身的发展具有重要意义。美国的高校在招生上拥有极高的自主权，联邦政府主要是制定诸如体现教育公平原则之类的法规和提供学生财政资助，州政府则只是从宏观政策上给予指导并提供有限的学生财政资助，从制订招生计划、录取标准、招生宣传到决定录取，都由高校自己决定。因此，各高校都有自己的招生机构，负责招生工作的具体事务。所以，在招生自主权方面，中美两国存在很大的差异。

（三）招生考试制度与学校教育的关系

首先，美国的高校实行自主招生，选拔录取采取综合性录取标准与特殊录取标准相结合的办法。就综合性录取标准而言，它是对学生素质的全面衡量，在一定程度上可以避免学生的片面发展，符合教育发展的方向。综合性录取标准还有利于弥补 SAT、ACT 考试的不足，因为这两种考试都属于标准化考试，关注的是学生的认知能力，很难测试学生全面的能力和德智体等因素，这就需要根据学生各方面的资料进行综合性判断。从某种意义上来说，实行综合性的选拔录取标准本身就是对中学教育再评价的过程①。不仅

① 刘清华：《试论美国高校招生考试与学校教育的关系》，《外国教育研究》2003 年第 4 期，第 46～50 页。

如此，综合性录取标准比单以考试成绩为标准更有利于促进经济流动和社会地位的流动。因为采纳综合性录取标准的学校，最终的录取权在招生委员会，其成员大部分是教授，他们具有最好的判断力，受到外界的干扰也最小，而且在录取时他们较少考虑申请者的支付能力，富人没有优先权。综合性录取制度更关心的是被录取学生毕业时的成就，而不是学生入学时的名次，即承认起点的不平等。因此，综合性录取制度是一种非常复杂的制度，它把社会经济地位、对制度的忠诚和个人利益、学习能力及其他的才能放在一起综合考虑①。就特殊选拔录取标准而言，它有利于特长生的培养。美国的许多大学都十分重视个人素质，赏识有个性和专长的学生，与单纯成绩好的学生相比，他们更欢迎有体育特长、艺术天分或领导才能的学生。美国的大学强调，“他们不是要录取一群相同的学生，而是要把不同类型的学生组合成一个优异的整体”②，实现“学校精英结构内多样化的最优搭配”，“从而使学生具有相互学习的最大可能性”③。其次，SAT、ACT 考试的内容是中学课程的共性要求。由于美国中学没有全国统一的教学大纲，各州的教学要求和教材千差万别，因此 SAT、ACT 考试主要考中学课程中一些共性的要求。这就使得美国中学的教学较为自由，有利于个性的发挥，可以避免考试对教学的过多的不利限制和应试教学的倾向。

中国实行统一高考，即使是 2003 年以来试行自主招生的少数高校也要求学生参加统一高考，高考成绩仍然是录取的主要依据。高考内容以全国统一的中学教学大纲为准绳。这一做法的正面影响是，中学都会非常认真地去完成大纲要求的教学内容，中学毕业生几乎都能掌握中学要求的基本知识，这也是中国中学教育教学质量一直较好的重要原因之一。其负面影响是导致中学的应试倾向。为了使学生在高考中能考出好成绩，追求高升学率，许多中学只重视高考要考的知识，对其他内容尽量少教甚至不教。但我们认为，高考和应试教育没有必然的联系，把应试教育的原因全部归咎于高考是有失

---

① 亨利·罗索夫斯基：《美国校园文化——学生、教授、管理》，谢宗仙，等译，山东人民出版社，2000 年，第 57～58 页。

② 亨利·罗索夫斯基：《美国校园文化——学生、教授、管理》，谢宗仙，等译，山东人民出版社，2000 年，第 267 页。

③ 亨利·罗索夫斯基：《美国校园文化——学生、教授、管理》，谢宗仙，等译，山东人民出版社，2000 年，第 50 页。

偏颇的。

近年来，中国在中学开展了素质教育，素质教育成为学校教育重要的组成部分。我们认为，首先，高考与素质教育是辩证统一的关系。一方面，考试本身具有测量、教育和社会性三大功能，高考作为为高校选拔人才的大规模考试，更是成为中等学校教育的“指挥棒”，因此由考试的性质所决定的高考对素质教育的导向功能是无法回避的，高考对素质教育有制约作用。反之，教育目的又制约考试内容和方法。一个国家不同时期的教育目的和目标不同，考试内容和方法也不一样，后者受制于前者。作为我国当前教育目标的素质教育对高考内容也必然有制约作用，而高考也唯有保持其时代性和社会性才能实现自身的可持续发展。“观今宜鉴古”，清末科举考试与学校教育的对立，除了内容上存在旧学与新学、中学与西学的冲突因素外，还存在古代与近代培养、选拔人才的精神上的矛盾冲突。科举培养的是“学而优则仕”的从政人才，而近代教育则注重全体国民素质的提高。清末科举考试终因学堂的兴起和无法适应近代社会的要求而退出了历史舞台。所以，若高考不能与时俱进或与国家的教育目的相悖，就会失去其生命力。其次，高考目标即是素质教育的目标。我国素质教育的目标是全面提高学生知识技能水平、能力发展水平、品德和人格形成水平。根据美国心理学家布鲁姆对教育目标的分类，认知领域分为知识、领会、运用、分析、综合、评价六个类别，这六个类别涵盖了素质教育目标中对知识技能水平、能力发展水平的要求。我国近年来进行的高考内容改革在强调基础主干知识的同时，突出对学生综合学习能力的考查，实现了对素质教育前两个目标的评价；而对品德和人格形成水平的考查则以语文、历史、政治考题为载体，对学生人文和政治意识形态进行测验，并以明确的社会价值取向引导学生良好人格的形成。因此，高考目标反映了素质教育的发展方向，两者的目标具有一致性。当然，我们也要看到高考对素质教育质量评价功能的局限性。评价功能是考试的基本功能之一，但由于评价客体的不同，评价的效度和适应性存在差异。素质教育的根本目的是培养全面发展的人，培养学生的创造力是素质教育的重要方面。创造力是心理水平、知识积累、思维能力、个体独立性和批判性等因素的集中体现，对素质教育的评价也顺理成章地应考查学生的创造力。这就要求不仅应重视学业分数和总结性评价，还应重视形成性评价。而高考由于受试卷容量和考试时间的限制，只能遵循“部分能够反映总体”的原则，对学生的身心素质进行抽样测评，而不可能全面测评。因此，高考如何才能全面评价素质教育的质量，或者说能在多大程度上评价素质教育的质量，有待探讨①。

（四）知识与能力的测试

中美两国既重视统一知识测试，也重视能力测试，但对能力测试重视的程度不一样。首先，中美两国都重视统一知识测试。中国的高考以全国统一的中学教学大纲为依据，主要考查学生在中学所学知识的掌握情况，考试内容与中学课程结合很紧密。而美国虽无全国统一的教学大纲和统一教材，但也重视统一知识测试，而且考试内容也有走向统一的趋势。SAT、ACT 和 AT 考试内容都涵盖了各州中学教材中最基本的、具有共性的知识。但在能力测试方面，两国重视程度不一样。现代社会的发展使人们进一步认清了对学生能力培养的重要性，为了强化对中学生能力培养的意识，为高校提供学生专业发展潜力的依据，近年来，我国进行的高考内容和科目改革中加入了对学生进行能力测试的内容。尽管如此，目前的高考仍以考知识为主。美国的 SAT-Ⅰ考试注重学术能力考试，SAT-Ⅱ考查学生的学科专长和学习能力，尤其是其中的科学推理更是囊括了整理数据、研究总结、批判性评论等系统而全面地考查学生的学术研究能力的试题。ACT 考试主要考查学生运用知识的能力、推理能力以及分析问题和解决问题的能力。由此可见，中国高考内容偏重知识测试，美国则重知识测试更重能力测试。

（五）招生评价体系和录取方式

中美两国高校招生考试评价体系和录取方式存在差异。中国的考试评价体系主要由高考和会考两部分组成，会考为高中毕业考，考试合格方有资格参加高考。尽管大学招生录取的原则是德、智、体、美全面考核，择优录取，但在实际操作时基本只看高考成绩，不参考会考成绩。因此，有人说中国的大学选拔方式是“一试定终身”，这种做法不利于客观和全面地评价考生的能力，因为一次性的考试总是无法排除偶然性因素的干扰。近年来，在上海等城市试行综合录取的办法，但由于诚信、人情、面子等因素，实施的效果并不理想。总体上看，中国考试评价体系和录取方式略显单一。美国实

① 唐滢：《素质教育视野中的高考改革》，《教育发展研究》2004 年第 7～8 期，第 66～68 页。

施的是多元化的考试评价体系和综合性选拔标准，它包括大学入学统一考试、中学学业成绩和所修课程、课外活动中的才能、入学申请书、推荐信和面试等内容。这种做法除可以考查学生的学业情况外，还可以了解他们的个性特点、兴趣、多种能力等招生高校特别关注的因素，尽管这些因素很难测评，但高校认为这与学生在大学里取得的成就紧密相关。因此，美国本科高校一般都坚持采用综合性的选拔标准。

（六）学费政策和资助政策

在学费政策上，中美两国有三个共同的特点，一是两国都没有由中央政府统一规定的收费标准，收费标准主要根据当地的经济状况或大学自身的情况由省或州政府统一制定，在美国甚至由大学自己制定；二是收费水平在逐年上涨，而且攀升的速度和幅度都很大；三是不同类型、不同层次、不同专业的收费标准不一样，一般来讲，著名大学、重点大学的收费高于一般大学，私立大学高于公立大学，热门专业和就业前景好、回报率较高的专业高于冷门专业和就业前景差、回报率较低的专业。不同之处是，美国对本州学生和外州学生实行不同的收费政策，而中国对当地和外地学生的收费标准相同。在这一点上，我们认为美国的做法更为合理，因为本地学生与外地学生及其家庭对当地经济的贡献是不一样的，因此他们享受的待遇也理应不同。另外，在资助政策上，中美两国财政资助的主要来源和数量有相似之处，都是以联邦政府或中央政府为主，其次是州政府、省政府或地方政府和大学自己。但美国的社会和个人捐助在资助总额中占有较大的比例，而中国在此方面却很少，这与两国经济体制的差异和社会财富积累的数量与分布的不同有关。从资助的方式来看，两国大同小异，形式都多种多样，中国有的奖、助、贷、减免、勤工助学等形式，美国也都有。从资助的对象看，两国都是面向全国的贫困生、优秀生和少数民族学生等。从资助的资金结构来看，中国奖学金的比例比美国高得多，中国为54%，美国仅为2%。但中国设立的部分奖学金实际上具有助学金的性质。助学贷款在各种资助金中的比例中国偏低，而美国则占到了将近一半。从申请助学金的办法来看，美国有规范而行之有效的测算公式和各种手续，中国在核对学生的家庭经济情况时，主要看当地政府开具的贫困证明。从目前的情况来看，有不少证明是与实际情况不符的。

第二节 美国高校招生考试制度对中国高考的借鉴意义

美国现代大学招生考试制度在1861年南北战争以后才萌芽，到19世纪末，工业的迅猛发展对高等教育提出了新的要求，为适应高等教育大发展的形势，大学入学考试制度随之迅速发展。美国现代大学入学考试制度虽确立较晚，但有许多做法已较为成熟并行之有效，因此研究美国高校的招生考试制度对改革中国高考制度具有借鉴意义。

一、美国高校招生考试制度引发的思考

（一）教育制度决定考试制度

中美两国不同的教育制度决定了两国不同的大学招生考试制度。美国是地方分权的教育行政体系，长期以来没有全国统一的中学教学大纲和统一教材，这种教育性质决定了其考试具有分权、自主、灵活、多样的特点。因此，美国一直没有由国家统一举行的高校招生考试。中国的教育体制则是相对集中，全国使用统一的中学教学大纲和统一教材，这就为实行高度统一的全国高考提供了前提。中美两国在考试制度上的差异是由两国不同的教育制度决定的，两种考试制度都有各自存在的合理性。因此，我们在探讨中国是否应该坚持统一高考问题时，不能不顾国情强求一致，片面地认为美国或发达国家的就是好的，而应该客观、公正地看待这个问题。

（二）正确处理考试与教育的关系

考试的性质决定了考试对教育具有导向功能。由于中国的高考过分拘泥于中学课程，造成了中国目前应试教育的局面，这不利于对学生进行素质教育和能力培养。要改变这种状况，应该分析其深层次原因，从理论和实践层面研究考试与教育的关系，在两者之间寻找平衡点，总结客观规律，强化考试对教育的正面导向功能，弱化其负面影响，才能从根本上扭转应试教育的局面。美国中等教育由于没有统一的教学大纲和教材，在大学入学考试中只能考一些共性的内容，考试与教学的关系较松散。但美国政府认为这种状况不利于学生学习中学课程，造成中等教育质量低下，认为应该加强考试与教材结合的紧密程度，其实这也是ACT考试中心成立以及后来实行一系列考

试内容改革的重要原因。因此，只有处理好考试与教育的关系，才能发挥大学入学考试对中学教育正确的导向功能。

（三）协调高校招生考试中一致性与多样性的矛盾

一致性与多样性是高等教育中存在的一对矛盾，这对矛盾也体现在中国的高考改革中。长期以来，中国实行统一的高考制度，这体现了一致性。然而，随着中国高等教育大众化时代的到来，中国高等教育的科层结构更趋多样化，目前我国以高考成绩为主导的单一的录取方法不利于各科类、各层次、各类型高校对专业特殊人才的选拔。此外，党的十六大提出的全面建设小康社会的教育发展目标是“人民享有接受良好教育的机会”，新时期的教育任务是“造就数以亿计的高素质劳动者、数以千万计的专门人才和一大批拔尖创新人才”，以满足全面建成小康社会对各类专门人才的需要。因此，只有多样化的考试和招生方法才能满足各类大学选拔人才的需要，高等教育的内部规律呼唤多样性。

二、改革之路

（一）建立统一高考与多元评价、多元录取相结合的综合选拔录取制度

综合选拔录取制度：统一高考＋多元化的评价体系＋多样化的录取方式。

1. 坚持统一高考

统一高考是全国统一命题考试，用一把尺子来衡量所有的考生，对他们的知识、能力和素质进行科学的测试，相对比较公平。统一命题统一考试，相比较分省多次考试而言，具有成本低，效率高，便于组织和保密性强等优势。著名学者刘海峰教授认为：“中国传统社会是一个科举社会，为了制衡讲究人情关系的消极影响，解脱人情困境，现在和将来还须以考试作为社会生活的调节阀。考试是一种公平尺度，尽管有其局限，但在公平、公正地区分选拔人才方面还是利大于弊的。在提倡公平竞争的市场经济时代，不仅统一高考废除不了，而且各行各业还越来越多地采用考试手段来测量、评价人才，因此现代中国必然还要走向一个考试社会。”[①] 所以，从总体上来说中

① 刘海峰：《研究考试制度　推进考试改革》，《湖北招生考试》2002 年第 4 期，第 6 页。

国还应该坚持统一高考。但是统一高考又有无法体现各高校的个性要求，无法全面测量学生的整体素质，无法选拔有特殊才能的学生等先天的弱点。因此，为了更有效和科学地实现统一高考的价值，建立与之相适应的多元评价体系，相互取长补短，是构建综合选拔录取制度的必由之路。时任中国教育部副部长袁贵仁认为，中国应该“逐步建立起以全国普通高校招生统一考试录取为主，与多元化评价和多样化选拔录取相结合，高校自主招生、自我约束，政府宏观指导、调控，社会有效监督的高校招生制度”①。

2. 建立多元化的评价体系

从招生标准的维度看，美国大学希望招收有能力、准备充分的学生，这与我国是一致的，但美国的措施和标准更周全。就入学标准而言，美国大学的入学条件至少有六项，即高中成绩、SAT 或 ACT 成绩、推荐信、学生自己写的申请材料、面试、辅助申请资料如录像带等，其目的是想对申请者有一个全盘的了解，以便评定申请者是否符合本校的招生理念，选拔最合适的人选。这是一个卓有成效的做法。而我国的入学标准其实只有一个，那就是高考成绩。相形之下，我国的高考虽然公平，但不能全面考查学生的能力和素质，不利于特长生的选拔，也不利于各高校按自己的办学特点、学科专业特点、学校类型等个性要求去选拔学生。我们应该采用更多元化的标准来全面客观地衡量学生。要实现这个目标，关键是要建立能反映学生综合素质和个性特长的综合评价体系，探索在文化考试基础上高校多样化择优录取的办法，并规范对学生综合素质进行评价的法律、制度和办法。

3. 采取多样化的录取方式

要实现高校多样化的录取方式，扩大高校招生自主权是关键，必须还招生权于高校，从选拔对象、范围和录取标准上积极扩大高校自主权，在坚持统一招生考试的同时，辅之以多种形式的高校单独招生和自主招生。精英高等教育与大众化高等教育分类发展的理念是选择之一。美国在高校的分类招生考试政策下，名牌大学对学生通常有严格的成绩和能力要求，主要为国家培养政治、经济、文化等方面的精英人才；一般性的高等教育机构对学生没有严格的成绩和能力要求，为国家培养政治、经济、文化等方面的高中级人才；而社区学院则向所有愿意接受高等教育的人开放，主要是培养熟练的专

① 袁贵仁：《明确思路　系统协调　促进高校招生工作上新台阶》，《中国高等教育》2003 年第 6 期，第 3 页。

业技术人员，向希望升入四年制学院的学生提供升学服务，为社区提供科技文化和社区服务，强调的是为国民提供更多的入学机会，促进高等教育机会的平等。美国的这种政策有利于满足国家对各层次人才培养的需求，分担了各种不同类型高校招生的压力，使各种类型的考生都能找到适合自己的位子。此外，美国许多大学对其教职员子女、校友子女、有贡献者之子女的入学有特别的倾斜政策，这种做法在中国被视为特权。但我们认为，这一招生理念至少有两个好处，一是可以让大学的教职员不必为子女的教育太过操心，因而可以安心工作；二是校友及有贡献者会以母校或该校为荣，进而对母校或该校作进一步的贡献，这对学校的发展无疑是有好处的。这一招生理念似乎也值得我国借鉴。有鉴于此，中国可以实行重点大学、普通大学和高等职业技术学院分类招生的政策，同时打通高等职业技术教育通向普通高等教育的道路，各高校还可以制定自己特殊的招生标准。

在实行高校单独招生和自主招生的同时，为防止和杜绝招生中各种舞弊和腐败现象的发生，首先，要完善省级招生办公室的监督功能、服务功能，提高招生工作的透明度，强化监督功能，提高信息服务的质量和水平，使省级招生办公室逐步成为高校招生权威、合法的中介，由高校和考生依据省级招生办公室提供的权威、合法的信息，实现双向选择①；其次，各高校要建立教授委员会，专门负责招生工作中对学生的选拔，把好质量关。这也是美国绝大部分私立高校的做法，几十年的实践已经证明是行之有效的。

（二）建立专业性考试机构，实行考招分离

目前中国的高考制度，实际上是一种行政管理体制。高考和招生都由政府统一领导，统一完成，招考是一家。政府招生、考试机构与大学的关系是甲方乙方的关系。乙方必须按照甲方的要求和设计去办，没有商量的余地。这种制度对保障高校考试和招生的公平、公正，杜绝高考中各种腐败现象的发生发挥了重要的作用，这一点是不容置疑的。但随着社会和经济的发展，尤其是高等教育自身的发展，这一制度自身无法克服的一些弱点已经阻碍了高等教育的发展。就政府和高校的关系而言，政府的招生和录取权力高度集中，这势必会干扰高校的办学，影响高校办学的积极性，束缚高校办出自己

---

① 张金元：《改革和完善普通高校招生制度　实现招生录取工作制度化、科学化和平常化》，《湖北招生考试》2004 年第 24 期，第 28～36 页。

的特色。但如果招生和录取的权力全部下放，由高校自己包办一切，对高校和考生都是沉重的负担，还不能保证整个社会的公平①。目前，中国高等教育已经进入大众化阶段，大众化教育的特点之一就是大学的层次、类型更加多样化，学生的构成更加多样化。过去那种用一把尺子来选拔所有学生的带有明显的精英高等教育阶段特色的招生考试制度，已经不能适应中国目前大众化高等教育发展的需要。如果再不调整和改革这种制度，就会制约高等教育的良性发展。此外，目前中国的招生委员会和考试中心都是政府机构，这种体制不利于自身的监督，因此应该建立专业性的社会考试机构，实行考招分离。

在美国，实施高校入学统一考试 SAT 和 ACT 的教育考试服务中心和美国高校服务中心都不是政府机构，而是非营利性的民间机构。由民间机构统一进行考试，不但减少了各高校单独命题和测试导致的繁重的工作、高昂的费用，提高了考试效率，同时还减轻了中学和学生为应付各高校不同的要求而带来的繁重的教学和学习任务，以及奔走在不同高校间参加考试而带来的经济负担。而且，考试如果由专业的考试机构承担，考试成绩在各高校间可以通用，也可以保证考试质量，保证考试的命题、实施、评分、成绩报告等环节的规范化、标准化和科学化。此外，考试机构只为高校和学生提供成绩报告，在高校和学生之间扮演中间人的角色，不介入高校的招生，对高校招生的自主权没有影响。中国由于体制的原因，高校并没有取得招生的自主权。2003 年以来，也只有 50 多所高校获得了部分自主权，但由于考试命题及高校录取分数的划定操之于政府之手，高校的录取范围仍受限制，并且录取结果仍需报政府批准。随着高等教育的大规模扩招，有效需求逐渐饱和，如果高校招生的自主权长期受到限制，势必影响到高校办学的积极性和创造性②。因此，建立专业性的社会考试机构，实行考招分离，无论是对政府、高校和学生来说都是一件好事，也是可行的。但需要注意的是，由于我国高校长期以来缺乏自治的传统和机制，因此对高校招生的放权应该逐步进行，避免造成“一放就乱”的局面。

（三）制定合理的收费标准，完善财政资助制度

收费和财政资助对高等教育的入学有重要影响。目前，中国高校收费标

① 贾非：《各国大学入学考试制度比较研究》，辽宁教育出版社，1990 年，第 251 页。

② 何健：《美国高等教育招生制度对我国高招制度改革的启示》，《河南职业技术师范学院学报》2003 年第 2 期，第 56～58 页。

准的测定是粗放的，不规范的。2000 年，教育部副部长张保庆指出："高等教育属于非义务教育阶段。因此，高校原则上每年可以根据年生均培养成本收取一定比例的学费。应当说明的是，确定完整意义的年生均培养成本，目前还存在不少实际困难，对一些问题尚须作进一步研究。因此，暂时还只能按高校生均日常运行经费来考虑收费比例。"① 在制定高校的收费标准时，往往对经济增长或下降、通货膨胀、学生家庭对高等教育的支付能力和承受能力、高校培养一个学生的成本等因素考虑不多，制定的标准不尽合理。加之学费上涨较快，造成经济状况不佳家庭的学生上学难，贫困生、特困生比例不断上升，给中央政府和各级地方政府、高校造成极大的压力和负担，给学生的入学和顺利完成学业带来了极大的困难。因此，中国应该认真研究教育成本及收费标准等问题，制定合理的收费标准，并积极采取措施，控制高校收费不合理地增长。

中国已经形成较为完整和系统的财政资助体系，在帮助贫困生、少数民族学生、残疾学生等在大学入学和完成大学学业方面发挥了积极的作用。在这个体系中，中央政府发挥着主渠道的作用，地方政府和高校的投入相对不足，社会、企业和个人捐资比例很低，资金的结构不尽合理，当然，这一格局的形成与中国经济的整个大环境是息息相关的。但是，我们也应该看到，人数太多，学生贫困面太大，地方政府对此问题的认识和重视不够，高校由于资金短缺及对国家财政资助政策的执行不到位，也是造成财政资助经费不足的重要原因。因此，中央政府应该采取措施，调动各省、地区和高校的积极性。对学生财政资助工作开展得好的地区和高校，要给予一定的奖励；对那些执行不力，尤其是因此而影响了学生入学和顺利完成学业的地区与高校，应该施以一定的处罚，直至减少中央对该地区或高校的资助经费拨款，做到赏罚分明。此外，应该鼓励高校拓宽筹集资金的渠道，吸引社会、企业和个人捐资助学。

目前，中国的财政资助工作中有两大问题没有得到很好解决，一是对申请人及其家庭经济状况的审核，二是对资助金额标准的确定。对学生家庭经济状况的审核，美国高校有一套详细的办法和计算公式，结合美国较为完善的税收制度和社会保障体系，达到了比较理想的效果。本书第四章关于哈佛大学财政资助办法中论述过此问题。

① 张保庆：《高校收费：严格规范管理落实配套措施》，《人民日报》2000 年 6 月 9 日。

至于资助的金额，加州大学 Berkely 分校有计算公式。加州大学 Berkely 分校的财政资助分为需要性资助和非需要性资助两类（need based or non-need based)。前者的资助方式包括补助性借贷、助学金、奖学金和联邦勤工助学；后者的资助方式包括非补助性借贷。资助金额的计算公式如下：

需要性资助数＝标准学生支出预算—学生/父母支付能力之总数

加州大学 Berkely 分校的标准学生支出预算是基于每年对学生年度开支的调查而确定的。

从哈佛大学和加州大学来看，它们都有一套严格的考查申请人及其家庭经济状况的办法，对资助金额的标准也有科学的测定公式，从而保证了财政资助的有效性。因此，中国应该对此问题进行立项研究，探索出符合中国国情的、能较准确核定申请人家庭经济状况和评定资助金额标准的科学方法，使真正需要资助的学生得到资助，减少资助的盲目性，使资助款项真正发挥助学的作用。

贷款既是财政资助体系中重要的组成部分，也是解决学生入学和顺利完成学业的有效途径。但目前中国的助学贷款存在贷款渠道不畅、学生家庭经济状况很难审核和违约率高等问题。而贷款中的违约问题是影响贷款顺利发放的最主要原因。其中有两个问题需要解决。一是要建立有效的资金回收机制，二是要教育学生树立诚信的观念，做诚实守信的人。先谈第一个问题。美国运用税收系统来回收学生的贷款，并设有专门的信用局。而中国目前还没有形成成熟的纳税观念和完善的所得税系统，因此如何建立一个有效的资金回收系统，是需要积极探索的紧迫任务。办法之一是，与社会养老制度等社会保障体系相结合，建立资金回收机制。办法之二是，银行可以在政府的支持下，建立个人信息征询系统，为银行个人信贷业务的发展铺平道路。这个方法不仅可以帮助解决国家助学贷款中的难题，而且可以使银行从开展多种形式的个人业务中受益①，此举无疑有利于调动银行的积极性。另外，中国目前的贷款除中央财政拨款外，主要由银行和商业机构操作，这些机构都是以营利为目的的，如果在营运过程中无利可图，或者贷款收不回来，甚至造成亏损，势必会影响它们贷款的积极性，或者不愿意贷款。因此，中央政府应该制定政策、采取措施，对回收率高和违约率高的高校采取赏罚分明的

① 沈红、张慧：《国家助学贷款：银行的风险与机遇》，《中国高等教育》2002 年第 22 期，第 37～39 页。

政策，调动高校督促学生还贷的积极性。在此方面，美国有五条主要措施：第一，分摊贷款风险。联邦政府为学生贷款提供的是不完全担保，如果发生拖欠，银行或贷款机构也要承担一定的责任。另外，法律规定，在发生拖欠时，银行或贷款机构要向联邦政府履行担保之责。当拖欠造成损失时，银行必须提供自己已经尽了最大努力，确实无法追回贷款的证据。第二，还款方式灵活多样，减轻还贷压力。还款压力过大是引起还贷拖欠率上升的原因之一，为此，美国政府制定了多种还款方案：① 标准还款计划（standard repayment），每月还款额不得少于 50 美元，最长可以十年还清。② 延期还款计划（extended repayment），每月至少还 50 美元，但利率要高一点。③ 渐增还款计划（graduated repayment），还款以一定水平为起点，每两年增加一次，根据借款额的多少，还款期从 12 年至 30 年不等。④ 按收入比例还款计划（income-contingent repayment），按贷款人收入 2%～3%的比例，确定每月的还款额，直到还清为止。第三，严厉惩罚拖欠者。拖欠偿还学生贷款会受到以下惩罚：① 失去申请延期还债及免除债务的资格。② 拖欠被认为是违背信用，情况会被报告给信用局，拖欠者会被扣掉信用评分，以后要贷款买车、买房等就很困难，因此一般人都不敢拿自己的信用开玩笑。③ 拖欠的账目会被转给专门的追款机构进行追讨，拖欠者还需缴纳滞纳金、额外的利息、追讨所需的费用等。④ 拖欠者工作的单位被授权扣除一定比例的工资充抵拖欠款。⑤ 对恶意拖欠者最严厉的惩罚是诉诸法律，由法院强制执行，并由拖欠者负担审判费、律师费等。第四，为贷款学生提供咨询服务。根据联邦政府的法律，各高校都设立了专门的学生资助办公室，负责对学生贷款工作进行咨询、帮助和指导。在学生贷款前和离校前都要对学生进行面对面的指导，让学生了解贷款信息以及贷款人的权利和义务。第五，高校要对学生的拖欠贷款负责。联邦教育部每年统计一次高校学生的还贷情况，如果高校学生贷款的拖欠率太高，管理部门就会对其进行审查，暂停该校学生的贷款资格。如果拖欠率达到 40%或连续三年达到 25%，就取消该校的贷款资格。这种情况会影响该校下一年的招生，危及学校的生存。据统计，美国教育部采取的“最大违约率”的政策，使各高校学生贷款的违约率从 1990 年的 22.4%下降至 1996 年的 9.6%，总共下降了 12.8 个百分点[①]。

---

① 李红桃、沈红：《美国降低国家担保学生贷款拖欠率的经验及启示》，《比较教育研究》2003 年第 1 期，第 63～66 页。

可见，采不采取硬性的措施，效果是完全不一样的。再谈诚信问题。各高校要对学生进行诚信教育，把诚信教育纳入德育课的内容当中，将其作为当代大学生素质教育的重要一环来抓，帮助大学生树立“人无信不立”的道德观念。教育学生在现实生活中做一个诚实的人，讲信誉的人，在可能的条件下积极还贷，为后来的大学生创造更多的接受高等教育的机会，这也是一种造福他人的善举。

（四）加强考试科学研究，提高招生考试管理水平

美国的高校招生考试无论是从试题的编制、考试的组织、成绩的分析、成绩的发送，还是从考试机构的组织和管理来看，其科学性、规范性和高效性在全世界都是有目共睹的，这背后有着考试科学研究的强大支撑。从大学入学委员会，到民间考试中心，到各高校的招生处，都高度重视考试科学的研究。美国考试研究人员的研究成果——经典测量理论、项目反应理论、概化理论、试题库理论等被用来指导试卷的编制实践，带来了美国乃至全世界考试革命性的变革；美国学院注册主任及招生官员协会、大学委员会和国家大学入学顾问联盟等组织经常对美国全国高校的入学考试制度进行大规模的调查和研究；美国的 ACT 和 ETS 两个考试中心，拥有大量的对考试进行研究的科学家和科研人员，他们的研究成为这两个考试不断改革和创新并得以长期生存与发展的重要保证；美国各高校的招生处和办公室，在进行招生实践的同时也在开展研究工作。美国各高校招生处的负责人发表了大量关于招生工作的研究论文，从微观层面研究大学的招生政策、招生方法以及招生机构的组织和运作，将考试理论研究与实践较好地结合在了一起。可以说，美国从上到下都重视对招生和考试各个环节的研究，而不是只重视考试实践。

长期以来，中国考试界对考试理论和考试实践存在认识上的分歧，将考试理论与考试实践对立起来，考试实践者与考试理论研究者彼此看不起。考试实践者认为考试理论研究者不了解实际，他们的理论脱离实际，只会纸上谈兵，而考试理论研究者则认为考试实践者理论水平低，只会凭经验工作，管理缺乏科学性和规范性，工作效率不高，队伍整体水平不高。这是制约中国高考制度发展与创新的主要原因，认识上的误区会导致实践偏离正确的方向。

中国现行高考改革和高考实践中所面临的许多困惑，很大程度上是由于理论的贫乏所致。“中国目前真正缺乏的，是根源于中国考试实践、为中国考试实践确证、符合民族文化传统和中国国情的考试理论。诚然，这样的理

论，它并不排除对中外已有考试理论的合理继承和择善吸收，而在其根本上，它应当是也只能是中国考试工作者在长期实践探索基础上的理性概括，而不是形成于脱离考试实践的贤哲思辨。唯有用这样的理论不断武装中国的考试工作者，指导日益变化发展的考试实践，中国的考试才有走出现实困境的可能。实现这一目标的基本前提，便是中国的考试工作者必须是实践着的探索者，在从事考试实践的同时勿忘为不惑而探索的角色职能。"①

"高考在中国是最为敏感的，最引人注目的考试，也是矛盾最多，争议最大的考试，但对招生考试通常是议论多，理论研究少，而深入的研究就更少。"② 今天，中国高等教育已经步入大众化阶段，高等教育呈现出多层次、多元化的特点，国民对高等教育的需求也趋于多样化。作为为高等教育选拔人才的高考制度应该对此作出怎样的回应？在今天科技手段飞速发展、社会情况日益复杂的形势下，中国的考试工作者应该用科学创新的头脑冲破各种束缚，开拓性、创造性地开展工作，深入探讨考试的本质、目标和意义，深入研究教、学、研、考相互间的关系，对教育教学工作起到有力的推动作用，为不断改进招生录取体制，指导科学命题、科学选拔人才，为国家有关部门出台新的考试政策和规定提供科学依据。以招生录取工作为例，中国普通高校招生已全部实现异地远程网上录取。现代科学技术在招生工作中的应用实现了招生手段的现代化，普通高校招生这一革命性的变革，使招生录取工作由手工走向智能，由神秘走向平常，由封闭走向开放，由繁复走向简化。招生录取手段的变革带来了一种全新的理念，必须建立与之相适应的全新的管理模式，比如应用现代信息技术手段建立招生信息管理与服务平台，建立网上录取自我监督和约束机制，建立与远程网上录取相适应的工作制度和工作机构，避免工作过程中可能出现的经验性、随意性和人为性等，这些问题都亟待研究③。如何解决先进的录取手段与滞后的管理现状之间的矛盾，迫切需要考试工作者们探索、研究和回答。

---

① 廖平胜：《考试理论研究与考试实践的辩证统一》，《湖北招生考试》2003 年第 12 期，第 1 页。

② 刘海峰：《研究考试制度　推进考试改革》，《湖北招生考试》2002 年第 4 期，第 6 页。

③ 张金元：《改革和完善普通高校招生制度　实现招生录取工作制度化、科学化和平常化》，《湖北招生考试》2004 年第 24 期，第 28～38 页。

结论　美国高校招生考试制度的特点及问题

美国高等教育的历史从哈佛学院的创立算起，至今不过三百多年。美国现代大学招生考试制度的历史就更短，1861 年南北战争以后才萌芽，到 19 世纪末，为适应高等教育大发展的形势，大学入学考试制度才获得较快发展。不过，美国现代高校招生考试制度虽确立较晚，但在其发展过程中却积累了丰富的经验，当然也留下了不少的遗憾。此外，美国还拥有世界一流的考试理论和考试技术。今天，美国已经拥有世界上最发达的高等教育，作为为其选拔人才的高校招生考试制度，无疑对其发展做出了重大贡献。那么，美国高校的招生考试制度有哪些特点，存在何种问题呢？

本研究从历史与现实、理论与实践的视角描述了美国高校招生考试制度产生、形成与发展的历史，重点论述了美国现行高校的招生考试制度及其实践，分析了对这一制度产生影响的教育、政治、经济、文化等因素，揭示了其运作的特点及存在的问题。研究结果表明，美国高校的招生考试制度是在美国这块土地上诞生和发展起来的，有着鲜明的美国特征和浓浓的美国情结，它丰富的内涵是历史的积淀，它制度的优点和缺失是其政治体制、教育制度、经济发展水平以及文化传统使然。美国高校招生考试制度中有许多值得我们借鉴的经验，但这种借鉴应该建立在中国实际的基础之上。具体研究结果如下：

一、美国高校招生考试制度的特点

第一，纵观美国高校招生考试制度的历史，其考试方式以及后来的录取标准始终是根据社会对高等教育的需求来进行调整的。在殖民地时期，美国大学的招生考试以口试为主，招生标准只有考试科目及其内容上的一些要求，这是由于当时实施的是精英高等教育，参加入学考试的人数很少，对选拔性要求不高。对这一时期考试制度的研究中，最具学术价值的是爱德温·

科奈利尔斯·布鲁姆博士的论文《美国大学入学制度的历史及评论》。到了南北战争以后至19世纪末20世纪初，美国开始实行证书录取制度，这是由于赠地学院的大发展带来了大学入学人数的猛增，对所有申请人都进行口试已经不大可能，使用“认可中学”的毕业证作为录取的标准既可行又简便，许多高校的生源因此而大增，反过来又满足了民众不断增长的对高等教育的需求。进入20世纪以后，由于人力资本理论的影响、“民权运动”的兴起，人们的观念发生了很大的改变，认为接受高等教育是一种权利，并且有很高的回报，因此社会对高等教育的需求不断上升，许多高校开始要求学生参加全国统一的入学考试和采用全国统一的入学考试与综合录取标准。全国统一的入学考试可以提高高校招生考试的效率和公平性，综合录取的标准可以全面衡量学生水平，弥补仅以考试成绩评价学生的片面性。20世纪70年代，美国的许多高校实行了开放式的入学政策，此举是为了满足高等教育大众化的需求，也是为了促进高等教育的公平。

第二，美国高校的招生考试制度与美国的教育制度有密切的内在联系。美国地方分权的教育管理制度，促成了高校招考制度分权、自主、灵活、多样等特点的形成，是美国高校招生考试制度鲜明个性形成的决定性因素。总体而言，美国高校的招生考试制度与其教育制度是相适应的，其存在形式具有合理性。

第三，综合性录取标准与特殊录取标准相结合。招收综合素质高、全面发展的学生是绝大多数高校的愿望，但许多高校，尤其是著名高校对特长生情有独钟，认为特长生可以提高学校的知名度；另外许多高校还为弱势群体提供特殊的优惠政策，以促进高等教育机会之均等。

第四，高额收费和与之配套的财政资助体系。高额收费、各高校间收费的差异很大、学费保持快速上涨，是美国高校收费的三大特点。高额收费和学费上涨的问题已经成为公众关注的焦点，为缓解这一矛盾，联邦政府、州政府和各高校都有相应的学生财政资助政策和措施，尤其各高校为了吸引生源、争夺优质生源都在不断加大财政资助的力度。财政资助资格的审查非常严格，以确保能资助真正需要资助的学生和贷款项目有较高的还贷率。一般而言，在四年制大学比在两年制大学更容易获得财政资助。学生财政资助以联邦政府的投入为主，其次是州政府和地方政府、高校、私人捐助。为控制贷款中的违约率，美国政府运用税收系统来回收学生的贷款，并设有专门的信用局。另外，美国政府采取了灵活多样的还款方式以减轻还贷者的压力和严惩拖欠者等一系列措施控制违约率。从学校类型来看，发生违约率最高的是营利性私立高校，接下来依次是公立两年制高校、私立两年制高校、公立四年制高校和私立四年制高校。违约率与学生的经济状况高度相关。

第五，重视考试科学的研究工作，保证入学考试的合理性和可靠性。美国十分重视教育测试的研究工作，培养了不少教育测试专家及专职工作人员，全国最大的两个权威考试机构都有一大批专职工作人员，其中有教育测试专家、心理学专家以及涉及各科目领域的专家。他们负责编制考题，编写有关高考的参考资料，研究如何科学地进行评分等。他们的研究和实践保证了高校入学考试的科学性和可靠性。

第六，高校自主招生——大学办学自主权与政府关系的折射。美国大学享有高度的招生自主权，这与美国大学自治的传统有关。然而，美国的高校在财政拨款、学费、学生资助等方面又受到来自政府强大的控制和干预。大学自治与政府干预两种力量之间的博弈常常处于此消彼长的状态，西方人用“钟摆原理”来形容这对关系，钟摆有时移向政府一方，有时向大学倾斜。但总的来讲，政府对大学的干预是有限干预，这种有限干预与大学学术自治之间的内在张力，构成了高等教育分权管理体制赖以建立和运行的基础。政府尊重大学的法人主体地位是大学学术自治得以实现的前提，大学学术权利的获得又可以在一定程度上制约政府的过强干预，二者的均衡与协调是大学组织发展的需要，也是国家政府的利益所在。

第七，入学考试（SAT、ACT）是国家意志和大学意志的体现。这是关于考试价值观的认识论的一个命题。从 SAT、ACT 考试的性质、内容、目的和功能来看，它们首先体现的是高校的意志，因为考试是测量人的生理、心理属性的工具，作为一种测量工具，它必然要体现使用者的意图，是使用者意志的体现。SAT、ACT 考试的使用者是美国的高校，体现的当然是高校的意志。其次是国家意志的体现，因为从 SAT、ACT 考试的内容来看，对国家统一规定的中学课程共性要求的测试占了相当大的比例，国家统一规定的中学课程共性要求是国家意志的体现，所以从这个意义上来说，SAT、ACT 考试体现的是国家的意志。

二、美国高校招生考试制度存在的问题

第一，招生中的多样性与灵活性带来的负面影响。辩证唯物主义认为，事物都是一分为二的。多样性与灵活性是美国高校招生考试制度的优点，受

到了人们的称道，但我们认为，多样性和灵活性同时存在负面影响，在某些方面破坏了统一性。招生标准的多元化和录取时的灵活性不利于体现高等教育的公平性原则。各大学的录取原则是公开的，但对如何驾驭录取中的各种因素，哪个条件在录取中占多大权重则是保密的，各大学互不通气，存在透明度低、暗箱操作、缺乏监督等问题。

第二，不同社会阶层、不同民族/种族接受高等教育的机会不均等。这里的不均等包含两个方面的问题：一是不同社会阶层接受高等教育机会的多寡不一。1960 年，新生中来自上层和中上层家庭的比例为 80%，来自中下层的比例为 45%，来自上等劳动阶层的比例为 25%，来自下等劳动阶层的比例为 6%。1980 年，这四个比例分别是 90%、72%、47% 和 22%①。一般而言，少数民族、种族的文化程度较低，经济状况不佳，其子女接受的基础教育往往较差，在升学的竞争中处于不利地位，接受高等教育的机会少于白人。二是不同社会阶层接受高等教育的类型和层次存在差异。美国的高校存在明显的等级，名牌大学和著名州立大学处于整个体系的顶层，其次是一般的公立、私立高校，处于体系底层的是两年制学院、社区学院和技术学院等。将学生家庭收入按 8 000 美元以下、8 000 美元～12 499 美元、12 500 美元～20 000 美元和 20 000 美元以上分为四种类型。1971 年，公立两年制学院中，来自这四类不同收入家庭学生的比例分别为 27.2%、34.8%、26.4%、11.5%，在这类高校中，来自较低收入家庭的学生占到了一半，为 52%；在四年制私立大学中，这个比例分别为 10.6%、20.4%、27.3%、41.8%，来自较高收入家庭学生的比例远远高于来自较低收入家庭学生的比例②。不同民族、种族接受高等教育的类型和层次也存在差异。处于社会较低阶层的印第安人、黑人、西班牙裔人学生，大多就读于公立院校，且多集中在两年制公立院校，比例分别为 50.9%、39%和 52%。而进入四年制私立大学的白人学生比例为 21%，印第安人为 9.6%，黑人为 17.6%，西班牙裔人为 12.6%，白人学生的比例明显高于其他种族学生的比例③。

① 丹尼尔·U. 列文、罗伯特·J. 哈维霍斯特：《社会与教育》，纪大海，等译，四川教育出版社，1991 年，第 82 页。

② S. 鲍尔斯、H. 金帝斯：《美国：经济生活与教育改革》，王佩雄译，上海教育出版社，1990 年，第 316～317 页。

③ George Thomas Kurian，Yearbook of American Universities and Colleges (1986-1987)，Gardland Publishing，Inc.，1988，p. 218.

第三，标准化考试的缺陷。美国高校入学考试的内容大部分属于标准化测验。其标准化测验至少存在四个方面的缺点：一是它无法全面检测学生的情况。首先从考试的内容看，它只涵盖了学生所学内容的一小部分，就像从小样本的问卷调查中得出的一般性结论一样，是以偏概全。其次，受试卷容量和考试时间的限制，只能遵循“部分能够反映总体”的原则，对考生进行抽样测评，而不可能全面测评。再次，由于多数试题都是多项选择题，只能测出受试者的机械记忆能力，无法考核他们组织答题的能力和思考推理的能力。二是标准化考试破坏了教育公平。标准化考试的题目是从主流文化的角度来制定的，忽视了个人在知识、价值观、经济地位、学习方式以及学术资源的获取等方面的差异，造成了少数族裔学生、弱势群体学生与其他学生之间学业成绩的差距，导致他们在升学等方面的劣势，实际是教育不公的一种表现。三是标准化考试无法测量学生的创新能力。现代经济中的许多职业要求从业者具有创新能力，包括创造性思维方式、创新精神以及判断、分析和解决问题的能力等，而标准化考试很难测量现代经济对所需人才的素质。四是标准化考试扼杀了学生的学习兴趣。单调枯燥的标准化考试浇灭了学生内心对学习和创造的渴望。

第四，录取学生的程序和过程冗长而烦琐。由于美国众多高校都采用综合录取的方法，而要求是各高校自行制定的，彼此很少协调，因此各高校所使用的申请表、推荐信、中学成绩纪录表等格式不一，而审核的手续及录取的标准亦各有不同，给学生及学校工作带来诸多不便。一方面，学生要提交各种各样的证明材料，非常麻烦。另一方面，校方必须组织专门的人员、教授委员会等来审查这些材料，不少高校还要进行口试，这些常常都需要耗费大量的人力和时间，增加了校方在人力及财力上的负担。而且这个过程往往拖得很长，大约需要半年的时间。

总之，美国高校的招生考试制度中有许多成功的经验，但也存在诸多不合理和需要完善的地方，在新的形势下，将面临更多新的挑战。如何明确高中教育的具体要求，如何加强中学与大学的合作，如何协调招生考试制度中的统一性与多样性，如何兼顾高等教育的公平与效率，这些问题都值得认真思考。

[37] 瞿葆全. 美国教育改革 [M]. 北京：人民教育出版社，1990.
[38] 滕大春. 美国教育史 [M]. 2 版. 北京：人民教育出版社，2001.
[39] 王承绪. 高等教育新编 [M]. 杭州：浙江教育出版社，1988.
[40] 王承绪. 学术权力 [M]. 杭州：浙江教育出版社，1989.
[41] 王英杰. 美国高等教育的发展与改革 [M]. 北京：人民教育出版社，2002.
[42] 杨鑫辉. 现代大教育观 [M]. 南昌：江西教育出版社，1990.
[43] 史静寰. 当代美国教育 [M]. 北京：社会科学文献出版社，2001.
[44] 刘海峰. "中华高等教育改革"国际学术研讨会论文集 [M]. 厦门：厦门大学出版社，2004.
[45] 国家教育委员会考试中心. 美、英、法人才选拔与考试方法 [M]. 北京：人民邮电出版社，1994.
[46] 国家教育发展研究中心. 发达国家教育改革的动向和趋势：第一集 [M]. 北京：人民教育出版社，1986.
[47] 国家教育发展研究中心. 发达国家教育改革的动向和趋势：第二集 [M]. 北京：人民教育出版社，1987.
[48] 国家教育发展研究中心. 发达国家教育改革的动向和趋势：第三集 [M]. 北京：人民教育出版社，1990.
[49] 国家教育发展研究中心. 发达国家教育改革的动向和趋势：第四集 [M]. 北京：人民教育出版社，1992.
[50] 联合国教育、科学及文化组织世界高等教育会议. 21 世纪的高等教育：展望与行动世界宣言 [M] //赵中建. 全球教育研究发展的研究热点——90 年代来自联合国教科文组织的报告. 北京：教育科学出版社，1999.
[51] 赫钦格 F，赫钦格 G. 美国教育的演进 [M]. 汤新楣，译. 北京：美国驻华大使馆文化处，1989.
[52] 博克. 走出象牙塔：现代社会大学的责任 [M]. 徐小洲，等译. 杭州：浙江教育出版社，2001.
[53] 阿尔特巴赫. 21 世纪美国高等教育——社会、政治、经济的挑战 [M]. 陈舜芬，等译. 台北：台北市高等教育出版社，2003.
[54] 克拉克. 高等教育新论——多学科的研究 [M]. 王承绪，译. 杭州：浙江教育出版社，2001.

[55] 赫钦斯. 美国高等教育 [M]. 汪利兵, 译. 杭州: 浙江教育出版社, 2001.
[56] 约翰斯通. 高等教育财政: 问题与出路 [M]. 沈红, 李红桃, 译. 北京: 人民教育出版社, 2004.
[57] 罗伯逊. 社会学 [M]. 黄育馥, 译. 北京: 商务印书馆, 1991.
[58] 科尔. 高等教育不能回避历史——21 世纪的问题 [M]. 王承绪, 译. 杭州: 浙江教育出版社, 2001.
[59] 阿特巴赫. 比较高等教育: 知识、大学与发展 [M]. 人民教育出版社教育室, 译. 北京: 人民教育出版社, 2001.
[60] 库姆斯. 世界教育危机 [M]. 赵宝恒, 李环, 等译. 北京: 人民教育出版社, 2001.
[61] 博耶. 美国大学教育 [M]. 复旦大学高教所, 译. 上海: 复旦大学出版社, 1988.
[62] 罗索夫斯基. 美国校园文化——学生、教授、管理 [M]. 谢宗仙, 等译. 济南: 山东人民出版社, 2005.
[63] 奥恩斯坦. 美国教育学基础 [M]. 刘付枕, 等译. 北京: 人民出版社, 1984.
[64] 克拉克. 高等教育系统 [M]. 王承绪, 等译. 杭州: 杭州大学出版社, 1994.
[65] 博克. 美国高等教育 [M]. 乔佳义, 编译. 北京: 北京师范学院出版社, 1991.
[66] 科尔. 大学的功用 [M]. 陈学飞, 等译. 南昌: 江西教育出版社, 1993.
[67] 范斯科德, 等. 美国教育基础——社会展望 [M]. 北京师范大学外国教育研究所, 译. 北京: 教育科学出版社, 1984.
[68] 坎贝尔, 等. 现代美国教育管理 [M]. 袁锐锷, 译. 广州: 广东高等教育出版社, 1989.
[69] 布鲁贝克. 高等教育哲学 [M]. 郑继伟, 等译. 杭州: 浙江教育出版社, 1987.
[70] 西蒙斯. 美国早期史——从殖民地建立到独立 [M]. 朱绛, 等译. 北京: 商务印书馆, 1994.
[71] 纽曼. 大学的理想 [M] 徐辉, 等译. 节本. 杭州: 浙江教育出版社,

2001.
[72] 阿什比. 科技发达时代的大学教育 [M]. 滕大春, 等译. 北京: 人民教育出版社, 1983.
[73] 范德格拉夫, 等. 学术权力——七国高等教育管理体制比较 [M]. 王承绪, 等译. 杭州: 浙江教育出版社, 2001.
[74] 加塞特. 大学的使命 [M]. 徐小洲, 等译. 杭州: 浙江教育出版社, 2001.
[75] 涂尔干. 教育思想的演进 [M]. 李康, 译. 上海: 上海人民出版社, 2003.
[76] 拉塞克 S, 维迪努 G. 从现在到 2000 年教育内容发展的全球展望 [M]. 马胜利, 高毅, 等译. 北京: 教育科学出版社, 1996.
[77] 翁文艳. 美国与日本教育公平的理论与实践的比较研究——兼论学校选择制度 [D]. 北京: 北京师范大学, 2002.
[78] 唐滢. 高等教育收费制度与少数民族高等教育发展 [D]. 武汉: 华中科技大学, 2001.
[79] 康乃美. 自学考试制度研究 [D]. 厦门: 厦门大学, 2004.
[80] 杨晓波. 论美国公立高等教育公共性的实现机制 [D]. 北京: 北京师范大学, 2002.
[81] 杨李娜. 台湾的大学入学考试制度研究 [D]. 厦门: 厦门大学, 2003.
[82] 孙崇文. 高等学校招生考试制度的比较研究 [D]. 武汉: 华中师范大学, 1998.
[83] 覃红霞. 普通高等学校招生考试法治研究 [D]. 厦门: 厦门大学, 2005.
[84] 刘清华. 高考与学校教育的研究 [D]. 厦门: 厦门大学, 2003.
[85] 温松岩. 美国营利性高等教育机构研究 [D]. 厦门: 厦门大学, 2005.
[86] 王春. 美国州政府高等教育财政研究 [D]. 北京: 北京师范大学, 2000.
[87] 廖平胜. 考试理论研究与考试实践的辩证统一 [J]. 湖北招生考试, 2003 (6 下半月): 1.
[88] 张金元. 改革和完善普通高校招生制度　实现招生录取工作制度化、科学化和平常化 [J]. 湖北招生考试, 2004 (12 下半月): 28-36.
[89] 张继明. 从高等教育大众化角度审视高校自主招生 [J]. 湖北招生考

试，2005 (8 下半月)：68-72.
[90] 胡甲刚. 高考改革的五年回顾与前瞻 [J]. 教育与管理，2003 (1)：72-75.
[91] 张保庆. 规范高校收费，全面落实贫困学生资助政策 [J]. 中国高等教育，2004 (19)：3-6.
[92] 杨光富. “八年研究”的贡献及其对我国教育改革的启示 [J]. 外国教育研究，2003 (2)：17-20.
[93] 谢小庆. 教育与心理测量的一些新进展 [J]. 考试研究，2001 (5)：18-20.
[94] 陈学飞. 美国初中后到大学本科教育结构述评 [J]. 比较教育研究，1992 (2)：1-6.
[95] 叶赋桂，李罡. 大学入学考试制度改革：比较的观点 [J]. 高等教育，2001 (5)：1-7.
[96] 陈晓云. 中外高校招生制度比较与研究 [J]. 比较教育研究，2003 (4)：25-30.
[97] 沈红. 美国高等教育的多样化 [J]. 高等教育研究，1999 (1)：87-90.
[98] 沈红. 美国高等教育的统一性 [J]. 高等教育研究，1999 (3)：89-93.
[99] 何薇. SAT 模式适合中国吗 [J]. 湖北招生考试，2003 (12)：54-57.
[100] 李立峰. 美国与日本大学招生制度比较 [J]. 湖北招生考试，2002 (8)：55-58.
[101] 唐滢，丁红卫. 中美两国大学招考制度之比较思考 [J]. 湖北招生考试，2003 (16)：55-57.
[102] 覃红霞. 大众化阶段：国外大学招生考试制度的变革及其启示 [J]. 湖北招生考试，2004 (16)：58-62.
[103] 牛道生. 美国高校入学考试制度简介 [J]. 湖北招生考试，2002 (4)：59-61.
[104] 牛道生. 简析美国高校的升学考试制度 [J]. 外国教育研究，2003 (10)：37-41.
[105] 王定华. 美国大学招生制度与公平性问题 [J]. 中国高等教育，2003 (9)：44-46.
[106] 毛景焕，赵准胜. 从多元智力理论看教学的公平性和学生发展的平等性问题 [J]. 外国教育研究，2002 (6)：5-8.

[107] 周遐年. 对标准化考试的文化思考 [J]. 宁德师专学报, 2003 (2): 64-66.
[108] 潘懋元. 我对招生考试的基本看法 [J]. 湖北招生考试, 2002 (4): 1.
[109] 刘海峰. 高考改革中的公平与效率问题 [J]. 教育研究, 2002 (12): 80-84.
[110] 刘海峰. 高考改革的教育与社会视角 [J]. 高等教育研究, 2002 (9): 33-38.
[111] 刘海峰. 高考改革的全局观 [J]. 教育研究, 2002 (2): 21-25.
[112] 刘海峰. 高考改革中的两难问题 [J]. 高等教育研究, 2000 (3): 36-38.
[113] 高军. 论美国高校的层次和类型对其招生的影响及其特点 [J]. 湖北招生考试, 2003 (20): 58-60.
[114] 陈庆, 王迎春. 传统教育评价与创造教育的理论冲突 [J]. 云南师范大学学报, 2004 (1): 98-101.
[115] 唐滢. 超越自我, 追求卓越——美国"新SAT"(nSAT) 介述 [J]. 湖北招生考试, 2005 (4): 61-64.
[116] 廖克玲. 美国高校招生考试制度与我国招生考试制度的改革 [J]. 哈尔滨学院学报, 2002 (3): 138-140.
[117] 刘清华. 试论美国高校招生考试与学校教育的关系 [J]. 外国教育研究, 2003 (4): 73-50.
[118] 陈晓琳. 中外大学入学考试制度面临的挑战和发展趋势 [J]. 上海教育科研, 2003 (2): 63-75.
[119] 乔秀梅. 教育评价的哲学思想和数学极限思想 [J]. 黑龙江高教研究, 2005 (2): 63.
[120] 陈桂生. "教育理论与实践关系问题"的再认识 [J]. 湖南师范大学教育科学学报, 2005 (1): 8-10.
[121] 程晋宽, 吴景松. 美国教育部及其教育政策的变化 [J]. 比较教育研究, 2004, (5): 59-68.
[122] 蔡敏. 美国基础教育学生评价改革述评 [J]. 中国教育学刊, 2003 (8): 18-22.
[123] 赵立卫. 美国大学生资助的"资助包"制度 [J]. 比较教育研究, 2005 (2): 55-57.

[124] 杨克瑞. 美国大学生贷款的历史发展与理论解析 [J]. 黑龙江教育(高教研究与评估版), 2005 (1-2): 81-83.
[125] 徐毓龙, 等. 美国高等教育机构卡内基分类法的新变化 [J]. 学位与研究生教育, 2001 (12): 36-39.
[126] 王婕. 探析竞争压力下的美国高等教育 [J]. 比较教育研究, 2002 (6): 59-63.
[127] 李敏谊. 21 世纪末美国高等教育面对的挑战和选择 [J]. 比较教育研究, 2001 (9): 63-64.
[128] 张宝昆. 面对二十一世纪的美国高等教育改革 [J]. 比较教育研究, 1999 (6): 22-24.
[129] 唐滢. 素质教育视野中的高考改革 [J]. 教育发展研究, 2004 (7-8): 66-68.
[130] 霍力岩. 多元智力理论及其对我们的启示 [J]. 教育研究, 2000 (9): 71-76.
[131] 唐滢. 美国标准化考试反思 [J]. 湖北招生考试, 2005 (12): 17-21.
[132] 柯森. 美国九十年代教育改革的特点 [J]. 比较教育研究, 1997 (6): 39-41.
[133] 朱旭东. 八、九十年代美国教育改革的目标及其取向 [J]. 比较教育研究, 1997 (6): 42-45.
[134] 曾晓洁. 美国的"择校制度"与基础教育改革 [J]. 比较教育研究, 1997 (6): 47-51.
[135] 谢宁. 美国克氏《2000 教育目标法》评价 [J]. 比较教育研究, 1996 (4): 46-48.
[136] 朱旭东, 李卫群. 美国联邦政府干预教育的几个理论问题分析 [J]. 比较教育研究, 1999 (4): 1-5.
[137] 杨晓波. 美国联邦政府的高等教育政策 [J]. 外国教育研究, 2003 (10): 31-36.
[138] 杨晓波. 责任与自治: 美国公立高校和政府的关系 [J]. 高等教育研究, 2003 (5): 102-106.
[139] 张振刚, 杨建梅. 卡内基高等教育机构分类法透视 [J]. 高等工程教育研究, 2002 (2): 73-76.
[140] 王定华. 美国大学招生制度与公平性问题 [J]. 中国高等教育, 2003

(9)：44-46.
[141] 刘志军. 教育评价的反思和建构 [J]. 教育研究，2004 (2)：59-64.
[142] 杨学为. 废科举百年祭——兼议《美国标准化测验一百年：争论和反复》[J]. 中国考试，2003 (10)：6-9.
[143] 王玉衡. 美国标准化测验的问题与质疑 [J]. 比较教育研究，2002 (9)：18-23.
[144] 韩雪. 标准化测验是一把错误的标尺 [J]. 比较教育研究，2001 (6)：63-64.
[145] 张家勇，张家智，张跃庭. 美国标准化考试改革 [J]. 比较教育研究，2003 (2)：81-85.
[146] 刘忠学. 美国高校学生资助体系的目标分析 [J]. 比较教育研究，2002 (10)：35-39.
[147] 肖凡，鲁帆. 标准化考试在美国 [J]. 江苏外语教学研究，2003 (2)：28-31.
[148] 刘晓瑜，潘东明. 高等教育机会均等与高考制度改革 [J]. 教育研究，2002 (2)：26-30.
[149] 张华. "多元文化教育"的理论范型和实践模式探析 [J]. 比较教育研究，1998 (3)：34-38.
[150] 韩骅. 90年代美国多元文化教育的理论与实践述评 [J]. 比较教育研究，2000 (6)：46-50.
[151] 杨福玲，查卫平. 美国大学学费上涨解析 [J]. 中国高等教育，2004 (10)：45-46.
[152] 金永奖. 论标准化考试 [J]. 池州师专学报，2000 (4)：105-107.
[153] 陈川，罗树坤. 中国与美国大学生资助政策比较研究 [J]. 教育财会研究，2005 (5)：46-51.
[154] 安舟，王晓阳. 质量与平等——加州大学、清华大学招生的比较研究 [J]. 清华大学教育研究，2001 (3)：44-54.
[155] 房欲飞. 克林顿及其政府的大学生资助政策述评 [J]. 比较教育研究，2002 (6)：49-53.
[156] 谷贤林. 美国高等教育体系与特点总论 [J]. 高等理科教育，2003 (4)：40-45.
[157] 刘文江，黄作良. 美国高等教育体制与本科教育特点 [J]. 天津商学

院学报，2003 (2)：48-52.
[158] 姚云. 美国高等教育分权的立法机制探析 [J]. 清华大学教育研究，2003 (4)：69-74.
[159] 王琰春. 西方教育评价观的演进及对我国的启示 [J]. 教育与现代化，2003 (1)：74-78.
[160] 王晞. 国际学生评价项目的测评目标、特点及其分析 [J]. 教育评论，2003 (2)：99-101.
[161] 张元. 认识论视野下教育评价的发展 [J]. 江苏教育学院学报，2003 (6)：21-24.
[162] 尹志丽. 西方教育评价理论发展及对我国的启示 [J]. 探求，2003 (4)：78-80.
[163] 沈红，张慧. 国家助学贷款：银行的风险与机遇 [J]. 中国高等教育，2002 (22)：37-39.
[164] 李红桃，沈红. 美国降低国家担保学生贷款拖欠率的经验及启示 [J]. 比较教育研究，2003 (1)：63-66.
[165] 廖平胜. 考试理论研究与考试实践的辩证统一 [J]. 湖北招生考试，2003 (12)：1.
[166] 别敦荣. 落实和扩大学校的办学自主权 [J]. 高等教育研究，1999 (5)：33-35.
[167] 王一兵. 大学自主与大学法人化的新诉求——全球化知识经济带来的挑战 [J]. 高等教育研究，2001 (3)：10-15.
[168] 孔垂谦，文辅相. 西方现代大学学生自治的制度环境基础：一种政治社会学分析 [J]. 北京大学教育评论，2004 (10)：90-107.
[169] 喻岳青. 应答实践对理论的呼唤 [J]. 高等教育研究，1999 (6)：37-41.
[170] 张保庆. 规范高校收费，全面落实贫困学生资助政策 [J]. 中国高等教育，2004 (19)：3-6.
[171] 王红曼. 论我国的教育政策及其成就 [J]. 民族教育研究，2002 (1)：35-41.
[172] 刘海峰. 研究考试制度　推进考试改革 [J]. 湖北招生考试，2002 (4)：6.
[173] 袁贵仁. 明确思路系统协调促进高校招生工作上新台阶 [J]. 中国高

等教育，2003（6）：3.
[174] 刘宝存. 美国少数民族高等教育进展、问题、前瞻［J］. 比较教育研究，2001（7）：24-25.
[175] 何健. 美国高等教育招生制度对我国高招制度改革的启示［J］. 河南职业技术师范学院学报，2003（2）：56-58.
[176] 丘斯迈，石火学. 美国80年代大学课程返回基础的就业市场背景及其启示［J］. 华中理工大学学报，1996（2）：125-128.
[177] 林R. 美国标准化测验一百年：争论和反复［J］. 中国考试·考试研究与信息，2002（4）：23-26.
[178] 帕克. 美国学校中的少数民族学生——美国教育政策及其研究的概述与分析［J］. 西南师范大学学报，1999（6）：52-54.
[179] 步伦南. 教育测量中的理论问题质疑［J］. 中国考试，2003（10）：9-13.
[180] 严文蕃. 社会资本对美国少数民族参与高等教育的影响［J］. 教育研究，2003（4）：73-79.
[181] 郑秉文. 国际化趋势中的高教公平问题——析英美高教收费改革［N］. 南方周末，2005-04-07（15）.
[182] 张保庆. 高校收费：严格规范管理落实配套措施［N］. 人民日报，2000-06-09（1）.
[183] ECKSTEIN M, NOAH H. Secondary school examinations: international perspectives on policies and practice [M]. New Haven: Yale University, 1993: 11-23.
[184] BEALE A. History of college admission requirements: a selected bibliography [J]. NASPA journal, 1973 (4): 4-10.
[185] FRIEDEMANN M. College admission: mixed messages [J]. Journal of college admissions, 1989, 122: 14-16.
[186] ALLEN M. The goals of universities [M]. Buckingham: Open University Press, 1988.
[187] BOK D. Beyond the ivory tower [M]. Cambridge: Harvard University Press, 1982.
[188] KERR C. The uses of the university [M]. Albany: State University of New York Press, 1963.
[189] KERR C. The great transformation in higher education [M].

Albany: State University of New York Press, 1991.
[190] KERR C. Higher education cannot escape history: issues for the twenty-first century [M]. Albany: State University of New York Press, 1994.
[191] MILLER R. American higher education: issues and challenges in the 1990s [M]. London: Jessica Kingsley Publisher, 1990.
[192] PUSEY N. American higher education, 1945-1970 [M]. Cambridge: Harvard University Press, 1978.
[193] CLARK B. The higher education system: academic organization in cross-national perspective [M]. Berkeley: University of California Press, 1983.
[194] LUCAS C. American higher education [M]. New York: Martin's Press, 1994.
[195] JOHNSTONE D. Sharing the costs of higher education [Z]. New York: College Entrance Examination Board, 1986.
[196] BOYER E. Scholarship reconsidered: priorities of the professoriate [M]. New York: Princeton University Press, 1991.
[197] BRELAND H M, et al. Challenges in college admissions: a report of a survey of undergraduate admissions policies, practices, and procedures [M]. Annapolis Junction: Pier Publications, 1995.
[198] Carnegie Commission on Higher Education. Priorities for action: final report of the Carnegie Commission on Higher Education [M]. New York: Mc Graw-Hill Book Company, 1973.
[199] Higher Education for American Democracy. A report of the President's Commission on Higher Education [M]. New York: Harper & Brothers Publishers, 1974.
[200] National Center for Education Statistics. The condition of education 1996 [R]. Washington D. C.: U. S. Department of Education, 1996.

美国高校招生考试大事年表

1643 年　哈佛大学有关入学的规定如下："任何一个学者，只要能够读图利或者其他古典拉丁语作家的作品，能够讲地道的拉丁语，能够独立创作地道的拉丁语诗歌和散文，能够熟练掌握希腊语名词和动词的词形变化，那么他就可以被该大学录取；在获得这些资格之前，是不会被录取的。"

1720 年　耶鲁学院规定：申请入学者"应该参加考试，以便检测他们是否精通拉丁语和希腊语语法，是否擅长解释并合乎文法地分析拉丁语和希腊作家的作品，是否掌握用地道的拉丁文创作的技能"。

1734 年　哈佛大学修订入学要求："无论是谁，都必须在校长和至少两名教师面前接受测试，只要证明他能够阅读、解释和分析图利、吉尔或其他一些普通古典拉丁语作家的作品；能够撰写地道的拉丁语散文，创作拉丁语诗歌，或者至少掌握诗体学规则；能够阅读理解和分析普通希腊作品；掌握希腊语名词和动词的词形变化……那么就认为他具备哈佛大学的入学资格。"

1745 年　耶鲁大学在入学要求中增加基础算术。

19 世纪以前　美国大学入学考试只有口试，几乎没有书面考试。入学规定的执行情况普遍不严格，考试不正规，弹性很大。

19 世纪以后　大学入学考试发生了质的变化。

1820 年　哈佛大学的入学要求有了较大改进。首先，在阅读的内容和量上有了明确的规定。在入学考试科目中，增加了地理，数学也增加了代数部分的内容。到了 18 世纪 40 年代以后，又增加了几何、历史、化学、物理等科目。除哈佛大学外，其他许多大学也逐渐增加了以上考试科目。

1869 年　哈佛大学首先实行学分制和选课制。

1870 年　密歇根大学开始实行证书录取制度。

1878 年　纽约州评议董事会举行纽约州中学毕业会考。

1900 年　美国大学入学考试委员会（CEEB）成立。

1905 年　Alfred Binet 和 Theodore Simon 开发出第一个智力测验表。

1908 年　C. W. Stone 开发出第一个专业性标准化考试。

1909 年　桑代克编制出世界上第一个书法量表。

1923 年　开始斯坦福成就测验。

1926 年　美国大学入学考试委员会（CEEB）推出学业性向测验（SAT）。

1935 年　Reynold B. Johnson 第一次使用机器阅卷。

1943 年　E. F. Lindquist 研发出依阿华教育考试（IOWA）。

1947 年　教育考试服务中心（ETS）成立。

1955 年　ETS 举办先修考试（Advanced Placement Examination），为能力强的中学生提供 13 个学科大学水平的先修考试。

1959 年　美国高校测试中心（ACT）成立，为高校提供 ACT 入学考试成绩。

1963 年　ETS开发出托福英语水平考试（TOEFL）。

1965 年　纽约州评议董事会建立初等学校学生毕业会考。

1966 年　ETS开发出大学水平考试项目（College Level Examination Program），包括 6 个普通考试和 44 个学科专业考试。

1975 年　33 个州实行中学最低能力考试，主要测验阅读、写作、数学三方面的内容。

2005 年　举行第一次“新 SAT”考试，此次改革主要以内容改革为切入点，并新增加了写作技能测试。

后　　记

拙著是在原博士学位论文的基础上修改而成的。博士学位论文凝聚了许多人的心血。在论文即将付梓之际，特作此后记以表示我诚挚的谢意。

我是学英国语言文学出身的。记得写学士学位论文时我选择了英国著名女作家，英年早逝的夏洛蒂·勃朗特的《简·爱》。这是因为我欣赏简·爱坚毅的个性、独立的意志和她对人生的感悟。简·爱与罗彻斯特关于爱情和社会地位的对白使我至今难以忘怀："你以为，因为我穷、低微、不美、矮小，我就没有灵魂没有心吗？你想错了！——我的灵魂跟你一样，我的心也完全跟你一样！要是上帝赋予我一点美和一点财富，我要让你感到难以离开我，就像我现在难以离开你一样。我现在跟你说话…… 是我的精神在同你的精神说话；就像两个人都经过了坟墓，我们站在上帝的跟前，是平等的——因为我们是平等的！"是啊，尽管他们谈论的是爱情和人生的价值，但我们在做学术研究时又何尝不是这样。做博士学位论文的艰辛是不言而喻的，而作为一名女性常常要付出更多的代价。一千多个日日夜夜，我仿佛走过了许许多多个春夏秋冬。在自己的研究做不下去的时候我常常问自己，如此的辛劳究竟是为了什么？有价值吗？人的一生，无论你曾经怎样地辉煌过，还是多么的碌碌无为，最后在上帝面前都是平等的。我困惑了。然而，我也深知，"不经历风雨怎么见彩虹"，奋斗的历程纵然艰辛，但也是美丽的，这正是人生的价值所在。在潘懋元先生"板凳甘坐十年冷"和导师刘海峰教授"学问之根苦，学问之果甜"教诲的激励下，我终于完成了交织着自己心血、汗水，见证了自己痛苦、欢乐、迷惘和艰辛历程的博士学位论文。

首先要感谢我的导师刘海峰教授。导师是一位学贯古今中西的学者，他严谨求实的学风、敏捷开放的思维、锐利的学术眼光深深地感染着我。感谢我的导师，因为他深谙我的学术背景，为我选定了一个适合自己学术特点的选题。在论文写作的过程中，每当我迷惑、徘徊、沮丧的时候，导师及时的指导、启发犹如春风化雨，总能使我豁然开朗。

感谢厦门大学教育研究院这个学术团队。潘懋元先生的高等教育学和高等教育前沿问题研究，使我领略了高等教育的博大和精彩；在“学术沙龙”，我们的思维可以自由地翱翔。潘先生的人格魅力、人生教诲，是我终身的财富。王伟廉教授的课程论、邬大光教授的高等教育管理和教育思想论、谢作栩教授的外国高等教育史、史秋衡教授的高等教育评估、张亚群老师和郑若玲老师的中国高等教育史为我奠定了坚实的学术基础。感谢教育研究院的每一位老师和我的师兄、师姐、师弟、师妹们。

感谢那些见过面和未曾谋面的，在美国为我提供帮助的朋友们，是他们的帮助消除了我闭门造车的尴尬。其中尤其要感谢美国宾州印第安纳大学的严文蕃教授，当我感到在国内收集资料困难、对美国知之不多时，严文蕃教授为我提供了无私的帮助。感谢美国大学委员会政策信息中心副主任 Wayne Camara 先生和 ETS 考试中心的王湘波博士，他们为我提供了 SAT 考试最新的信息和资料。感谢美国 ACT 考试中心的易青博士，与她在天津同处一室、通宵达旦的谈话，使刚刚开始研究工作的我对 ACT 考试有了初步、感性的认识。

感谢我的先生丁红卫和女儿丁伊丽对我的理解和支持。为了我的学习和工作，我的先生默默地承受了许多许多；面对女儿，我的愧疚之情油然而生，我是一个不称职的母亲。是啊，由于我的忙碌，她没有享受到别家女儿那么多的母爱。但我也是欣慰的，因为她多了一份别的孩子少有的自立，这是我常常聊以自慰的。感谢我已故的父亲，因为他对我从小的培养和期望才使我走到了今天，但遗憾的是他却没有等到今天。感谢我的母亲和两个哥哥对我多年来求学的支持与鼓励。

拙著是笔者几年来研究美国高校招生考试制度的一点心得，由于才学浅薄，不妥乃至错误之处在所难免，敬请同行专家和读者批评指正。另外，拙著借鉴了中外许多学者的观点、研究方法等，对他们的辛勤劳动，在此深表谢意。

以上是本书在 2007 年 10 月出版时的后记。在九年之后本书再版之际，我全面审视原著作，主要就四个方面进行了修订：一是在文献综述部分增加了原书出版后新增加的一些研究成果。二是对少量内容进行了修改。三是订正了原书中的一些疏漏。四是增删和调整了部分注释。

唐　滢

2016 年 4 月 20 日